KB212577

세상의 모든 기도

세상의 모든 기도

바바라 브라운 테일러 지음 | 송경용·진영종 옮김

함께읽는책

일러두기
- 인명, 지명 등 외래어 표기는 국립국어연구원에서 규정한 외래어 표기법을 따랐으나,
  이미 한국에서 널리 알려진 표기가 있을 경우 이를 따랐습니다.
- 책은 《 》, 신문, 잡지, 영화 제목은 〈 〉으로 표기하였습니다.
- 옮긴이 주는 해당 페이지 밑에 각주로 표기하였고, 원서에 수록된 저자의 주는 책 말미에 모아 실었습니다.

유능한 육신

타오르는 하느님의 원기를
받아 안고, 감싸 안을 수 있는
부드러운 육신을
놀랍게도
언젠간,
언젠간 찾아내리.

두려워하지 말고
가서 상상하여라.
태초에 천한 흙이
하느님의 예술에 힘입어
한 부분은 눈이 되고,
한 부분은 귀가 되고,
또 한 부분은 격렬한 손이 되었으므로.

그러므로,
육신은 지혜와 모든 것을 영원히 살리는 힘과
떨어져선 안 된다.
생명을 주는 그 분의 능력은
우리가 알고 있듯이 우리의 약점이나
육신 안에서 완전해진다.

– 이레네우스 성인 (c.125-c.210),
스콧 카인스에 의해 수정되고 번역되었음

'더 많은' 하느님을 만날 수 있는 곳

어떤 사람이 "나는 영적인 사람이지만 종교적인 사람은 아니다"라고 말할 때마다 1달러를 받는다면, 그를 지혜롭다고 할 수는 없겠지만 그는 부자가 될 수 있을 것이다. 나는 이 문장을 라디오에서 듣고 인터뷰에서 읽는다. 내가 종교학 교수이고 몇 년 동안 교구 사제로 지내온 것을 사람들이 알아챌 때마다 나는 이 문장을 사람들에게 말한다.

어떤 사람들은 나를 통해 모든 사물들에 깃든 거룩함을 느끼지만, 교회는 가지 않는다고 말한다. 그들은 하느님에게 가까워지길 바라지만 많은 강령들과, 죄의 고백, 그리고 크고 작은 종교적 전쟁을 감수하려 하지는 않는다. 그들은 한때 종교를 가진 사람이었고, 그 종교에서 도움을 받을 수도 있었다. 하지만 그들은 종교를 떠났다. 또 다른 사람들은 세계 여러 곳에서 지혜를 얻는다. 그들은 마치 요리사들이 식료품 저장실에 가득 채워 둔 양념을 사용하는 것처럼, 그 지혜를 꺼내 사용한다. 이들 대부분이 가끔은 외롭다고 고백하지만 대체로 자신들의 방식에 만족스러워 한다.

나는 이들이 사용하는 '종교적'이라는 말이 무슨 뜻이지 알 것 같다. 그러나 그들이 '영적인'이라고 하면 그건 잘 모르겠다. 나는 그들이 '영적'이라는 단어를 형식적인 신앙의 틀에 맞춰 사용한다고는 생각하지 않는다. 신앙이란 종교적인 부분에 속해 있기 때문이다. 그들이 이야기하는 '영적'이라는 말은 아마도 더 많은 그리움과 의미, 더 많은 느낌, 더 많은 관계, 그리고 더 많은 삶을 뜻하는 것이 아닐까 생각한다. 사람들이 나에게 영성을 말하면, 내가 방금 말한 이런 뜻이라고 느껴진다. 그들은 인생에는 보이는 것보다 보이지 않는 더 많은 의미가 있다는 것을 안다. 그들은 자연, 사랑, 예술, 슬픔 속에서 '더 많은 것'과 가까워졌다. 만일 누군가가 그들에게 이 깊은 실체 속에서 더 많은 시간을 보낼 수 있도록 한다면 그들은 행복해 할 것이다. 하지만 이 깊은 실체가 있는 곳에서 관례는 무의미해지고 언어는 시대에 뒤쳐진 것이 된다.

심지어 종교적인 사람들도 이런 그리움에 허약하다. 믿음을 가지고 있는 사람들은 소위 '체계화된 종교'에 대해 어느 정도 인내심을 갖고 있다. 이들은 이 '체계화된 종교'의 단점들을 용서하는 법을 배웠다. 자기 자신을 용서하는 법을 배운 것처럼 말이다. 그들은 자신이 속한 단체가 하느님 앞에 바로 서는가 하는 문제에 대해서는 별반 관심이 없다. 다만 자신이 속한 공동체에 유산처럼 전해져 내려오는 인생 여정에 관한 안내 지도를 사용하면서 행복해 한다. 그들은 모든 절벽을 걸어 올라갈 필요가 없다. 하지만 그들도 인생에는 보이는 것 이상의 의미가 있다는 사실을 알 것이다. 숨겨진 비밀은 무엇인가? 누가 '더 많은' 것이 든 보물 상자의 열쇠를 가지고 있나?

사람들은 이 상자 속의 보물을 찾기 위해서라면 세상 어디라도 갈 것이다. 그들은 천국을 향해 몇 시간이고 기도할 것이고, 지구 반 바퀴를 돌아 인도에 있는 수도원을 방문하거나 벨리즈로 가는 선교 여행에도 동참할 것이다. 그러나 대부분의 사람들이 바라보는 마지막 장소는 매일매일의 일상적인 삶과 활동, 삶에서 마주치는 각종 사건과 만남 속에서 움직이는, 바로 그들의 발아래 세상이다.

과일 가게로 향하는 발걸음은 어떤 영적인 중요성을 지니는가? 치약 같은 흔한 물건이 어떻게 더 훌륭한 세상으로 이끄는 문이 될 수 있을까?

어느 누구도, 이미 가진 것을 그리워하지 않는다. 이에 대해 영적으로 훈련된 현명한 사람들은 우리 대부분이 이미 목표한 빨간 지점 위에 서 있기 때문이라고 이야기한다. 보물을 찾는 데에는 긴 여정, 비싼 도구, 우월한 태도, 특별한 동행이 필요치 않다. 우리가 부족하다고 여기는 이유는 단 하나, 우리에게 필요한 모든 것은 이미 우리에게 다 있다고 인정하기 싫기 때문이다. 우리가 할 수 없는 오직 한 가지는 우리의 위치를 인정하는 것이다.

아주 예전에 지혜로운 노 신부가 나에게 자신의 교회에서 설교해 달라고 부탁한 적이 있다. 그래서 나는 어떤 이야기를 하는 게 좋을

지 물었다. 그러자 그는 "지금 당신의 인생을 구원하고 있는 것에 대해 말씀해 주십시오"라고 대답했다. 맞다, 나는 모든 이를 위한 설교를 하지 않아도 되고, 교회의 역사와 적합한 신학적 용어들을 쓰지 않아도 되었다. 그저 내 인생이 무엇에 좌우되는지 말하면 되었다. 내가 할 일은 그 실재에 내가 얼마나 가까이 있는지에 대해 어떻게 설명해야 할지 생각하는 것이다. 그리고 듣는 사람이 그들 스스로 같은 것들을 생각하게 만들면 되는 것이었다.

내가 오랜 시간 고민했던 답은 지금 내가 갖고 있는 답과 같지 않다. 이것이 질문의 아름다움이다. 그렇지만 원칙은 같다. 내 인생을 구원하고 있는 것은 어떤 영적인 보물이라도 이 땅 위에서 내 육체의 경험과 떨어질 수 없다는 확신이다. 내 인생은 아주 평범한 육체 활동과 연결되고 그 활동에 대한 나의 절묘한 관심에 의해 좌우된다. 또 나는 세속적인 것과 영적인 것, 육신과 영혼을 억지로 나누는 모든 화젯거리를 무시해 버린다. 지금 내 인생을 구원하는 길은 내가 더욱 더 온전한 인간이 되어야 한다는 것, 현실의 세상에서 현실의 삶과 분리되어서는 하느님께 이르는 길이 없다는 사실에 대한 믿음이다.

이 책에 있는 모든 장들은 오래전, 그 지혜로운 노 신부가 했던 질문에 대한 시험적인 답이다. 좀 더 포장해서 설명하자면, 각 장들은 특정한 연습에 집중하고 있다. 즉, 사람으로 지내기 위해 해야 되는 영적·육체적 훈련이다. 각 장들은 '더 많은' 것에 대해 책을 읽는 것과 생각하는 것, 앉아서 얘기하는 것과 같이 직접 몸을 움직이는 것이 가치 있다고 확신한다. 음식을 먹을 때 누가 메뉴를 공부하는가?

이 책의 장들은 서로 연결되어 있지 않고, 각자의 역할이 있다. 각 장들은 틀림없는 사실과 눈에 보이는 결과를 주장하지 않는다. 대신, 사람들이 원하는 지혜를 전달해 주는 연습이라고 믿는다. 그리고 육신이 영혼을 계몽시킨다고 확신한다.

거의 모든 것에 관한 너무 많은 정보들이 있는 세상 속에서 육체적인 연습은 커다란 휴식을 안겨 준다. 빵을 만드는 일, 사랑을 나누는 일, 땅을 파는 일, 동물이나 이방인에게 먹을 것을 주는 일 등은 광대한 해설이나 명료한 신학을 필요로 하지 않는다. 육체적인 연습이 필요로 하는 것은 몸을 숙이고, 손을 뻗고, 음식을 만들고, 사람의 마음을 흔드는 일이다. 이들 대부분은 너무나도 기쁨에 차 있어 '신성'이라는 단어를 사용해 복잡하게 만들 필요가 없다. 그럼에도 이러한 행동들은 인생을 빠르게 혹은 천천히 바꾸기도 한다. 떨어지는 물이 바위의 모양을 바꾸는 것처럼 말이다. 생각하는 것이 믿음이라고 해석되는 이 세상에서, 믿음은 육체적인 연습을 통해 삶을 살아가는 방식임을 일깨워 줄 것이다.

앞으로 나올 걷기 명상, 순례, 단식, 기도와 같은 연습은 세상의 모든 종교들 안에서 긴 역사를 가지고 있다. 하지만 먹고, 노래 부르고, 목욕하고, 아이를 낳는 일은 너무 평범해 이름조차 없다. 하지만 이런 연습이 없었다면 종교는 살아남지 못했을 것이다. 앞으로도 이런 연습은 생기를 잃어가는 종교들을 구할 것이다.

당신의 믿음이 부족하다고 생각한다면 이 책은 당신을 위한 것이다. 이 책은 교과서가 아니다. 이 책을 가이드북으로 사용하면서 어디에서 읽을지, 어디에서 끝낼지는 당신 몫이다. 또 만약 당신이 종교에 관한 토론, 영적인 것에 관한 독서, 당신에게 아무 의미 없는 끊임없는 이야기에 지쳐 있다면 이 책은 당신을 위한 것이다. 나는 당신이 책을 읽는 도중 당신 발아래에 새겨진 목적지를 보기 바란다. 아직 이 책을 안 읽은 당신이 이해하기 쉽게 말하자면, 나는 당신이 이 책을 읽음으로써 이 세상에 있는 모든 제단altar을 알아보면 좋겠다. 사람들이 만나는 평범한 곳, '더 많은' 하느님을 만날 수 있는 곳 말이다.

누구나 그렇듯 나도 한계가 있다. 이 책에 나와 있는 연습들은 각자의 특징이 있다. 이 연습들이 세상의 다른 훌륭한 운동들과 더불어 사람들에게 온전한 인간으로 사는 의미가 무엇이지 알려 주기를 원한다. 자신이 없었다면 나는 이런 제의를 하지 않았을 것이다. 당신이 어떤 모습이든 당신은 인간이다. 당신이 어디에 살든 당신은 세계 안에, 그 안에 있는 거룩함을 일깨워 주기 위해 당신을 기다리고 있는 그 세계 안에 있다. 자, 당신의 사제직에, 당신 자신의 삶의 제단에 온 걸 환영한다. 좋은 소식은, 시작할 때 필요한 모든 것을 당신이 이미 다 가졌다는 것이다.

부활절이 있는 계절에,

바바라 브라운 테일러

Content

1
vision

하느님께로 깨어나는 연습

> 내게 영적 인식이 일어났던 날은 하느님 안에 모든 것이 있고
> 모든 것 안에 하느님이 계시다는 사실을 보았고 알았던 날이다.
>
> **마그데부르크의 메흐틸드**●

나는 예전에 하와이의 해변가 용암 절벽을 따라 산책
을 한 적이 있었다. 그때 파도는 나를 흠뻑 적시거나 절벽에 부딪히
며 높이 치솟기도 했고, 쌍무지개는 바다 속으로 빠져들고 있었다. 나
는 이 섬에 마음을 빼앗겼다. 섬이 아름답기도 했지만 무엇보다 내가
서 있는 땅의 느낌이 달랐기 때문이었다. 이 섬이 어리다는 것이 느껴
졌다. 이 섬은 지구에서 가장 어리고, 내가 걷는 동안 화산이 또 다른
지구를 만들어 내는, 지구 그 자체였다. 내 경험상 모든 장소는 그 장

● 13세기의 기독교 사상가

소만의 영혼, 개성, 깊이가 있다. 내가 만약 애리조나 사막에서 자랐다면 애틀랜타 교외에서 자란 나와는 다른 내가 되었을 것이다. 내가 만약 대양 근처에서 살았다면, 내가 애팔레치아의 언덕을 건널 때 사용하는 감각은 지금과는 전혀 다르게 사용될 것이다.

하와이라는 큰 섬에서 나는 발아래 화산암의 젊은 기운을 느낄 수 있었다. 하와이는 원기 왕성했고, 젊음이 흘러넘쳤으며, 섬 자신도 만족하고 있었다. 이 섬은 아직 쇼핑몰과 대형 호텔, 리조트가 들어서지 않아 그 신성함이 손상되지 않은 상태였다. 나는 그날, 이 섬의 젊음을 알아채고, 내가 갈 수 있는 최대한을 걸어 섬의 남서쪽 끝에 있는 저수지에 다다랐다.

파도의 놀라움을 뒤로하고 걷다 보니, 엄청난 침묵으로 덮여 있는 저수지가 나타났다. 잔잔한 물결은 너무 조용하게 누워 있었고 이를 보는 나도 진정이 되었다. 수면을 흔드는 것은 때때로 대양에서 불어오는 바람뿐이었다. 저수지 한가운데에는 바게트 빵처럼 생긴 큰 돌 세 개가 세워져 있었다. 가운데 돌이 가장 컸고, 다른 두 개는 마치 혹등고래처럼 포근히 서로를 마주보고 있었다. 이 모든 것은 바로 여기에서 대단한 일이 있었음을 암시하는 것이었다. 내가 여기 오기 전에 누군가 이 제단을 세웠고 그 사람이 무엇을 보았는지는 모르지만 나는 그곳의 이름을 알고 있었다. 베델, 하느님의 집.

베델은 야곱이 하느님을 만났던 장소를 나타내는 말이다. 암석이 많은 그 황무지에서 야곱의 인생은 바뀌었다. 성경에서 야곱의 이야기를 처음 읽었을 때, 그 일이 실제로 일어났는지는 모르지만 나는 그 이야기가 사실이라고 생각했다. 그곳에는 야곱이라는 젊은이가 있었고, 그는 분노를 폭발시키는 가족에게서 도망쳤다. 그의 아버지는 죽어가고 있었다. 야곱과 그의 쌍둥이 형제 에서는 축복을 원했다. 야곱과 에서는 일란성 쌍둥이가 아니었다. 에서는 그의 형제를 벌레처럼 짓밟아 버릴 수도 있었다. 야곱은 겨우 옷 몇 벌을 챙겨 먼 길을 떠났고, 어느 정도 멀어졌다고 생각한 그는 베개로 쓸 돌을 찾았다.

야곱은 적당한 돌을 발견하고는 햇빛에 달구어진 쪽으로 얼굴을 대고 누웠다. 아마 야곱이 꾸었던 꿈은 돌 안에 있었거나 하늘에서 떨어졌을 것이리라. 꿈은 생생했다. 지구 위에 세워진 사다리, 사다리 위에 펼쳐진 천국과 빛나는 날개를 가진 개미처럼 오르락내리락하는 하느님의 천사들. 그때 하느님은 트럼펫 소리도 없이 갑자기 나타나 야곱에게 안전과 자식과 땅을 약속하셨다. "기억하라, 내가 너와 함께 있다. 내가 너에게 약속한 것을 이루기 전까지 널 떠나지 않겠다."

하느님의 숨결이 아직 공기를 휘감고 있을 때 야곱은 일어났다. 똑같은 돌과 모래, 똑같은 황야. 달라진 것은 없었다. 야곱이 거울을 보았다면, 놀라서 동그래진 야곱의 눈 말고는 달라진 것이 없다고 생각했을 것이다. 하지만 야곱은 크게 외쳤다 "나는 몰랐지만 하느님께서 여기에 계시다!" 그는 말을 멈출 수 없었다. "여기는 얼마나 훌륭한가! 이곳은 하느님의 집이며 천국으로 가는 입구이다."[1]

이 꿈은 야곱이 만들어 낼 수 없는 꿈이었고, "무슨 일이야?"라고 묻는 평범한 사람들이 지나치는 현실보다 더 실감난 꿈이었다. 무엇이 '현실'인가? 당신은 이것이 현실이라는 것을 어떻게 알고, 그 현실을 어떻게 증명하는가? 천국에서 내려온 사다리가 지구 어디에 떨어졌는지는 몰라도, 모래에 새겨진 천사의 발자국을 못 찾더라도, 야곱의 인생은 좋은 쪽으로 바뀌었다. 그가 볼 수 있든 없든 함께 하겠다고 약속한 신적인 존재를 향해 깨어난 뒤, 야곱은 다시 잠들지 못했다. 정말 무슨 일이 일어났었나? 하느님만이 아신다. 야곱이 아는 것은 그 장소를 표시해 두어야 한다는 사실뿐이었다.

혼란스러웠던 야곱은 주변을 둘러보았지만 그 주변에 있던 모래들이 특별한 잠을 자던 야곱의 몸 여기저기를 휘젓고 다닌 것 말고는 별다른 것이 없었다. 야곱의 선택은 명백했다. 그는 먼저 꼼꼼하게 구멍을 파고 그가 오른쪽으로 누워 잤던 돌베개를 세워 사닥다리를 만들고는 그 위에 기름을 붓고 이름을 지었다. 베델, 하느님의 집. 그는 뒤돌아 가다가 베델을 돌아보았다. 거기에는 손가락 모양의 돌이 땅속 깊이 심어져 하늘을 직선으로 가리키고 있었다.

하와이의 향기로운 교회 뒤에 있는 하늘을 가리키는 돌 세 개를 보며 나는 전 세계가 하느님의 집이라는 사실을 왜 잊고 있었는지 의아했다. 누가 하느님이 벽 네 개에 활짝 열린 창과 하늘을 향한 지붕을 원한다고 했나? 누가 교회와 건물에서만 살아 계신 하느님을 만날 수 있다고 정했나?

그때까지 나는 교회를 좋아했다. 처음 좋아한 교회는 사과나무가 심어져 있고 외벽이 흰색으로 칠해진 오하이오 시골에 있는 예배당이었다. 그 예배당 목사는 내 눈을 바라보며 내 말을 들어 주고 내 머리 밑에 하느님의 베개를 밀어 넣어 준 첫 번째 사람이었다. 또 나는 건물 안에 있는 모든 사람을 파랗게 물들이는 티파니 창문이 늘어선 아틀란타 도심지에 있는 교회를 사랑했다. 이곳에서 나는 도심에 사는 이웃들을 우리 안에 있는 신념보다 조금 더 사랑하기가 얼마나 힘든지 배웠다. 대통령들이 쉬러 오기도 하고 순례자가 미로를 걸으며, 비둘기들이 교회 지붕 서까래에 보금자리를 만드는 워싱턴 대성당도 좋아했다. 또 조지아의 클락스빌에 있는 '은혜의 언덕' 성공회 교회를 사랑했다. 이곳에서 나는 5년 6개월 동안 소나무로 만든 하얀 창문 사이로 바람이 물결치는 광경을 보았고 그 안에서 신자들과 대화를 나누었다.

나는 이 많은 곳에서 하느님을 만났다. 이것이 내가 교회에서 많은 시간을 보낸 이유이다. 이 장소들은 경계선이 분명했고 이 안에 있는 공동체는 동일시되었다. 마치 내게 문을 열고 이 안으로 들어오라고 하는 것 같았다. 이 문 뒤에 내 직업이 있고 그에 따르는 보상은 분명했다. 나는 나처럼 평범한 사람들과 함께 정통 예식에 참석하면서, 그들의 얼굴이 별이 가득한 밤하늘 같다는 사실을 깨달았다. 그들이 얼마나 많은 것을 간직하고 지내왔는지 그 누가 상상이나 할 수 있겠는가? 우리는 하고 있던 모든 일을 잠시 멈추고 우리 인생의 성스러운 장소에서, 다른 곳에서는 할 수 없던 일들을 했다. 아기의 이름을 지어 주고, 죽은 자를 묻어 주고, 함께 시편을 노래했으며 우리에게 삶을 주신 하느님을 찬양하였다. 그러면서 사람들은 타오르는 불길 위에 빛과 열이 더 자라날 수 있도록 자신을 던졌고, 우리의 빛과 온기가 불길을 휘감았다. 우리는 각자가 해야 할 일을 했고, 그곳에는 '더 많은' 존재가 있었다.

그렇지만 몇몇 사람은 일주일, 혹은 보름에 한 번 하느님을 만나는 것에 만족하지 못했다. 우리는 예배나 교회가 줄 수 있는 것보다 더 많은 것을 원했다. 우리는 교회 청년부가 주관하는 청소보다, 교회 은색 성찬대를 윤내는 일보다, 교회 선교 사업에 동참하는 것보다, 교회 합창대에서 리허설을 하는 것보다 '더 많은' 존재를 원했다. 우리는 더 깊은 깨달음을 원했고, 하느님의 존재에 대한 더 확고한 느낌을 원했다. 우리는 그 존재 안에서 찾을 수 있고, 머물 수 있는 더 믿음직한 길을 원했다. 그래서 우리는 일요일 아침 혹은 수요일 오후에 한 시간이 아니라, 최대한 많은 시간을 활용할 수 있는 모임을 원했다.

많은 사람들은 교회에서 더 많은 시간을 보내는 것이 그 존재로 한걸음 더 다가가는 일이라고 생각한다. 그래서 더 많이 봉사하고 더 많은 프로그램에 참석하지만, 집으로 가기 위해 등을 돌린 순간부터 내적 굶주림을 느낀다. 교회를 나서는 그 순간부터 무엇을 해야 할지 확신이 없다. 교회에 있을 때 우리는 하느님을 더욱 가까이 느끼게 해 줄 무언가를 알고 있었지만, 교회 주차장으로 발을 옮기는 동안 하느님께 느꼈던 친근감은 사라진다. 세상에서 경계선은 분명하지 않고 공동체는 찾기 어렵다. 교회의 티파니 창문이 사람들을 똑같이 파랑으로 물들이지 않아도 사람들은 비슷해 보이고, 세상 속에 있는 단 하나의 '더 많은' 존재를 사람들은 거의 똑같이 느낀다.

이런 생각은 전 세계가 하느님의 집이라는 사실을 잊은 사람들의 것이다. 어느 순간부터 우리는 하느님이 종교에 관심이 있다고 생각하게 되었다. 아직도 많은 사람들이 교회가 하느님의 집이고, 세상은 도움을 주어야 할 길 잃은 영혼들의 메마른 장소라고 굳게 믿고 있다. 그들은 이것이 교회의 소명이라고 생각한다. 이러한 생각들이 그들의 인생에 소중한 목적을 일러주었고 고상함을 안겨주었다. 그리고 실제로 세상에는 구원을 필요로 하는 사람들이 많다. 그런데 문제는 구원이 필요한 사람들이 교회에도 많다는 사실이다. 그리고 하느님은 모든 사람을 똑같이 바라본다. 만약 교회 주차장에 있는 자갈들이 예배당에서처럼 하느님께 신실한 모습을 보이면 어떨까? 만약 길 잃은 영혼이 오랫동안 신자로 지낸 사람보다 하느님께 더 깊은 감명을 준다면 어떨까? 만약 하느님을 알아 가는 종교를 그들만의 사업으로 전락시킨 이들에게 하느님이 사다리를 내리신다면 어떨까?

대답하기 어렵다. 나는 인생 대부분을 하느님을 위한 설교로 보냈지만, 아직도 편하게 이야기할 수 없다. 그 이유는 나에게 하느님에 관한 이야기를 하러 오는 사람들 대부분이 그들만의 목적을 가지고 있기 때문이다. 어떻게 치장하건, 그들은 자신의 필요에 맞게 이야기하고 나에게도 자신들이 필요로 하는 반응을 기대한다. 그들의 마음속에는 목적지가 있지만, 나는 열에 아홉은 그 목적지에 가기 꺼려진다.

내가 하느님에 관해 편하게 이야기할 수 없는 두 번째 이유는 하느님에 관한 너무 많은 말은 무례하게 들리기 때문이다. 고대 인도 철학서 《우파니샤드》에는 "당신 앞에선 온 세상이 뒷걸음질 칩니다"라는 말이 있다. 내 생각에 이 말은 옳다. 내가 하느님에 관해 뭐라고 하든 그 말은 부족하다. 내가 아무리 하느님에 관해 정확하게 말하려고 해도 하느님의 본성은 내가 뱉은 단어들에 가려질 것이다. 내 얕은 생각으로 말할 수 있는 것들은 나의 한정된 경험 안에서 생각하는 하느님, 정말 현실적인 것, 빛을 내는 레이스 장식 정도이다. 그러므로 내가 말하는 단어들은 듣는 사람에게 방해가 될 가능성이 높다. 만약 '정말 현실적인'이라는 말이 당신에게 용납되지 않는다면, 당신은 당신만의 묘사와 당신만의 표현법을 찾을 것이고 이는 결국 하느님에 대한 나의 말이 당신의 길을 막았다는 뜻이다. 그럼에도 불구하고 이러한 위험을 감수하면서 다른 사람의 말을 듣는 이유는, 말을 하기 전에 다른 사람의 말을 경청할 필요가 있기 때문이다. 아주 조금만 관대하게 생각해 보자면 다른 사람의 말을 들음으로써 우리가 하고자 하는 말을 단단히 고정시킬 수 있고 '더 많은' 것이 활활 타오르는 모습을 지켜볼 수 있을 것이다. 따뜻한 돌베개에서 일어날 때, 우리 중에 누군가는 항상 일어나서 말할 것이다. "하느님이 여기에 계신다! 그리고 난 이 사실을 알고 있다!"

야곱이 이렇게 말했을 당시, 예루살렘에는 성전이 없었다. 제단 하나 없이, 사람들은 자유로이 온 세상을 제단으로 사용했다. 어디에서나 신성한 기운이 솟아올랐고, 이 땅 어디에나 자국을 남겼지만 떠돌아다닌다고 느끼지 않았다. 하느님이 항상 움직이셨기 때문이다. 여러 해 동안 성경에서 '만남의 천막'이라고 부른 천막에 대해 하느님은 만족하셨고, 여정 중인 사람들과 함께 천막생활을 하셨다. 또 천막 밖에서도 그들을 만나셨다. 하지만 천막에서 하느님의 존재감은 너무 컸고 그 강렬함을 견딜 수 있는 사람은 모세뿐이었다. '만남의 천막'에서 나온 그의 얼굴이 너무 밝아서 그는 어린 아이들이 겁먹지 않도록 얼굴을 가렸다.

천막은 수 백 년 동안 하느님과 함께했다. 이 천막은 하느님께 너무나도 어울렸고, 다윗 왕이 하느님께 영원한 장소를 짓는 것이 어떠냐고 제안했을 때, 하느님은 말리셨다. "네가 나의 집을 지어 준단 말이냐? 나는 이집트에서 이스라엘 백성을 구한 뒤로 집에서 산 적이 없다. 나는 천막과 예배당을 옮겨 다니며 살아왔다."[2] 그래서 다윗 왕은 하느님의 성전을 짓지 않았다. 그러나 다윗 왕의 아들 솔로몬은 성전을 지었고, 그 뒤로 하느님의 집은 예루살렘에 있는 시온 산이 되었다. 두 성전이 무너진 뒤 지금까지 세계에서 모여든 사람들은 시온 산에서 기도를 하고, 하느님의 오래된 집 주춧돌에 기도를 묻는다.

하느님을 만나는 장소를 표시하는 일도 중요하지만, 나는 하느님을 위한 집을 지을 때 어떤 일이 일어날지 걱정이 되었다. 예루살렘에 있는 성전이 아니라 신자들이 같이 기도하는 구석구석에 있는 그곳 말이다. 내가 그곳을 걱정하는 이유는 그들이 모여서 기도하면 혼자 있을 때보다 자신을 더 잘 알 수 있으리라고 생각하기 때문이다. 이는 좋은 현상이지만 모든 일에는 그림자가 있기 마련이다. 우리는 스스로 원할 때만 하느님을 보려고 성전을 짓는가? 하느님이 우리 집에 머무는 것이 싫어서 성전을 지으려는 것은 아닐까? 아름다운 벽돌로 쌓은 네 벽에 뾰족탑 지붕을 얹어 그 장소를 하느님의 집이라고 부른다면 세상에는 어떤 일이 벌어질까? 강기슭과 산꼭대기와 사막과 나무들에게는 어떤 일들이 일어날까? 우리가 하느님의 집이라고 부르는 장소에 나타나지 않는 사람들에게는 어떤 일들이 일어날까?

하느님의 사람들만이 하느님을 찬양할 수 있는 피조물은 아니다. 늑대도 있고, 바다표범도 있다. 거위와 혹등고래도 있다. 성경에 보면, 나무도 손뼉을 칠 수 있다. 아시시의 성인 프란시스는 버나드 형제와 클레어 자매, 태양 형제와 달 자매와 함께 찬양하는 것을 좋아했다. 당신이 프란시스의 손을 뒤로 꺾고 물어보아도 그는 '신성한' 것과 '세속적인' 것의 차이점을 말하지 못했을 것이다. 그는 경건하게 성경을 읽듯 세상도 그렇게 읽었다. 그에게 나병 환자는 주교의 반지처럼 키스하고 싶은 대상이었고, 새 한 마리는 구름 속에 있는 수많은 천사들처럼 하느님의 심부름꾼이었다. 그는 세상과 교회 사이에 경계를 그을 줄 몰랐고 그래서 성인으로 기억되고 있다.

물론 프란시스는 교회를 지었다. 그는 야곱의 사다리 꿈처럼 생생한 꿈을 꾸었고, 하느님은 교회를 지으라고 명하셨다. 그 교회가 정확히 무슨 뜻인지 몰랐던 프란시스는 자기가 살던 곳 근처에 있는 무너진 건물을 고르고 온갖 사람들을 불러 교회를 재건했다. 그중 몇몇은 구경하러 왔고 몇몇은 시멘트를 발랐다. 어떤 사람들은 혼자 벽돌하나도 들지 못했지만, 함께 벽돌을 들어줄 사람을 만났으므로 문제가 되지 않았다. 그들 대다수는 교회보다 함께 교회를 짓는 일이 더중요했다. 서로에게 관심이 없었던 사람들은 같이 교회를 지음으로써목적의식과 삶의 의미, 소중함을 얻었다. 마침내 교회 재건이 끝났을때, 프란시스의 교회는 온 세상이 하느님의 집이라는 것을 깨닫게 하는 장소로 거듭났다. 나는 어려서 이 사실을 알았다가, 크면서 잊어버렸다.

내가 처음 다닌 교회는 우리 집 뒤에 있었다. 교회 앞에 작은 개울가가 있었는데 이 작은 개울가에 있으면 시간 가는 줄 몰랐다. 수영하는 사람, 춤을 추는 사람, 스케이트를 타는 사람, 작은 배를 타는 사람도 있었고, 진흙 안에서 살고 있는 수많은 생물들이 있었다. 내가 눈을 찡그리면, 움직이는 수면 위에 태양은 빛의 침대가 되었다. 개울가 옆에는 꽃나무 한 그루가 있었다. 그 나무에는 내가 오를 수 있는 긴 가지도 있고, 중간 길이 가지, 낮은 가지들도 있었다. 고소 공포증이 있던 나는 무서웠지만 나무 꼭대기까지 올라갔다. 나는 위에서 나를 끌어당기는 느낌에 전율했고, 나무 몸통에 기대자 아버지에게 기대는 것처럼 편안함이 느껴졌다. 엄청나게 큰 꽃은 소박한 향기를 뿜고 있었다. 내가 꽃을 만지려고 몸을 숙이자, 차갑고 무거운 꽃잎은 기절하는 새처럼 떨어졌다.

내가 교회에만 있었던 것은 아니다. 학교에도 갔고, 어머니의 설거지를 도와드리거나 동생들을 돌보았고, 아버지와 함께 마당에서 일하기도 했다. 커가면서 친구들과 담배도 피웠고 버스 뒷자리에서 남자애들과 키스도 하였으며 고등학교의 계급 제도에 괴로워하기도 했다. 나의 키는 너무 빨리 자랐고 내 창백한 피부는 그을리지 않았다. 나는 열여섯 살 때까지 브래지어도 하지 않았다.

다행히도 나에게는 자기 증오를 치료하는 방법이 있었다. 학교가 끝나면 '프로스티'라는 말이 있는 마구간으로 달려갔다. 프로스티는 몸에 딸기색 얼룩이 있는 거세된 말이었다. 프로스티는 나를 좋아했다. 나는 프로스티를 타는 것도 좋아했지만, 프로스티가 있는 마구간을 청소하는 일도 행복했다. 나는 프로스티와 놀면서, 프로스티가 달콤한 건초 냄새 나는 숨결로 나를 소생시켜 준다고 생각했다. 저녁때는 숙제를 했다. 물론 유클리드의 기하학보다는 멜빌의 모비딕과 더 많은 시간을 보냈다.

나는 열여섯 살 때 비로소 진짜 교회의 일원이 되었다. 그때까지만 해도 여러 교회들의 차이점을 몰랐다. 나는 하느님이 하느님이라는 것은 알았지만, 하느님이 누구인지 또 그가 나에게 무엇을 원하는지 몰랐다. 그래서 나는 친구들과 함께 교회에 갔다가 세상에 대한 나의 사랑이 잘못된 것임을 깨닫기도 했다. 교회에서는 하느님만이 사랑의 대상이고, 성경만이 하느님을 알게 하는 유일한 길이라고 가르쳤다. 내 인생에서 처음으로 세상과 하느님 둘 중 하나를 선택해야 하는 갈림길에 놓이게 되었다.

사람들은 자신이 기억하는 것을 말하고, 나도 내 기억에 따라 진실만을 말한다. 나는 교회 안에서 세상을 두려워하거나 의심했다. 내육신은 세상의 것이고 육신을 부끄러워해야 한다고 배웠다. 더 이상 남자친구와 키스할 수 없었고, 새로운 선생님의 말대로 모든 육신의 유혹을 물리쳐야 했다. 교회가 세상보다 신성한 것처럼 영혼이 육체보다 신성했다. 하느님이 세상을 사랑하사 독생자를 보내셨지만 세상이 그렇게 썩어 있지 않았다면 하느님의 아들은 죽을 필요가 없었을 것이다.

내가 처음으로 일원이 된 교회와 같은 계통의 다른 교회에서 나는 하느님과 이웃을 내 몸과 같이 사랑하는 일, 덜 가진 자와의 나눔, 친구들을 위해 목숨을 내놓는 것이 얼마나 중요한지 배웠다. 나는 태양을 향해 자라는 묘목처럼 이러한 가르침들을 향해 나아갔다. 이 같은 가르침은 항상 씩씩하고자 했던 나의 비밀스러운 목표를 이용했다. 가르침은 나에게 중요한 할 일을 주었다. 만약 내가 배운 가르침이 내가 정말 사랑하던 세상과 나 사이를 이간질하려고 했다면, 설령 그랬다고 해도 나는 그 사실을 알아차리지 못했을 것이다. 다만 나는 있는지도 몰랐던 세상의 세력들에 대해 경고해 주던 성스러운 책과 사람들을 알게 됐을 뿐이다. 내가 할 일은 그저 교회에 있는 하느님을 세상에 있는 신들보다 더 깊이 믿는 것이었다. 나는 세상에 속해 있지 않는 나의 진정한 충성심이 어디에 있는지 알아 가던 삶을 살고 있었다.

이런 거친 출발과 함께 나는, 이 세상에는 많은 교회가 있고, 성경을 읽는 많은 방법과 신자들이 있고, 이들이 세상과 연결되는 많은 방법이 있음을 배웠다. 그럼에도 불구하고 나는 '세상과 육신은 믿을 것이 못 된다'는 미묘한 가르침에서 완전히 벗어나지 못했다. 사랑스럽든 놀랍든 혼란스럽든 결국 세상은 진리가 아닌 겉보기일 뿐이며 성경만이 사람들을 자유롭게 할 진정한 진리를 가졌다고 배웠다.

운 좋게도, 내가 배우고 사랑했던 성경은 나에게 하느님을 만날 수 있는 다른 길을 제시해 주었다. 육체와 영혼의 결합을 신뢰하는 것같이, 세상도 하느님을 만날 수 있는 장소라는 사실을 말이다. 나도 다른 사람들처럼 세상이 신성한 장소임을 증명하기 위해 성경에서 적당한 구절을 고른다. 증거도 있다. 사람들은 그늘진 오크나무 밑에서, 강기슭에서, 산의 정상에서, 그리고 길고 거친 불모지에서 하느님을 만난다. 하느님은 회오리바람 속에서, 별이 빼곡히 박힌 밤하늘에서, 불타오르는 덤불 속에서, 그리고 완벽하게 낯선 사람으로 당신 앞에 모습을 나타낸다. 하느님에 대해 더 많이 알고 싶어하는 사람들에게 하느님의 아들은 들에 핀 백합꽃이나 하늘을 나는 새, 빵을 반죽하는 아낙네와 수당을 받기 위해 줄 서 있는 일꾼을 보라고 말씀하신다.

누가 이 글을 썼는지 모르지만 그는 성경에 대한 관심만큼 세상에 대한 관심도 하느님을 알아가는 방법이라고 믿었을 것이다. 사람들은 성경을 순서대로 외움으로써 하느님을 알 수 있다. 하지만 사업의 실패, 참새가 땅으로 떨어지는 모습을 통해서도 하느님의 방식을 배울 수 있다. 십계명을 외는 것과 같이 연애와 야생화에서도 똑같이 하느님에 대해 배울 수 있다.

이것은 아름다운 소식이다. 나는 산상설교와 목련나무 둘 중 하나를 고르지 않아도 된다. 하느님은 워싱턴국립대성당의 제단을 통해서 나에게 오실 수 있지만, 하와이에 있는 잔잔한 저수지를 통해서도 오실 수 있다. 하느님의 집은 우주의 이 끝에서 저 끝까지 펼쳐져 있다. 그 집에는 바다 괴물과 타조, 내가 모르는 언어로 기도하는 사람들과 내가 이름을 부르지 못하는 자들도 함께 살고 있다.

난 이 집의 책임을 맡고 있지 않고 앞으로도 그럴 것이다. 나는 누가 들어왔는지, 누가 나갔는지 말할 수 없고 규칙을 만들 수도 없다. 나도 욥처럼 하느님이 지구의 기초를 놓을 때 어디에도 없었다. 나는 플리아데스 성단의 사슬을 묶을 수 없고 오리온 성단의 끈을 풀 수 없다. 산에 사는 염소들이 언제 출산하는지 모르고 천국의 순서에 대해서는 더더욱 모른다. 나는 이 세상에 온 손님일 뿐이고 다른 손님들이 나의 적일지라도 그들을 섬기는 것이 나의 임무이다. 나는 그들에게 저항할 수 있지만, 내가 우리 모두를 만드신 하느님을 믿는 이상 그들을 전혀 상관없는 사람처럼 대할 수는 없다. 오직 하나의 집이 있고 인류는 그 집에서 같이 사는 법을 배우며 우리의 수명이 다하는 날 지구의 한숨 소리를 들을 것이다.

우리가 함께 살아가기 위해서는 지혜가 필요하다. 지혜는 무엇이 옳은지 알 때 얻는 것이 아니라 자기가 옳다고 생각하는 일을 할 때 얻어진다. 혹은 그 일이 성공하거나 실패할 때, 무슨 일이 벌어지는지 알게 되면서 얻어진다. 지혜로운 사람들은 행동하기 전에 무엇을 믿는지 확신할 필요가 없다. 그들은 그 행동 자체가 원하는 것을 알게 해 준다는 사실을 알고, 이로 인해 자유롭게 행동할 수 있다. 예를 들어 당신이 발을 씻는 것에 대해 불안해 한다고 하자. 그렇다면 최선의 방법은 직접 발을 씻는 것이다. 만약 당신의 이웃이 수상쩍다면 가장 좋은 방법은 같이 저녁을 먹는 것이다. 이성은 경험이 함께 할 때만 그 효력을 발휘한다. 직접 해보지 않으면 현명함은 위축되고 만다.

이런 지혜는 어떤 정보보다 훨씬 많은 의미를 가진다. 지혜를 얻기 위해 당신은 뇌뿐만 아니라 배고픔, 고통, 쾌락을 느끼는 육신을 필요로 한다. 지혜는 선조들이 쌓아 놓은 통찰력을 향한 육신의 여정이고 따라서 지혜를 얻기 위해서는 육신의 살과 피가 필요하다. 이때 육신은 인간의 육신뿐만 아니라 조류, 나무, 물, 천체의 육신을 포함한다. 《탈무드》에 따르면, 풀잎에는 각자의 천사들이 있어 그들이 "자라라,

자라라" 속삭인다고 한다. 어떻게 하면 이런 천사들을 보고 들을 수 있을까?

나는 무언가를 바쁘게 하는 중에 신성한 환상을 보았다. 나는 다른 사람들을 행복하게 해 주기 위해 아무것도 하지 않았지만 환상은 마치 천둥이 치듯, 독감에 걸리듯, 지독한 사랑에 빠지듯 다가왔다. 나는 그 환상에 대해 아무것도 할 수 없었지만 그 환상을 몰아낼 방법은 많았다. 먼저 내가 카페인을 너무 많이 들이켰다고 생각할 수 있다. 아니면 세금 고지서와 저녁 뉴스처럼 별것 아닌 일로 받아들일 수도 있다. 마지막으로 환상에 대한 생각은 접고 오늘 당장 해야 할 일들을 생각할 수도 있다. 이런 일은 하느님의 집에서 살아갈 수 있는, 내가 저지를 수 있는 몇몇 방법들이다.

그러나 나는 이 세상 혹은 가슴 속에 작은 제단을 세울 수 있다. 내가 지금 어디에 있는지, 누구와 있는지, 그 장소가 얼마나 아름다운지를 보기 위해 하던 일을 오랫동안 멈출 수 있다. 나는 천국으로 향하는 또 다른 문을 표시할 수 있다. 바로 사다리 자국이 있는 평범한 지구의 헝겊 조각, 그곳은 신성한 기운이 강해서 내가 알아채지 못하더라도 느낄 수 있고 바로 옆에서 볼 수 있다. 아마도 어딘가를 가기 전에 돌을 세우거나 축복의 말을 할 수도 있다.

우리는 어떤 대상에서 원하는 것을 분리해 낼 수 있다. 예를 들어 육신에서 영혼을, 세속적인 것에서 신성한 것을, 세상에서 교회를 분리할 수 있다. 그러나 우리가 분리한 이 둘의 차이점을 하느님이 알아

보지 못하더라도 당황하지 말자.

지구는 신성한 가능성으로 가득 차 있다. 우리가 이 신성함에 걸려 넘어져 뼈가 부러지지 않는 것이 신기할 뿐이다. 야곱은 그가 전혀 모르는 장소에 있었지만 그 장소는 하느님의 집이었다. 비록 그의 가족이 그를 향해 분노를 분출했고 그의 형제들이 그를 죽이려고 했지만 하느님은 야곱이 있는 바로 그 장소에 당신을 보이셨다. 그때까지 야곱이 옳지 못했고, 앞으로 또한 그럴지라도 하느님께서는 야곱에게 환상을 보여 주셨다. 그리하여 야곱은 천사들이 지구와 천국 사이를 오르락내리락하는 것을 볼 수 있었다.

하느님께서 보여 주신 환상은 야곱이 알지 못했던 사실을 알려 주었다. 그는 하느님의 집에서 잠을 잤고 천국의 입구에서 깨어났다. 야곱은 아무것도 한 일이 없었다. 그가 한 일 중 유일하게 옳은 것은 자신이 어디에 있는지 보고 말한 것이었다. 그리고 떠나기 전에 베고 있던 베개로 제단을 만들고 자신을 찾아온 하느님을 찬양한 일이었다.

2
Reverence

주의를 기울이는 연습

그는 내 손바닥에 어떤 작은 것을 올려 주었다. 그것은 개암보다 작고 둥글었다. 나는 그것을 '이해와 생각의 눈'으로 한참 바라보았다. 이것은 무엇이 될 수 있을까? 그것은 오래가지 못할 것이라고, 너무 작아서 곧 부서질 거라 생각했다. 그러나 나는 곧 답을 알아냈다. 이것은 오래 갈 것이고 계속 존재할 것이다. 왜냐하면 하느님이 사랑하기 때문에, 그리고 모든 것은 하느님의 사랑으로 인해 존재하기 때문에.

노르위치의 줄리안●

내가 일곱 살 때, 우리 가족은 오하이오에 있는 더블린에서 일 년을 살았다. 아버지는 퇴역군인들을 위한 병원에서 심리학자로 근무하셨고 어머니는 세 아이를 돌보셨다. 나는 동생 케이티와 한 방을 썼고 막내인 제니퍼는 방에 있는 소아용 침대에서 자곤 했었다. 나는 그 집이 잘 기억나지 않지만 이층 부모님의 침실에 있던 나무로 만든 베란다는 기억난다. 거기에서 나는 처음으로 쏟아지는

● 영국의 신비주의자 가운데 가장 유명한 사람으로 베네딕트 수도회의 수녀로 생활했다.

별똥별을 보았다.

그때 보았던 별똥별이 '로렌스 성인의 눈물'이고 매년 8월에 돌아온다는 사실은 한참 뒤에 알았다. 그때 내가 알았던 것은 아버지가 이것을 봐야 한다고 말했다는 것, 아버지를 믿을 수 있었다는 것이다. 어느 날 나는 아버지와 함께 〈라이프 매거진〉에서나 볼 수 있는 큰 별 사진을 보았다. 또 어느 날은 아버지와 함께 등산하면서 밤하늘의 어떤 별이 오렌지색 빛을 내고 있는지 살펴보기도 했다.

특히 기억나는 밤이 있다. 그날 아버지는 내 침대에 있던 회색빛이 도는 파란색 담요를 베란다로 가지고 오라고 하셨다. 공기는 달콤하고 시원했다. 밤하늘은 별로 충만했다. 아버지는 담요를 반으로 접은 뒤 바닥에 깔고 깍지 긴 두 손을 베개처럼 베고 그 위에 누웠다. 케이티와 나는 아버지의 두 팔꿈치를 베고 누웠다. 아버지에게서 면도 크림, 담배, 커피 냄새가 났다. 그때 무엇을 보았냐고 묻는다면, 기억나지 않는다. 다만 나는 아버지 곁에 누워 있었고 하늘을 올려다 보았을 뿐이다.

숨을 들이쉬면 내가 몹시 크게 느껴졌다. 새의 깃털처럼 내가 하늘의 한 부분인양 느껴졌다. 숨을 내뱉으면 내가 너무 작아져 사라질까 겁이 났다. 엄청난 무게의 별 아래 일곱 살짜리 여자 아이는 무엇이었을까? 첫 번째 별이 떨어졌을 때, 숨이 막혔던 우리는 서로를 단단히 부여잡았다. "저 별 봤어? 봤어? 어디로 갔을까? 달의 먼 변두리로 갔을까?"

밤이 깊어질수록 더 많은 별이 떨어졌다. 몇몇 별들은 밤하늘에 아치를 그리며 날아갔고 어떤 별들은 반도 못 가 사라졌다. 그 별들을 보면서, 나는 우주에서 보면 지구도 저 별처럼 작게 보이겠다고 생각했다. 지구는 나를 데리고 언제 떨어질지 몰랐다. 이런 생각이 들자, 나는 내 머리 위에서 무슨 일이 일어나는지 궁금해졌지만 동시에 머릿속이 복잡해졌다. 나중에 아버지가 잠든 날 깨웠는데, 나는 잠든 줄도 몰랐다. 눈앞에 보이는 온 세상이 떨어지고 있는데 어떻게 잠을 잘 수 있었을까?

나는 아버지에게서 존경을 배웠다. 그에게 존경이란, 종교와는 전혀 관계가 없고 하느님과도 관계가 적었다. 그것은 아버지가 존경심과 계급을 중시하는 군인으로 오랫동안 지내왔기 때문일 것이다. 나는 아버지에게서, 존경심은 놀랍고 넓은 경험의 세계에서 작고 호기심 많은 인간이 가져야 할 알맞은 자세라고 배웠다. 여기서 세계는 인간과 장소와 그 외에 많은 것들을 포함한다. 다른 무엇보다 이 세계는 사물들이 어떻게 움직이는지에 대한 밀접한 관심을 요구한다. 자신의 일은 물론 하지 않은 일에 대해서도 말이다.

내가 아버지의 연장들을 사용하면, 아버지는 그것들을 제자리에 갖다 놓기 전에 기름으로 닦으라고 말씀하셨다. 그래서인지 몰라도 아버지의 연장들은 아주 오래 사용할 수 있었다. 내가 연장을 사용하다 손을 베었을 때, 아버지는 상처에 연고를 바르고 반창고를 붙여 주셨다. 아버지의 붕대 감는 기술은 예술이었다.

총기 소지가 사회적으로 그리고 문화적으로 큰 문제가 되기 전에 아버지는 내게 소총 청소하는 방법을 가르쳐 주셨다. 내 총은 놀이쇠가 있는 레밍턴 22구경으로 할머니가 주신 나뭇잎 조각이 붙어 있었다. 이 총으로 나는 제2의 애니 오클리가 되기 위해 사격 연습을 했다. 나는 통조림 깡통을 쏠 수 있었지만 아버지의 집에서는 총을 다루는 법을 모르면 쏠 수 없었다.

총을 닦는 의식은 지하 작업장에서 거행되었다. 그곳에는 우리가 필요한 모든 물건이 있었다. 총열보다 약간 작은 피뢰침, 헝겊으로 싸인 플란넬, 용해제가 든 깡통, 애벌레처럼 보이는 솔, 흑연, 강철, 모직천, 향이 좋은 기름, 그리고 솜으로 된 천 조각이 있었다. 이것들은 정확히 나열한 순서대로 쓰였다.

아버지는 안전장치 상태를 확인하는 법, 총을 쥐는 방법을 알려 주셨다. 아버지는 외과의사 같은 손 기술로 총을 다루셨고 나의 심장은 빨리 뛰었다. 아버지는 헝겊 조각을 총구에 넣었다 뺐다 하는 법, 총열을 부드럽게 하기 위해 흑연을 맨 나중에 사용하는 법 등을 알려 주셨다. 그리고 부드러운 천을 주시며 총열을 문질러 닦으라고 하셨다. 이러한 과정이 끝나면, 기름에 적신 천 조각으로 총개머리로부터 총구까지 닦으셨다. 아버지는 천 조각으로 지문을 닦지 않고선 총의 어느 부분이라도 절대로 만지지 말라고 말씀하셨다. 그리고 나서야 아버지는 반짝반짝 윤이 나는 총을 주셨고 나는 그것을 상자에 넣었다. 통조림 깡통이 있는 곳으로의 여정을 준비하며.

총을 닦는 이 의식은 무엇보다 인간의 삶 속에서 존경심을 품는 연습들을 떠올리게 만든다. 주의를 기울이고 관심을 가져야 한다. 그러면 당신을 죽일 수 있는 것들에 대한 존경심과 공포심에서 경외심으로 이끄는 길을 만들 수 있다. 포터 스튜어트 법관은 포르노를 정의할 수는 없지만, 보면 알 수 있다고 말했다. 존경심도 살짝 비슷하다. 정의하긴 어렵지만, 당신도 느낄 수 있다.

고전 철학자 폴 우드러프에 따르면, 존경심은 사람들이 신처럼 행동하는 걸 방지한다. 그는 "당신이 인간이라는 사실을 잊어버리는 것은 당신이 신처럼 행동할 수 있다고 생각하는 것과 같고, 그것은 존경심의 정반대에 있다"[3]고 말한다. 돈과 권력, 종교와 교육을 존경하는 문화에서 살고 있는 대다수의 우리와는 달리 우드러프는 진정한 존경심은 인간이 만들거나 조정할 수 없는 것이라고 말한다. 즉 우드러프는 존경심이란 더 크고, 인간의 창조와 이해와 상상을 뛰어넘은 그 무언가를 스스로 인정하는 것이라고 주장한다. 이 조건에 해당하는 것이 하느님이다. 그러나 탄생과 죽음, 섹스와 자연, 진리와 정의, 지혜도 이 조건에 들어맞는다. 내가 알고 있는 어느 미국 원주민은 가장 가까이 있는 나무에서 존경심을 가르친다. 그는 "그대들은 자신이 이 나무를 만들지 않았다는 걸 알고 있나?"라고 묻는다. 그들이 "네"라고 대답하면 그 원주민은 가르침이 잘 받아들여지고 있다고 생각한다.

존경심은 스스로를 작게 만드는, 그리하여 인간이 그들의 한계를 느끼게 하는 무언가를 경외할 때 생겨난다. 이로 인해 우리는 서로를 더욱 존경하며 바라볼 수 있다. 또한 우드러프는 자신보다 위대한 것에 대한 존경심을 느끼지 못하는 불경한 영혼은 자신보다 낮은 것에 대한 존경심도 가지지 못한다고 주장한다. 이러한 주장은 지도자들, 특히 종교 지도자들에 대한 의심을 불러일으킨다.

우드러프는 존경심과 종교 사이에 선을 그으려는 사람들에게 경고한다. 그는 교회가 가장 자연스럽게 존경심을 가르칠 수 있는 장소로 여겨지지만, 형식적인 예배에서는 존경심을 찾기 어렵다고 주장한다. 우드러프는 "모든 예배가 항상 공손하지는 않다. 가장 최상의 예배라도 존경심 없이 행해질 수 있고, 몇몇 예배는 명백하게 타락한 모습으로 비춰질 수 있다"[4]고 말한다.

내가 아는 굉장히 경건한 사람 중 몇몇은 자신을 종교적이라고 말하지 않는다. 그들에게 있어 종교란 믿음을 내포한다. 그들은 우리들이 하느님을 어떻게 믿고 왜 믿는지에 대해 말할 수 있는 능력이 있다. 그들만의 주장을 가지고 다른 방식의 믿음을 가진 사람과 토론할 수 있다는 말이다. 하지만 그렇지 않은 사람들은 자신이 믿는 것을 확신하지 않으며 다른 사람과의 논쟁을 꺼린다. 그들이 성스러운 사람들과 함께 있으면 그들의 형식화된 믿음은 부족해 보이고 천사들은 아래로 내려와 그들의 입을 다물게 한다.

존경심은 당신이 작은 존재임을 알려 주는 것이 무엇이냐에 따라 다르게 나타난다. 나는 오하이오의 별똥별이 내리는 밤에 존경심을 배웠고, 존경심을 배우기에 가장 좋은 곳은 자연이라고 생각한다. 자연은 물이 불어 난 강과 천둥번개와 사막, 회색 곰과 지진, 밤하늘 등 사람보다 더 크고 강력한 존재로 가득하다. 하지만 크기가 다는 아니다. 늪지의 작은 모기도 존경심을 불러일으킬 수 있다. 바늘보다 작은 그들의 다리에 있는 검고 하얀 스타킹을 보라! 이 작은 다리에 있는 무릎과 당신의 살을 뜯기 위해 구부리는 몸을 보라. 그리고 나면 모기와 당신은 피를 나눈 형제가 될 것이다. 당신이 느끼는 가려움은 모기의 생명에 대한 상이다. 모기를 잡고 싶으면 잡아도 좋다. 하지만 먼저 아름답다고 말하라.

존경심을 연습하는 가장 쉬운 방법은 20분 동안 물가에 앉아 주의를 기울이는 것이다. 온 세상을 신경 쏠 필요는 없다. 당신이 차지하고 있는 지구의 작은 공간과 그 장소에 사는 생명들에게 주의를 기울여라. 앉아 있는 20분 동안 아무것도 죽이지 말라. 설령 모기가 당신 몸에 앉더라도 내버려 두라. 아니면 모기를 불어 버리고 다른 먹이를 찾으라고 말할 수도 있다. 운이 좋다면 조약돌, 개미, 이끼, 곧 떡갈나무로 변신할 열매에서 영혼을 발견할 수 있을 것이다. 또 개미가 짊어지고 가는 하루살이에 대해 동정심을 느낄 수도 있을 것이다. 물을 보면서 그 물이 어디에서 와서 어디로 가는지 생각하는 시간을 가져라. 아무것도 생각하지 않고 명령하지 않을 때 느껴지는 기적 그리고 당신의 심장 박동을 느낄 수 있을 것이다. 당신이 나무를 만들지 않은 것처럼 심장도 당신이 만들지 않았다. 당신은 이 땅에 온 손님이며 이 조용한 영토를 자유로이 돌아다닐 수 있는 권한을 부여받았을 뿐이다.

당신 곁으로 누군가 스쳐 지나간다면 당신의 집중력이 그 사람한 테까지 미친다는 것을 느낄 수 있을 것이다. 그를 알지 못해도, 그가 자신의 영혼을 숨기려고 하더라도 그를 볼 수 있을 것이다. 당신이 무 언가를 위해 일하는 것처럼 그도 무언가를 위해 일하고 있다. 그의 얼굴에서 그것이 보이는가? 당신과 그는 서로 연결되어 있다. 서로의 이름은 모르더라도.

밖으로 나가기 어렵다면 종이에 당신의 손을 그려 보라. 반점과 관 절 마디에 있는 주름도 잊지 말라. 당신이 어느 정도 나이가 있는 사 람이라면 당신의 피부에 어떤 일이 일어났는지를 살펴보고, 당신이 젊다면 생명줄을 찾아보라. 상처가 있다면 그 상처에도 신경 쓰라. 내 왼쪽 손바닥에는 부서진 회색 연필 자욱이 아직 남아 있고, 손톱에 는 1974년의 바느질 사고로 인해 생긴 상처도 있다. 당시 내가 보던 프로그램이 갑자기 멈추고 리차드 닉슨의 사임 소식이 전해졌다. 그 순간 나는 멍해졌고 바느질 가위로 손가락 끝을 잘라 버렸다.

물론 누구에게나 들판에 누워 별을 보거나 자신의 손이 어떻게 만들어졌는지, 지나가는 사람의 영혼이 어떻게 생겼는지 들여다 볼 시간이 주어지는 것은 아니다. 감각적으로 꽃을 그리는 것으로 유명 한 미술가 조지아 오케피는 자신의 성공을 이렇게 설명했다. "꽃은 너 무 작고 꽃을 보는 일은 친구를 만드는 일처럼 시간이 필요하지만 사람들은 꽃을 볼 여유가 없다."[5]

주위를 살펴보는 데는 많은 시간이 필요하다. 우리는 대부분 너무 빨리 움직이고, 그래서 우리를 둘러싸고 있는 주변은 흐릿한 풍경이 된다. 그리고 우리들이 주의 깊게 보는 손목시계, 시간표, 휴대폰은 우리가 삶을 조종할 수 있다는 환상을 심어 준다.

존경심은 천천히 가야 느낄 수 있다. 이것은 짧은 여행을 할 수 있는 자발성과 계획에 없었던 일시 방문을 뜻하기도 한다. 구약 성경에 모세에 관한 이야기가 나온다. 모세는 이집트에서 이스라엘 민족을 구하는 데 결정적인 역할을 하는 인물이다. 하지만 그는 이집트에서의 살인을 숨기려고 아라비아 사막에 숨어 지내던 도망자였다. 모세의 삶은 그가 장인어른의 양을 돌보는 날 변하게 된다. 이야기에 따르면 그가 양들과 함께 하느님의 산이라 불리는 호렙 산의 광야를 가로질러 갈 때 불타오르는 수풀에서 천사가 나타났다고 한다. 수풀은 모세의 주변에 있었을 것이다. 이때 모세는 "왜 수풀이 타지 않고 있는지 살펴보아야겠다"고 말했다.[6]

모세는 수풀이 타지 않는 이유 그 이상을 알고자 했기에 걸음을 멈추었다. 그렇지 않았다면 빨간 불빛을 보면서 "와, 예쁘다"라고 말하고 지나가거나 그다음 날 와서 수풀이 계속 타는지 확인했을 것이다. 그러나 그랬다면 그는 모세로 남지 않았을 것이다. 그저 살인 혐의를 피하는 도망자로, 자신의 인생이 어떻게 변할지 모르는 삶을 살았을 것이다.

모세를 모세로 만든 것은 옆을 볼 줄 알았던 자발성이었다. 그가 어디로 가고 있었든, 무엇을 하려 했든 그는 기다리기로 했다. 그는 양을 세우고 좁을 길을 벗어나 이 놀라운 풍경에 주의를 기울였다. 그러자 하느님은 알아채셨다. 그리고 직접 수풀에 머무르셨다. "그가 고개를 돌렸을 때, 주님이 '모세야, 모세야'라고 말씀하셨다."[7] "제가 여기 있습니다" 모세가 화답했다. 그 뒤는 역사가 되었다. 하느님이 모세에게 무언가를 묻기 전에 신발을 벗으라고 명하셨다. "가까이 오지 마라! 그리고 신발을 벗어라. 네가 서 있는 땅은 성스럽다."

나는 불타는 수풀은 보지 못했지만 황금색 정원을 본 적이 있다. 열여섯 살 때, 나는 휴가 간 이웃을 대신해 그 집의 고양이를 돌보며 용돈을 벌었다. 내가 처음 그 집에 갔을 때, 마치 공수 부대처럼 벼룩들이 내 무릎 위로 뛰어올랐고 나는 쓰레기 봉지 속으로 벼룩을 쓸어 넣은 다음 그 봉지를 들고 뒷문으로 뛰어나갔다. 벼룩들은 비닐봉지 속에서 뛰어다녔고, 그 소리는 가랑비가 내리는 소리 같았다.

나는 그 봉지를 최대한 빨리 버리고 싶었고 그 봉지를 버리러 가는 길에 우리 집에서는 보이지 않던 정원을 지나가게 되었다. 잠깐 보았지만 나는 그 아름다움에 흠뻑 취했다. 아치를 만드는 큰 나무와 그 아래에 있는 이끼 낀 판석, 시멘트를 부어 만든 새 먹이장, 쿠션처럼 보이는 수풀, 하얗게 칠한 수공예 의자 등. 이 모든 것들이 태양의 빗줄기에 황금색으로 변해갔다. 이 광경은 다른 세상으로 가는 통로 같았고, 그 안으로 들어가면 나도 황금빛으로 변할 것 같았다. 그러나 나는 봉지를 버려야 했다. 봉지를 버리고 다시 그 정원으로 돌아왔을 때, 정원은 다른 곳이었다. 남아 있는 것은 오랫동안 사람의 손이 닿지 않아 잡초가 무성한 버려진 정원이었다. 정원은 더 이상 불타오르지 않았다.

엘리스 워커의 소설 《컬러 퍼플》에 나오는 현명한 여성 아베리는 이렇게 말한다. "당신이 자줏빛으로 물든 정원을 그냥 지나친다면 하느님께선 매우 불쾌하실 것이다." 나는 벼룩으로 가득 차 있는 봉지를 버려야만 했기에, 황금빛을 보았으나 돌아보지 않았다. 나는 봉지 버리는 일을 먼저 해야 한다고 생각했지만, 정원의 빛은 가던 길을 멈추고 "제가 여기 있습니다"라고 말할 누군가를 찾고 있었다.

창조를 향한 존경은 많은 사람들에게 쉽게 다가온다. 그러나 당신의 삶과 충돌하는 사람을 존경하기란 어려운 일이다. 시골길 맨 끝에 살고 우리 집에서는 이웃집이 잘 보이지만, 우리는 대부분 서로의 존재를 알지 못한 채 지낸다. 나는 특별한 한 사람을 사랑하는 것 보다 인류 전체를 사랑하는 것이 더 쉽다는 사실을 알고 있다.

어떤 사람이 출근 시간에 앞 차 범퍼를 들이박고 브레이크를 밟는 나를 비웃는다. 또 어떤 사람은 마트에서 내가 조심스레 고른 버섯 토스트를 내 장바구니 아래에 쑤셔 놓고 그 위에 콩 통조림을 쏟아 붓는다. 블림피 레스토랑에서 우아하게 점심을 먹으려는데 옆 테이블에서 휴대전화로 수다를 떤다. 길을 걷다 앞 사람을 앞질러 가려는데 그 앞 사람도 휴대전화로 수다를 떤다. 그들 때문에 내가 해야 할 일을 하지 못한다면, 그들에게 존경심을 가지는 건 어려운 일이다.

이런 일에 대한 나의 해결책은 잠깐이라도 그들에게 주의를 기울이는 것이다. 그들이 나를 짜증나게 해도 말이다. 그들을 장애물이 아닌 사람으로 보는 것이다. 나의 버섯 토스트를 박살낸 소년은 버섯에 대해 모른다. 그는…… 자, 보자, 열여섯 살쯤 되었으려나? 그의 손톱은 뜯겨 있고 심한 여드름은 그가 잠자리에 누울 때 그를 괴롭힐 것이다. 그는 어여쁜 계산원을 꼬실 참이므로 나를 볼 틈이 없다. 그러나 내가 그 소년을 보는 잠시 동안 그는 더 이상 방탕한 소년이 아니다. 그저 나쁜 짓들을 좀 저지르고 여드름 가득한 피부와 발육기의 욕정을 가진 소년일 뿐이다. 나는 그를 보며 내 가슴 속에 꼭 쥐었던 주먹을 푼다.

얼마든지 이런 연습을 할 수 있다. 만약 선글라스가 있다면 지하철에서도 가능하다. 떠드는 아이를 안고 있는 소녀, 페인트가 잔뜩 묻은 청바지를 입은 소년, 서로 손을 잡고 있는 커플, 이어폰 밖으로 소리가 울릴 정도로 크게 음악을 듣고 있는 학생. 이 사람들은 모두 어딘가에서 왔고, 또 어딘가를 향해 가고 있다. 내가 지금 이 지하철 장면에서 가장 중요한 사람은 나라고 여기는 것처럼, 이들도 분명 자기들이 이 공간의 중심이라고 생각할 것이다. 지금 나처럼 그들도 무언가와 씨름하고 있을 터이다. 이 시간 우리는 같은 공기를 마시고 있다. 나는 조용히 주기도문을 외우며 한 명 한 명을 쳐다본다. 이들 중 누군가가 나를 향해 존경심을 표하고 있을지도 모를 일이다.

새로운 연습을 발견할 필요는 없다. 당신의 적들을 향해 주의를 기울이는 이런 일은 산상수훈과 같이 오래된 것이다. 아픈 자에게 성수를 발라 주고, 죽은 자를 씻기는 것도 오래된 연습이다. 당신이 이중하나라도 해보았다면 갑작스레 찾아오는 존경심을 느꼈을 것이다. 내가 생각하기에 이렇게 갑자기 존경심을 느끼는 이유는 이런 일이 순간에 집중해야 하는 엄청나게 중요한 일이기 때문이다. 그 순간만큼은 색안경 없이 사물과 주위를 둘러보고, 어느 것도 소홀히 건너뛰지 않는다. 당신은 당신 앞에 있는 것에 빨려 들어가고, 존경심은 피할수가 없다.

프랑스의 사회철학자인 시몬 베유는 프랑스계 유대인으로 2차 세계 대전 당시 레지스탕스로 활약하며 가난한 노동자의 삶을 살다 길에서 죽음을 맞이했다. 사실 그녀는 굶지 않아도 되었다. 베유의 가족은 부유했고 그녀는 훌륭한 교육을 받았지만, 그녀는 보호받지 못하고 고통 받는 제3세계 사람들과 같이 살았다. 그녀는 학교에서 사람들을 가르칠 수 있었지만 공장에서 그들과 같이 일했다. 싱싱한 버터와 계란을 먹을 수 있었지만 식량을 배급 받았다.

그녀는 《하느님을 기다림Waiting for God》이라는 책에서 "사람의 인생에서 보는 것과 먹는 것이 다르다는 것은 큰 문제다"라고 말한다. 아름다운 것을 욕심 없이 바라보기는 어렵다. 빨간 사과를 보는 것을 좋아하는 어떤 아이에게 그것을 먹는다는 생각은 증오스럽겠지만, 결국은 식욕이 이길 것이다. 가질 수 있는데 왜 그저 지켜보는가? 이 같은 본능은 강제적인 소비를 하는 소비자, 문란한 연인들, 쩨쩨한 도둑들을 부추긴다. 시몬 베유는 《우파니샤드》의 글을 인용하기 전에 이렇게 추측한다. "탐욕과 악행 그리고 범죄가 우리가 보기만 해야 할 것들을 먹게 만드는 이유일 것이다." 날개가 있는 동료, 새 두 마리가 나뭇가지에 앉아 있는 모습을 보면서 베유는 "이 새들이 우리 영혼의 조각들입니다"라고 말했다. [8]

베유의 두 번째 새는 그녀를 교회로 이끌었다. 그녀는 유대인으로 자랐지만, 교회의 성스러운 생활에 감명 받아 세례를 받고자 했다. 그러나 그녀는 교회 아닌 바깥에서는 구원을 허락하지 않는 곳에서는 영혼의 안녕을 찾을 수 없다며 세례를 거절했다. 이것은 그녀가 성찬례에 쓰이는 빵과 포도주를 먹지는 않았지만 그것을 믿으며 살았다는 뜻이다. 베유는 빵과 포도주의 상징성을 믿는다는 사실만으로도 충분했던 것이다. 빵과 포도주는 그녀가 배고픈 사람들과 함께 굶주리고 교회 바깥에 있는 사람들과 어울릴 수 있도록 그녀에게 힘을 불어넣어 주었다. 결국 베유는 1943년 8월 29일, 영국의 한 요양소에서 숨을 거두었다. 그녀의 나이 고작 서른넷이었다.

올바른 관심을 갖는다면 어떤 것이든 성스럽게 변할 수 있다. 즉 외형과 내향을 볼 수 있는 영적 연결고리가 있다면 말이다. 음식을 예로 들어 보자. 나는 장을 볼 때 주로 닭, 계란, 감자, 빵, 샐러리, 그리고 우유를 산다. 흰살 고기를 좋아하는 나는 자주 뼈 없는 가슴살을 구입한다. 내가 북조지아에 있는 시골에 갔을 때, 우연히 그 지역에서 가장 큰 양계장 근처에 머무르게 되었다. 그때 수백 마리의 하얀 닭들이 북적이는 양계장 주변을 지나다녔고 곧 도살될 수백 마리의 닭을 실은 트럭 뒤를 따라간 적도 있다.

아주 추웠던 어느 날, 나는 이 트럭을 쫓아 5마일을 넘게 달렸다. 닭들은 트럭 안에 뒤죽박죽 모여 있었고, 갑자기 바람이 불어오더니 닭들의 하얀 깃털이 몽글몽글 뭉쳐 트럭 뒤에 구름이 만들어졌다. 그 깃털 구름은 뒤에 있던 내 차 앞 유리에 부딪혔고, 이것은 마치 닭들의 성찬식처럼 느껴졌다. 그때까지 나는 트럭 안에 있는 닭과 내 장바구니 안에 있는 뼈 없는 닭 가슴살을 다르게 생각했다. 하지만 내가 살기 위해 무엇이 죽어 가는지 본 뒤로, 물론 나는 계속 닭고기를 먹지만, 최소한 닭고기를 요리할 때 전에 없던 존경심을 갖게 되었다.

당신의 성찬식에는 더 많은 것들이 필요하겠지만 조금만 신경 쓰면 집으로 배달되는 광고 카탈로그도 신성하게 다가올 수 있다. 그 카탈로그 안을 들여다보라. 먼저 디자이너, 사진사, 모델, 편집 부원 등 목록을 만드는 사람들이 있다. 또 카탈로그에 있는 물건을 만드는 사람들이 있다. 그중 몇몇은 멕시코나 필리핀에 살 것이다. 미국 소비자를 위해 스웨터로 변하는 중국의 캐시미어 염소가 목초지의 풀을 너무 많이 뜯어 먹어 중국의 수백 마일에 이르는 땅이 사막으로 변한

단다. 작은 세계 지도를 펴고 광고 카탈로그에 있는 상품들이 어디에서 오는지 살펴보라. 그리고 그 장소에 핀을 꽂아 보라. 지도는 곧 고슴도치가 될 것이다.

또 종이와 잉크가 있다. 잉크가 어디에서 왔는지는 모르지만 이 전단지를 만들기 위해 쓰인 종이에 대해서는 조금 안다. 우리 집에서 조금만 가면 꽤 큰 소나무 숲이 있었다. 그곳에는 꼬리가 하얀 사슴과 스컹크, 너구리와 야생 칠면조가 살았다. 그러던 어느 날 벌목꾼이 찾아왔고, 울창한 숲이 그루터기 밭으로 변하는 데 겨우 2주일 밖에 걸리지 않았다. 나무가 잘려 나가던 그때 그 숲 주변을 지나가면 소나무 냄새가 내 머리에서 흘러내리는 느낌이 들었다.

소나무는 싸고 재생 가능한 종이를 만드는 펄프재이다. 내가 쓰는 이 종이는 분명 어딘가에서 왔다. 우체국에 쌓여 있는 전단지들을 보면서 나는 수많은 나무들이 전단지 한 장을 만들기 위해 쓰러졌다고 생각하고 싶지 않다. 그 나무들은 쓰레기 매립지에 버려져 다른 헌 종이들과 함께 묻힐 것이다. 전단지에 대한 나의 존경심은 내 안에서 존경심 그 이상의 것으로 커진다. 숲의 고통을 함께 느끼는 고통스러운 자각을 내 몸 어딘가에서 만들어 내는 것이다. 이 느낌은 대자연 속에서 나의 자리를 일깨워 준다.

사람들은 이런 나의 생각에 콧방귀를 뀔 것이고 사실 나도 그들을 이해한다. 내가 이야기하기 꺼리는 것을 다른 사람들이 진지하게 말하면 나도 똑같이 웃어댔다. 존경심은 고통이 될 수도 있다. 내가 닭이 가득한 트럭 뒤를 따라가지 않았다면 치킨 샐러드를 더 쉽게 만들 수 있을 것이다. 중국에 있는 염소에 대해 모른다면 캐시미어 스웨터를 주문하기가 한결 쉬울 것이다. 하지만 이 모든 것은 별똥별과 함께 하느님을 향해 열린 문으로 쏟아진다. 만약 별똥별에만 문을 열고 닭의 깃털에는 문을 닫는다면 우리는 반쪽짜리 가슴으로 반쪽짜리 인생을 사는 것과 같다.

존경심에는 고통이 따르지만 그 고통은 치유할 수 있다. 큰 슬픔은 밤하늘이 맑은 날 밖에 매트리스를 깔고 거기에 누워 밤하늘을 쳐다보는 것으로도 치유할 수 있다. 아기를 감싸 안거나, 깜짝 놀란 벌새를 찾아내는 일도 마찬가지이다. 물론 당신이 이 새를 찾아낼 수 있다면 말이다. 나는 계속 살아야 하는지 고민하던 한 여자를 만난 적이 있다. 혼자 사는 그녀는 다음날 아침에 해가 뜨는 것을 보지 못할까 봐 잠을 이루지 못했다. 그래서 그녀는 늘 해가 뜨는 것을 보며 잠들었다. 이런 그녀에게 주변 사람 중 한 명이 깨어 있는 동안 새들의 노래 소리를 들어보라고 권했다. 곧 새들의 노래 소리는 그녀가 다시 인생을 시작할 수 있도록 알려준 자명종 소리가 되었다. 그녀는 새들에게 이름을 붙여 주고 그녀를 위해 노래를 부르는 새들이 어떤 먹이를 좋아하는지 알아내어 그것으로 가득 채운 먹이통을 정원에 가져다 놓았다. 그러자 다른 새들이 찾아왔고 그녀는 그 새들에게도 이름을 지어주었다. 그녀의 집 앞에는 점점 더 많은 새들이 찾아왔고, 급기야 그녀는 새가 사는 마을의 시장이 되었다. 여전히 그녀는 쉽게 잠 못 이루긴 하지만 더 이상 자신의 인생을 두려워하지 않는다.

주의를 기울이는 연습은 간단하다. 당신이 쉽게 무시할 수 있는 것들을 한 번만 더 보면 된다. 무언가를 본다는 것은 친구를 만드는 일만큼의 시간이 필요하다. 새의 노래를 배우는 것 또한 텔레비전을 끄는 일만큼이나 간단하다. 그런데 왜 이런 일들을 해야 하느냐고? 나는 어제와 오늘이 다르다는 것을 느끼지 못하고 달력 속 숫자들처럼 하루하루를 살고 싶지 않다. 내 인생을 비참해하며 텔레비전 광고를 동경하기도 싫다. 하지만 주의를 기울이는 연습이 이러한 인생의 피로함에 해결책을 제시하거나 확실한 답변을 주지 못할 수도 있다. 그렇지만 인생의 다른 길을 제시해 줄 수는 있다. 자신이 어디에 서 있는지 둘러보는 사람에게는 그 여정 속에 큰 보물이 숨겨져 있다.

이 장은 노르위치의 줄리안의 말로 시작되었다. 줄리안은 묵시에서 하느님의 사랑을 느꼈던 14세기 영국의 신비주의자이다. 그녀는 3일 동안 사경을 헤매면서 자신이 죽는다고 생각했다. 나흘째 되는 날, 한 신부가 찾아와 그녀에게 십자가를 보여 주었다. 그러자 그녀는 언제 그랬냐는 듯 감쪽같이 괜찮아졌다. 잠깐 동안 그녀는 가시 왕관을 쓴 채 피를 흘리고 있던 예수님과 땅콩보다 조금 작은 개암을 보았다.

"이것이 무엇일까?" 그녀는 스스로에게 물었다.

"이것은 모든 것으로 만든 것이란다"라는 대답이 들려왔다.

그녀는 작지만 모든 창조물들을 안고 있었다. 이를 바라보면서 그녀는 세 가지를 깨달았다. 바로 하느님이 만드셨고, 하느님이 사랑하시고, 하느님이 지켜 주신다는 사실이었다. 그 뒤로 15년이 지나고 열다섯 번의 꿈을 꾸었지만 그녀는 하느님께 이 대답이 무슨 뜻인지 계속 물어보았다. "너는 이 안에 담긴 주님의 뜻이 무엇이라고 생각하느냐? 사랑이다. 누가 너에게 보여 주느냐? 사랑이다. 그가 무엇을 보게 해 주었느냐? 사랑이다. 왜 그가 보여 주었느냐? 사랑 때문이다. 이 사랑 안에 머물러 있어라. 그러면 너는 그 이상을 알게 될 것이고 다른 것은 없다는 사실을 알게 될 것이다."[9]

줄리안이 꼭 이렇게 말했다는 것은 아니지만 그녀는 전처럼 개암을 신통찮은 물건으로 보지 않았을 것이다. 하느님이 그녀의 손바닥 위에 당신의 창조물들을 보여 주셨는데 그녀가 뭐라고 할 수 있었을까? 그녀는 하느님이 자신에게 어떻게 주의를 기울였는지 배웠다. 조그마한 개암을 품에 안고, 그녀는 하느님이 자신을 어떻게 안았는지 배웠다.

이 책에 나와 있는 다른 연습들처럼, 주의를 기울이는 것도 어떤 도구나, 특별한 옷이나, 통행료나 트레이너가 필요 없다. 당신의 몸매가 좋지 않아도 상관없다. 당신에게 필요한 건 이 지구 위에 있는 몸이다. 자신이 어디에 서 있는지 깨닫고 개암처럼 작은 것이 이 세상의 제단이 될 수 있음을 아는 몸말이다.

3

살을 입히는 연습

사람들은 나에게 물어본다.
"왜 당신은 먹고 입고 마시는 것에 대한 글을 쓰는가?
왜 권력과 안보를 향한 투쟁에 대해, 사랑에 대해,
다른 사람들의 인생에 대해 글을 쓰지 않는가?"
그러면 나는 항상 이렇게 말한다.
"대다수의 사람들과 같이 저도 배고프기 때문이죠."
M.F.K 피셔●

언젠가 앨라배마 주에 있는 교회에 설교자로 초대된 적이 있다. 교회에 도착한 나는 예배를 드리기 전에 교회 주위를 천천히 둘러보기로 했다. 이 교회는 1920년쯤에 지어진 오래되고 웅장한 성공회 교회로 티파니식 창문과 스테인 글라스로 장식되어 있었다. 그리고 제단 위에는 예수님이 무덤에서 나오는 장면이 그려진 벽화도 있었다. 예배가 시작되기까지 시간이 조금 남아서 나는 조금 더 교회를 둘러보기로 했다. 그러다 제단을 관리하는 한 여성을 만났다.

● 미국의 작가. 주로 음식을 소재로 한 글을 썼다.

화려하고 비싼 옷을 입고 머리는 곱게 빗어 올린 그녀를 보며 내가 조금 초라해 보인다는 느낌이 들었다. 은으로 만들어진 성배를 닦는 그녀의 손톱에는 매니큐어가 칠해져 있었다.

"저기요." 내가 그녀를 불렀고, "네, 무슨 일이죠?" 그녀가 대답했다.

"저기요"라는 인사법은 남부에서는 서로 인사할 때 쓰는 말이지만 북부에서는 "저기요! 지금 뭐 하시는 거예요!"라는 뜻으로 사람들에게 오해를 살 수도 있다. 이 말은 특히 억양이 중요하다. 중국어나 게일어처럼, 남부 영어는 잘 들어야 한다. "저기요"라는 말은 "안녕하세요, 거기 당신이 있는 걸 알아요"라는 정도의 뜻이다. 당신을 부르는 사람이 "저기요, 어떻게 지내세요?"라고 묻지 않는 이상, 그 사람은 그저 최소한의 예의를 지키려는 것뿐이다.

그녀는 완벽하고도 예의 바르게 "네"라고 대답했다. 그리고 다시 성배를 윤이 나게 닦았다. 나는 교회 안으로 들어갔다. 마이크의 높이를 조절한 뒤 제단 뒤로 가서 벽화를 자세히 보았다. 벽화는 걸작이었다. 미국의 초상화가 존 싱어 사전트의 작품일까? 예수님은 내 머리위에서 발레 댄서처럼 아주 유연하게 두 팔을 위로 올려 축복하시며 무덤 밖으로 걸어 나오고 계셨다. 로마 병사들은 무덤 양쪽에서 자고 있었고 백합은 그들의 코 위에서 자라고 있었다. 예수님은 허리에 헝겊만 걸치고 있었다. 그의 몸은 분홍색 장밋빛이었고 그의 손발은 빛으로 싸여 있었다.

그림은 너무나 현실적이었고 나는 조금 더 가까이에서 보고 싶었다. 나는 지금까지 예수님의 맨살을 이렇게 많이 본 적이 없었다. 교회에서는 특히 더 그랬다. 나는 공공장소에서 이렇게 노출한 예수님을 보호하고 싶었다. 하지만 나는 곧 작가의 의도를 알아챘다. 예수님이 인류와 구분되는 가장 뛰어난 순간에도 예수님은 인간의 모습을 하고 계셨고 피부를 입고 돌아왔다. 그는 몸을 버리지 않았다.

그 앞에서 나는 옷을 너무 많이 입은 것 같았다. 나를 과잉보호하는 것 같았다. 나는 무엇을 숨기고 있단 말인가? 예수님은 내게 없는 것 중에 무엇을 가지고 계셨을까? 그런데 왜 그런지 몰라도 그림이 허전했다. 그의 손과 발, 옆구리에는 상처가 있었지만 피투성이는 아니었다. 그의 팔은 얇았지만 강건해 보였다. 겨드랑이를 보다가 문득 그 그림에 없는 것이 무엇인지 깨달았다. 그림 속 예수님에겐 털이 없었다.

"아름답지요?" 문 사이로 나를 지켜보던 아까 그 여자가 말했다.

"정말 아름답네요. 그런데 이 그림 속 예수님에게 털이 없다는 걸 아셨어요? 그의 겨드랑이는 여섯 살짜리에요. 그의 가슴은 복숭아처럼 부드러워 보이네요." 내 말을 들은 그녀의 얼굴에서 웃음이 사라지고 매니큐어가 칠해진 손톱은 움직이지 않았다.

"당신이 그런 말을 하다니 믿기지 않는군요." 그녀는 빨간 입술을 움직이지도 않고 말했다.

나는 이런 일을 자주 겪는다. 내가 기독교인으로 살아가는 근본적인 이유는 기독교 전통이 살과 피를 영광스럽게 여기기 때문이다. 그런데 영혼을 열정적으로 사모하는 사람들과 몸에 관한 이야기를 할 때면 나는 바보가 되고 그들은 놀란다. 바로 그때도 나는 예수님의 몸에 관한 이야기로 인해 곤란해졌다. 영적인 것을 이야기해야 할 때 몸에 대한 이야기를 자주 하는 나는 그래서 종종 난처해지기도 한다.

예를 들어, 나는 전신 거울 앞에서 기도하는 것이 중요하다고 말한다. 당신이 당신 몸을 마음에 들어 하지 않는다면 더욱 그렇다. 아마 당신은 본인이 너무 뚱뚱하다고 생각하거나 당신의 광대뼈가 너무 도드라져 보인다고 생각할 수도 있다. 가슴이 처졌거나 털이 많아서 그럴 수도 있다. 또 몸이 아프거나 성형 수술을 했기 때문일 수도 있다. 여하튼·이유는 여러 가지이다. 그래서 당신은 목욕할 때나 옷을 갈아입을 때 당신 몸을 슬쩍 봤을 것이다. 당신이 마음의 평안을 유지하는 방법은 최대한 옷을 두껍게 입거나 불을 켜지 않고 샤워를 함으로써 당신이 싫어하는 당신의 몸을 보지 않는 것이다.

겉모습이 어떻든 하느님은 살과 피를 다 사랑하신다는 사실을 인정하는 사람에게만 이 문제에 대해 계속 말할 수 있다. 당신이 아프든 건강하든, 사랑스럽든 그렇지 않든, 당신의 영적 건강을 위해 옷을 다 벗고 거울 앞에서 이렇게 말할 때가 올 것이다. "내가 여기 있다. 내 몸은 어느 누구의 몸과도 같지 않다. 나는 여기 있고 이곳이 내 영혼의 집이다." 주위를 잘 살피고 모든 것을 곰곰이 생각해보면, 많은 것에 감사하는 마음이 생길 것이다. 우리의 몸은 상처를 입기 쉽다. 그러나 우리의 몸은 스스로 회복한다. 더 놀라운 기적은 아이를 낳는다는 것이다.

그래서 나는 이 연습을 통해 감사한 마음으로 몸을 지키기로 결정한다. 나는 내 몸을 하느님께 바쳐 세상에 유용하게 쓸 수 있다. 최소한 나는 알몸으로 거울 앞에 서서 아무런 경계도 하지 않고, 스스로에게 조그마한 존경심을 품을 수 있다. 이것은 성적인 것에서 자연적인 육체를 분리하는 일이고, 동시에 미국 사회에서는 어려운 일이다. 어린아이의 아름다운 몸에 관하여 글을 쓰면 잠재적 범죄자가 될 수도 있다. 자신의 몸을 관찰하는 것이 다른 사람을 유혹하는 것으로 비칠 수도 있다.

내가 하느님의 사랑이 나타나는 육신에 대해 나눴던 대화들 중에서 가장 놀라운 것은 남자 동료와 함께 한 달짜리 프로젝트에 매달려 있던 시골에서 일어났다. 우리는 하루 일과를 끝내고 저녁을 잘 먹고, 와인을 즐기고 있었다. 우리 이야기는 육신의 매력에 관한 것으로 넘어갔다. 이때 육신은 서로의 몸이 아니라 하느님을 향한 몸이다. 그는 설교를 하는 도중에 하느님의 존재를 너무나 확실하게 느껴 그의 몸이 자극을 받은 적이 있다고 말했다. 그는 하느님의 존재를 향해, 사랑하는 사람을 향해 일어섰다. 그때 그는 하느님과 한 몸이었다.

그의 대담무쌍한 이야기에 나도 똑같은 경험을 한 적이 있다고 이야기했다. 물론 나는 그와 다른 몸을 가졌지만 말이다. 나는 기도를 하며 그것이 사랑을 나누는 느낌과 다르지 않다고 느낄 때가 가끔 있다. 내 몸 안의 세포들이 순식간에 일어선다. 가슴을 찌르고 내 배를 따뜻하게 하고, 모든 털들은 민첩하게 일어선다. 영혼과 몸은 둘이 아니라 하나다. 나는 둘이 아니라 한 몸이었고, 하느님과 나는 둘이 아니라 하나였다.

이런 대화는 흔하지 않고 나는 그 이유를 알고 있다. 하지만 이런 대화가 사라지지 않기를 바란다. 16세기에 하느님과 자주 만났던 아빌라의 테레사는 "이 세상에는 오직 하나의 사랑이 있다"라고 말했다. 그녀는 가끔 축복 속에서 의식을 잃기도 했다. 그녀와 그녀의 종교적 동지들이 몇 세기에 걸쳐 증언해 왔듯이, 하느님은 보이지 않는 영혼의 열쇠를 가지고 도서실로 와서 시편을 읊지 않는다. 하느님은 바로 우리 침실로 오실 가능성이 더 높다. '마지막 교부'로 불리는 클레어보어의 버나드는 사랑하는 하느님에 대해 "오, 험악하고 격렬하고 불타오르며 굽이치는 사랑을 가지고 계신 당신, 당신 외에 누구도 생각하지 못하고 계신 분"[10] 이라고 했다.

기독교 신앙이 언제부터 육신에 대해 자신감을 잃었는지 정확히 모르지만 짐작 가는 데는 있다. 예수님은 유대인이었지만, 가장 오래된 예수님의 해석가들은 그리스 사람들이었다. 이들은 몸과 영혼을 나누었다. 데카르트는 그의 철학에서 자연과 이성을 나누었고, 프로이드는 인간의 성별에 관한 어두운 연구를 시도했다. 그리고 그 뒤에는 육신의 쾌락을 금기시하는 종교개혁이 이루어졌다. 최근의 과학은 우리의 육신을 생명 물질로 여긴다. 그러므로 우리가 몸에 대해 불편함을 느끼는 것도 어찌 보면 당연하다. 하지만 우리는 여기 앉아 있고 우리의 영혼은 이 놀라운 가방(즉 육체) 안에 있다. 우리는 모든 영적인 연습이 몸에서 시작됨을 깨닫지 못한다. 우리의 몸은 세상을 바라보는 우리의 관점을 만들어 왔고, 세상은 우리가 우리의 몸을 보는 방식을 만들어 왔다.

우리 각자의 몸은 나름의 특징이 있다. 이것은 육신의 매력뿐 아니라 우리의 제스처, 자세, 손을 움직이는 습관 등 모든 것을 포함한다. 내가 당신의 방에 들어가는 순간, 당신은 내 키가 170센티미터 정도임을 알아차릴 것이다. 많은 세월이 지났지만 나는 아직 똑바로 서기가 힘들다. 내가 어깨를 쫙 펴는 것은 양심의 행동이고 나를 유일하게 크게 만드는 행동이다. 나와 악수를 해보자. 그러면 당신은 나에 대해 더 많은 것을 알게 될 것이다. 나는 최선을 다해 손을 흔든다. 겨울에는 내 손이 몹시 차기 때문에 나는 바지에 손을 싹싹 문질러 인사할 준비를 한다. 우리 각자에게는 체온뿐만 아니라 자기만의 활동적인 에너지가 있다. 말로 표현하는 것보다 우리에 대해 더 많은 것을 알려줄 수 있는 에너지 말이다.

오래된 속담 중에 "입술로 거짓말을 하는 것이 몸으로 하는 것보다 쉽다"는 말이 있다. 이 말은 우리가 왜 육신을 삼가는지 설명해 준다. 먹고 앉고 걷는 자세만 보고도 우리를 읽을 수 있는 사람이 있다면, 그 앞에 서기는 쉽지 않을 것이다. 몸은 우리에게 예언자 역할을 한다. 하지만 우리는 이런 몸의 말을 예루살렘 사람들이 예레미야의 말을 듣는 것처럼 듣는다. 몸의 말을 무시해 버리는 것이다. 우리는 성육신을 믿는 사람들로서 우리의 몸을 경시하거나 혹은 부끄러워하거나 경멸하는 기묘한 상황에 처하게 된다.

나는 하느님께서 내 영혼뿐 아니라 내 몸 구석구석을 사랑하신다는 사실을 늦게 깨달았다. 50년대에 젊은 시절을 보낸 사람들처럼 나는 질문이 많았지만 동시에 무르익는 몸에 대해 출처가 불분명한 부끄러움도 느꼈다. 이 무르익음은 영화 포스터나 〈플레이보이〉 잡지, 바비 인형에 의해 좌우되던 여성의 무르익은 아름다움이 아니었다. 제인 폰다가 비닐 속옷을 입고 나온 〈바바렐라〉라는 영화를 본 뒤 나는 내 욕망을 억제하기 위해 내 몸에게 새로운 이름을 만들어 주었다.

마침내 하느님의 사랑을 이성이 아닌 믿음으로 느낀 나는 하느님이 내 몸을 사랑한다는 것은 곧 모든 것을 사랑한다는 뜻임을 깨달았다. 하느님은 굶주린 아이들의 몸을, 고생에 찌든 여인의 몸을, 탄력 있는 육상 선수의 몸을, 담배를 피우는 실업자의 몸을 사랑하신다. 이들의 공통점은 단 한 가지, 피부를 입고 있다는 것이다. 우리 모두는 다른 이유로 눈물을 흘리고 우리들 중 몇몇의 몸은 우리가 원하지 않는 방향으로 작동했을 수도 있지만 우리는 하느님으로부터 숨결과 심장을 받았다. 몸에 관한 또 다른 진실은 내가 나를 존중하지 않으면 상대방도 나를 존중하지 않는다는 것이다.

당신이 하느님에 대하여, 세상에 대하여, 모든 것에 대하여 나와는 다른 생각을 갖고 있다 하더라도 육신의 존재에 대해서 만큼은 동의

할 것이다. 영하 32도에서는 나도 내 옆에 있는 사람처럼 추위를 느낀다. 어떤 사람이 가구 모서리에 넓적다리를 부딪치는 모습을 보면 나도 넓적다리에 아픔을 느낄 것이다. 점심시간에는 누구라도 나처럼 배고픔을 느낄 것이다. 내가 좋아하는 멕시코 식당에서 어떤 여인이 파이를 먹는 것을 보면 나는 침이 고일 것이다. 내 몸은 이 모든 사람들과 나를 연결 시켜 주는 고리이다. 피부를 입는다는 것은 고독한 행위가 아니라 영혼을 담고 있는 존재들과 연결되는 행위이다. 기독교 교리는 이웃의 몸을 우리의 몸과 같이 명예롭게 여기라고 가르친다. 예수님의 더 넓은 가르침 속에서 이웃의 몸은 나병환자의 몸, 악령이 씌운 몸, 과부와 고아의 몸, 그리고 이방인과 거친 몸을 포함한다. 예수님은 이 몸들을 피하지 않았다. 육신의 입장에서 성경을 읽다 보면 예수님의 임무는 그들이 살던 세상에서 값어치 없게 여겨지던 몸들을 만나는 것이었다. 육신을 혐오하는 풍토 속에서 놓치는 한 가지 중요한 사실은 바로 우리의 몸은 하느님이 우리에게 오실 때 사용하는 최고의 도구라는 것이다.

큰 고통은 우리를 신학자로 만든다. 주일 학교에서 듣는 하느님에 대한 질문과 병원에서의 질문은 전적으로 다르다. 이것은 환자를 기다리는 사람이나 고통스럽게 침대에 누워 있는 사람에게 동시에 적용

된다. 고통 받고 있는 누군가를 사랑한다는 것은 '연민'이라는 단어에 담긴 본능적인 정의를 배우는 일이다. 연민은 호감 또는 동정심, 슬픔 등의 따뜻한 감정이다. 또한 멸시하거나 웃을 수 없는 감정이다. 큰 고통 속에서 하룻밤을 보내며 진실의 깊이를 발견하는 것이다. 왜 내가? 왜 지금? 왜 이렇게?

이 질문들은 당신이 고통 속에 있을 때 자연스럽게 묻는 것들이다. 하지만 당신이 기쁠 때도 이 질문들은 적절하다. 뜨거운 물로 목욕하는 것을 누가 허락하였나? 집에 온 당신을 안아 주는 사람의 따뜻한 냄새를 누가 허락하였나? 잠자는 아이를 안는 것은 삶의 의미에 대해서 가르치는 책 열 권보다 더 많은 것을 가르쳐 줄 것이다. 뒷마당에 누워 밤하늘의 별을 바라보는 일은 그 무엇보다 신성한 자연의 신비를 알려줄 것이다.

하느님이 매일 자기 몸으로 육신의 언어를 하신다는 성육신 연습은 복음만큼이나 오래된 가르침을 발견하는 것이다. 그렇지 않다면 왜 예수님은 지상에서의 마지막 날에 제자들의 발을 씻기며 그들과 함께 저녁을 드셨을까? 우주의 모든 개념과 진리가 그의 재량에 있지만 예수님은 제자들에게 깊이 생각할 주제가 아니라 현실의 숙제를 주셨다. 바로 그들의 육신이 함께 공동체를 이뤄나가는 것이었다. 이 말씀은 예수님이 떠나시고 나서 그들을 직접 가르칠 수 없을 때 그들을 계속 가르쳤다.

예수님이 떠난 뒤, 그들은 아직 하느님의 말씀을 지니고 있었다.

그러나 그 말씀은 새로운 육신을 필요로 하였다. 제자들은 자신들의 주변에서 그들과 자주 부딪히면서 따뜻한, 그 어떤 것이 필요했다. 그것은 아주 실감나지만 그들이 사유할 수 없으며 근본적으로 조정할 수 없는 어떤 것이다. 그래서 예수님은 손에 닿을 수 있는 것을 제자들에게 남기고 가셨다. 그들이 만질 수 있는 아주 가까이에 있는 것 말이다. 음식에 관해서 예수님께서는 그들이 냄새를 맡고, 맛볼 수 있고, 삼킬 수 있는 것을 주셨다. 발에 관해서 예수님께서는 인간 몸에 있는, 씻을 수 있는 것을 주셨다. 몸을 주신 것이다. 그러므로 그들은 몸을 구부릴 때 서로의 삶에 관여하지 않을 수 없었다.

와! 너는 어쩌다 그런 상처가 났니? 내가 만지면 아프니? 아니, 상처들은 흉하지 않아. 내 상처도 한번 봐. 네가 상처 자국이 조금 더 많을 뿐이야. 너는 더 이상 갈 수 없다고 생각한 적이 있니? 여기 서서 모든 걸 놓아 버리고 싶을 때 말이야. 나는 그럴 때가 있어. 이상하지? 너는 그를 따르고 그러면서 하늘이 갈라지고 하느님의 얼굴을 볼 수 있다고 생각하지? 하지만 하느님은 너에게 대야와 수건을 건네주셨지. 이 모든 것이 다 발에 관한 거라는 게 드러나는 거지. 발 말이야 발.

물론 이 이야기는 내가 지어낸 것이다. 요한복음 해설을 보면 예수님이 하느님의 오른편으로 승천하기 전에 육신으로 하강하는 종말론적인 모습을 볼 수 있다. 하지만 나는 이것을 말해 줄 것이다. 수 년 동안 맨해튼의 폭탄 구멍에서, 아프가니스탄의 동굴에서 들려 나오는 시체들을 볼 때, 텔레비전을 통해 동남아시아와 가자 지구, 이라크에서 쏟아져 나오는 셀 수 없이 많은 시체들을 볼 때, 우리는 하느님이 육신을 통해 우리에게 오신다는 것을 깨닫는다. 영적인 선생을 통해서가 아니라 빵과 포도주와 물과 그리고 발을 가르치는 선생을 통해서 말이다. 하느님은 말씀하셨다. "이것을 행하라. 나를 기억하며." 믿는 것이 아니라 행하라는 것이다.

듀크대학교 신학부 교수인 스탠리 하우어워스는 기독교인들이 신앙생활을 하면서 영적인 것에만 너무 많은 관심을 두는 것을 보고 이렇게 지적했다. "기독교의 교리와 믿음은 한 사람을 신자로 만들기 위한 것이 아니다. 기독교는 한 사람의 육신을 제대로 만들고, 나쁜 버릇들을 고쳐 하느님을 향한 예배를 하도록 만드는 종교이다." [11] 우리의 구체화된 삶 속에서, 우리의 교리 속 단어들은 육신을 빌린다. 만약 우리 종교의 믿음들에 육체적인 가치가 없다면, 구체화된 삶의 결과를 하나도 모른다면, 우리는 신앙생활을 재검토해 볼 필요가 있다. 하우어워스가 던지는 질문은 저 어딘가에 완벽하게 영적으로 성스러운 것이 있느냐가 아니라, "육신 말고 성스럽게 될 수 있는 것" [12]이 있느냐를 묻는다.

좀 더 날카로운 이야기가 있다. 미국의 평화주의자이자 신부인 다니엘 베리간은 "모든 문제는 이 질문으로 종합된다. 당신은 누구의 육신을 만지고 있으며 이유는 무엇인가? 누구의 육신으로부터 도망치고 있으며 그 이유는 무엇인가? 누구의 육신을 불태우고 있으며 그 이유는 무엇인가?"[13]라고 물었다.

이 같은 질문들은 너무 많은 믿음의 질문들과 토론을 벌이는 인간의 지적 레이더를 자극한다. 사람들은 조직화된 종교에 무슨 문제가 있는지 혹은 그 안의 주류 교회들이 왜 실패하는지에 대해 이야기한다. 그리고 사람들은 부적당한 성직자들, 심술궂은 신도들, 공공질서를 유지하기 위한 편견을 비판한다. 그런데 그들은 믿음의 사유화에 대해서는 이야기하지 않는다. 나에게는 제일 위험한 문제인데 말이다. 우리는 정보의 홍수 속에 살고 있고, 미디어는 한 번에 소화하기 벅찰 정도로 너무 많은 뉴스를 쏟아낸다. 전화번호와 이메일 주소를 두 개씩 가지고 있는 우리에게 정말 필요한 것은 하느님에 대한 더 많은 정보이다. 우리는 성육신의 연습이 필요하다. 성육신의 연습을 통해 하느님에 대한 정보가 먼지처럼 말라 버린 사람들은 구원받을 수 있다. 하느님은 먹을 수 있는 생명의 빵에 굶주리는 사람들을, 하느님의 육신을 통해 간절히 알고 싶어 하는 사람들을 구원하신다. 우리는 하느님에 관한 더 많은 것이 아니라, 더 많은 하느님이 필요하다.

간혹 사람들이 나의 기도에 대해 물어 보기도 한다. 그럼 나는 빨래를 너는 것에 비유한다. 너무 많은 정보 속에서 하루를 보낸 날, 집에 온 나는 세탁기를 돌리고 탈수까지 끝난 빨래를 바구니에 담아 가지고 나간다. 바구니는 찡긋찡긋 소리를 내지만 젖은 옷의 무게만큼, 나는 축복 같은 휴식을 얻는다. 바구니를 바닥에 내려놓고 빨래를 집기 위해 몸을 숙일 때마다 나는 풀밭의 냄새를 맡는다. 태양의 냄새를 맡는다. 무엇보다 깨끗해진 옷 냄새를 맡는다. 이것은 애매한 성취로 얼룩진 내 인생에서 내가 성취한 몇 안 되는 것이다.

빨래는 대부분 내 남편, 에드의 것이다. 그는 일주일 동안 갓난아기보다 더 많은 옷을 내놓는다. 그의 옷을 빨고 너는 일은 사랑의 노동이 된다. 나는 티셔츠를 하나하나 털어 나란히 널고 빨래집게로 고정시킨다. 빨래집게도 내게 기쁨을 준다. 나는 빨래집게를 만들기 위해 희생된 나무들을 위해 기도하고, 플라스틱 대신 나무로 빨래집게를 만드는 펜리 코퍼레이션이라는 회사를 위해 기도한다.

나는 강박관념이 심한 사람이라 빨래를 너는 데도 순서가 있다. 먼저 손수건 그리고 짧은 바지, 티셔츠, 청바지 순이다. 널린 옷을 노래로 부른다면 음계들은 스타카토 표시가 있고, 음이 점차 내려가는 노래가 될 것이다. 양말은 공항에서 수화물 찾는 곳에 있는 짐처럼 한 줄로 정렬되어 있다. 빨래를 다 널고 나면 나는 한 발 물러나 빨래를 흔들고 지나가는 바람을 하루 종일 바라본다. 그리고 내 기도들이 나무 위에서 춤추는 모습을 상상한다. 이것은 좋은 일이다, 이 기도. 이 기도는 좋다, 이 일은.

이 좋은 일에는 정원과 닭장을 정리하고 감자를 씻고 설거지를 하는 일도 포함된다. 몇몇 사람들은 이런 일들을 죽도록 싫어한다. 몸이 무거워서, 바빠서, 늙어서, 고통스러워서 그렇다고 한다. 하지만 이 일들은 인생을 지탱하기 위해 필요한 것들이다. 내 인생뿐만 아니라 나와 연관되어 있는 사람들, 모든 생명체가 그렇다. 만약 내가 물을 나른다고 하면, 나는 지구 상에서 물을 나르는 모든 사람들과 공동체를 이룬다. 우리는 물을 나르는 일이 얼마나 큰 기쁨인지 안다. 마시고, 요리하고, 설거지하고 목욕하는 물. 우리 근육은 이럴 때 쓰라고 있는 것이다. 목마른 창조물이 고개를 숙여 물을 마시는 일. 나는 땀을 흘리는 이런 일을 행복하게 할 수 있다.

나는 몸을 움직이는 운동을 좋아한다. 인생에서는 '선하거나 나쁜 것'이 중요하지만 운동에서는 그렇지 않다. 운동에서 중요한 것은 '죽은 것'과 '살아 있는 것'이다. 내가 선하게 살려고 노력하는 것처럼 내 심장은 생명을 주는 운동에 끌린다. 때로는 무릎 꿇고 기도를 드리는 것보다 책상에서 춤을 추는 것이 생명을 주는 일일 수도 있다. 더 정확히 말하면, 책상 위에서 춤을 추는 것이 가장 실감나는 기도의 방법이 될 수도 있다. 책상과 방을 어지럽히더라도 말이다.

나는 《그리스인 조르바》를 너무 많이 읽었는지도 모른다. 하지만 어느 순간 몸을 등한시하고 선한 것을 규정하는 종교적인 정의에 대해 대항하는 나를 발견한다. 2년 전 신학교에 있는 한 예배당에서 아래의 찬송가를 들었을 때, 나는 내 귀를 의심했다.

말씀이 된 육신은 아름답구나,

아이를 낳는 일과 가슴 속에 담긴 모유는 아름답구나.

먹이를 주는 일과 어루만지는 일과 휴식은 아름답구나.

세상을 아는 몸은 아름답구나.

말씀이 된 육신은 아름답구나.

세상을 아는 육신은 아름답구나,

햇빛과 육신의 끌어당김을 느끼는 몸,

느끼고 지각하는 돌고 도는

요람에서 무덤까지 가는 몸은 아름답구나.

말씀이 된 육신은 아름답구나.

우리 육신에 있는 하느님의 기쁨은 아름답구나,

그리워하며 예수님 안에서 머무르는

포옹의 기쁨, 먹는 것과 냄새 맡는 것의 즐거움,

육신은 아름답구나, 선한 것과 하느님을 위해서.

말씀이 된 육신은 아름답구나.

이 찬송가의 작곡가는 재능 있는 음악인으로 평가받는 브라이언 렌이다. 이 찬송가를 보면, 그는 용기 있는 사람이기도 하다. 나는 교회에서 "가슴 속에 담긴 모유"라거나 "먹이를 주는 것과 어루만지는 일과 휴식은 아름답구나"라는 가사를 부를 줄은 꿈에도 몰랐다. 나는 교회에서 내 몸이 좋다거나 하느님께서 우리의 육신까지 사랑하신다는 말을 들어본 적이 없다. 그렇지만 이것이야말로 성육신의 주장과 일치한다. 하느님은 살과 피를 믿음으로써 이 땅에 당신의 성스러운 사랑을 보여 주셨다.

이 찬송가를 들은 그 예배당에서, 나는 '육화된 신성함'이라는 주제로 워크숍을 이끈 적이 있었다. 여자 서른네 명과 남자 여섯 명이 모였다. 성직자들과 평신도들이 모여서 지금 하느님에 대해 아는 것을 어떻게 알게 되었는지, 그러한 인식의 편견들을 예의 바른 자세로 고백했다. 대부분의 참가자들은 교회 전통 교리에서, 옥스퍼드 출판사에서 나온 성경에서, 좋아하는 작가의 책에서, 다른 사람들이 말하는 것에서 하느님을 알았다고 했다. 최소한 이것들은 우리가 하느님에 대해 아마도 그럴 것이라고 짐작한 것들이었다.

다음 날 아침, 우리는 산상수훈에 나와 있는 팔복에 대해 공부하다 그 가르침을 직접 표현해 보기로 했다. 우리들 대여섯 명은 각자 자기 삶에 의미 있다고 생각하는 구절을 마음에 정해 두고 구석으로 갔다. 이제 자신이 생각한 팔복이 무엇인지 말하지 않고 몸으로 보여주어야 했다.

예상대로, 누구도 먼저 나서려 들지 않았다. 우리는 팔복의 내용을 잘 때도 외웠고 그 내용을 이미 다 알고 있었다. 우리는 팔복에 관한 세미나에도 너무 많이 참석했다. 모두가 자신에게 닥친 상황을 두려워했다. 이럴 때 아이들이라면 제멋대로 알아서 행동했겠지만, 우리들은 어떻게 해야 할지 서로 의논하기 시작했다. 어떤 목사들은 누가 먼저 나가는지 살펴보았고, 어떤 신부는 아무것도 하지 않고 누워 있으려고 시체가 되었다. 우리 모두는 한참을 가만히 있었다.

15분 뒤, 첫 번째 지복인 "정의에 목마르고 배고픈 사람들"을 표현하기 위해 몇몇 사람들이 움직이기 시작했다. 여자 다섯 명이 먼저 나와서 배고픈 어린 새들을 흉내 내며 둥글게 앉았다. 그들은 두 손으로 어린 새의 부리를 만들었고, 그중 한 명은 뭐라도 먹지 않으면 곧 죽을 것처럼 울지도 않고, 움직이지도 않았다. 그러다 부리 가득 음식을 담아온 어미가 새끼들 주변을 맴돌았고 새끼들은 어미 새가 가까워질수록 퍼득거렸다. 어미 새는 새끼들에게 음식을 나누어 주었고 음식을 먹은 새들의 부리는 날개가 되어 날았다.

이 모습은 너무 감동적이었고 아무도 입을 열지 못했다. 어린 새를 표현했던 사람들은 천천히 문 쪽으로 물러났다. 그리고 "슬퍼하는 자들은 행복하다"를 표현할 사람들의 차례가 되었다. 이들은 모두 여자였다. 한 명이 중앙에 누워서 죽은 시늉을 했고 나머지 사람들이 주변으로 모였다. 그중 한 명은 죽은 시늉을 하는 여자의 머리맡에 앉아 자신의 무릎에 여자의 머리를 올려놓았다. 다른 두 명은 무릎을 꿇고 앉았고 또 다른 두 명은 그녀를 사이에 두고 마주보고 서 있었다. 이들은 서로가 하나로 연결된 것처럼 서로를 만지고 있었을 뿐 아무도 움직이지 않았다. 여자는 그저 시늉을 하고 있었을 뿐인데, 사랑과 슬픔으로 가득 찬 흐느낌이 흘러나왔다.

지켜보고 있었던 우리들은 무엇을 해야 할지 몰랐다. 이게 끝인가? 그 슬픈 소리는 계획된 것이지만 억지로 내는 소리 같지 않았다. 어떤 일이 일어난 걸까? 연기였을까 아니면 진심이었을까? 보고 있었던 우리는 얼어붙은 채 움직이지 않았다. 그 순간, 죽은 시늉을 하던 여자가 숨을 쉬기 시작했다. 그녀의 조그만 흐느낌은 점차 커졌고 주변에 있던 사람들도 같이 울었다. 그중 한 명은 죽음에서 생명으로 돌아온 사람을 보며 작은 통곡을 했고 또 한 명은 조용히 흐느끼기 시작했다.

나는 이 연극이 얼마나 길었는지 기억이 안 난다. 1분? 아니, 1시간이었을지도 모른다. 어느 순간 여자들은 똑바로 일어서서 서로의 눈물을 닦아 주었고 지켜보던 사람들은 조용한 박수를 보냈다.

이것은 무엇을 뜻하는가? 나도 모른다. 내가 아는 전부는 하느님이 육신 속에 현존하고 계셨다는 것이고, 그 광경을 목격한 사람은 평생 잊지 못할 것이라는 사실 뿐이다. "지금 우는 사람들은 행복하다, 그들은 위로 받을 것이다." 이 말씀을 표현한 것은 하느님을 우리네 인생에 끌어들이는 것이었다. 그들은 앞으로 거짓말을 하지 않을 것이다, 왜냐하면 다섯 명의 여자들 모두 말씀에 그들의 인생을 던졌기 때문이다. 그들은 자신들이 해야 될 일들에 말씀을 녹여냈다. 그러자 성령은 더욱 멀리 움직였고 모든 것은 새로워졌다. 이를 표현한 사람들, 지켜보던 사람들, 그리고 말씀들.

육신이 말씀을 하지 못한다고 해서 이것이 주는 지혜를 무시하려 하는가? 살을 입히는 연습은 너무나 정직해서 참여하는 어느 누구도 이것이 영적인 훈련이라 생각하지 않는다. 그러나 여기 시작하는 방법이 있다. 눈물과 고통, 신음 소리와 함께 육신은 안다. 우리는 몸으로 명령을 수행하고 몸의 뼈들을 살아 움직이게 하는 게 하느님의 뜻이다.

4

Groundedness

땅 위를 걷는 연습

물 위를 걷는 것이 기적이 아니라 땅 위를 걷는 것이 기적이다.

틱 낫 한

　　몇 년 전 남편 에드와 함께 노스 캐롤라이나의 오래된 교회의 캠프에 간 적이 있었다. 우리는 데스먼드 투투 주교를 만나기 위해 그 캠프에 갔었는데 그곳은 멋진 호수와 보트하우스, 자연 그대로의 통나무로 지은 집이 있는 멋진 곳이었다. 그는 헐렁한 아프리카 전통 셔츠와 무지개 색깔의 샌들을 신고 나타나 모두를 즐겁게 해 주었다.

　　캠프 첫날, 우리는 투투 주교의 첫 번째 발표가 끝나고서야 그곳에 도착했다. 발표가 끝나자 몇몇 사람들은 강의실에서 손을 흔들며 소리를 질렀고, 또 어떤 사람들은 신비로움을 간직한 채 일찍 잠자리에 들었다. 집에서 가져온 위스키 병을 들고 통나무집의 불빛 아래로 모이는 사람들도 있었다. 에드와 나는 저 아래 호수까지 걸어가 보기로 하였다. 손전등이 없어 멀리 가지는 못하겠지만, 어쨌든 가 보기로 했다.

환한 달빛 아래에서 우리는 나무뿌리에 걸리지 않았고 길을 잃지도 않았다. 달빛이 호수 전체를 비추었다. 멀리서 들리는 사람들의 웃음소리보다 우리의 숨소리가 더 크게 들렸다. 잘 보이지는 않았지만 소나무 껍질, 호수의 진흙, 부드러운 초록 식물 등 흙이 깨어나는 냄새가 코를 간질였다.

우리는 산책로를 따라 계속 걸었다. 숲을 지나고 댐을 지났다. 처음에는 댐인 줄 모르고 산책로 반대편 입구까지 왔다고 생각했다. 산책로가 월계수 나무들 사이로 뻗어 있고 이를 달빛이 비추고 있는 모습이 마치 어떤 입구처럼 보였기 때문이었다.

"한번 가 볼까?" 에드가 말했다.

"어둡잖아." 나는 에드를 보며 말했다.

"그래 어둡기는 해." 에드가 말했다.

"그래도 한 번 가 보자." 나는 남편 손을 잡았다.

나뭇가지로 된 터널 안에서 길은커녕 걷고 있는 우리 발도 보이지 않았지만 우리는 가기로 했고, 함께였기에 가 본 적 없는 길을 천천히 걸었다. 아무것도 보이지 않았기 때문에 우리는 소리에 예민해졌고 우리의 발자국 소리가 귀를 울렸다. 내가 똑바로 걷지 못하고 나무쪽으로 기울면 양쪽에 있는 월계수 나무들이 내 숨소리를 감싸는 듯한 소리를 냈다. 그러면 나는 다시 산책로의 가운데로 길을 바로잡았다.

옆에 있는 남편 이상으로 월계수 나무의 존재가 느껴졌다. 공간에서 육체를 조정하는 능력을 여섯 번째 감각이라고 한다는데, 이 감각은 우리가 문을 통과해 걷거나 차고에 차를 주차할 때 유용하다고 한다. 나는 보이지 않는 곳에서도 이 감각이 작동하는 줄 몰랐다. 그런데 그날 밤 이 감각이 작동했다. 내가 왼쪽이나 오른쪽으로 너무 치우치면 내 얼굴에 숨을 쉬는 월계수 나무가 느껴졌다. 내가 다시 산책로의 가운데로 돌아오면 월계수의 숨소리가 들렸다.

얼마 지나지 않아 에드와 나는 신앙에 의존해 걷기 시작했다. 신앙은 보이지 않는 신성함에 있는 것이 아니라 우리가 가지고 있는 줄도 몰랐던 육체의 섬세한 조정 능력 안에 있었다. 이 능력으로 우리는 손전등 없이 어둠 속에서 길을 찾을 수 있었다. 우리는 좀 더 고난이도의 게임을 생각해냈다. 눈을 감고 서로를 의지하지 않은 채 한 명이 앞서서 길을 인도하는 것이었다. 우리는 한 번씩 번갈아 앞장서기로 했다.

처음에는 에드가 앞서 갔다. 이 게임은 우리가 함께 달릴 수 있을 정도로 튼튼했던 몇 년 전 일을 상기시켜 주었다. 그때는 우리를 연결해 주는 끈이 있는 것 같았다. 내가 지치면 그의 뒤쪽에 붙어서 달렸다. 서로 잡고 있지 않았지만 내가 다시 힘을 낼 때까지 그가 내 옆에 가까이 있어 주었다.

그때보다 나는 훨씬 느리게 움직였고 지치지 않았지만, 그 어둠 속의 산책로에서 그때 같은 일이 일어났다. 이때 우리를 연결해 주는 끈은 트럭을 묶는 밧줄보다는 등산용 밧줄에 가깝게 느껴졌다. 앞에 있는 에드의 존재에 집중하고 우리 사이의 보이지 않는 끈을 신뢰하면서 나는 자신 있게 걸을 수 있었다. 내가 앞섰을 때도 마찬가지였다. 나는 에드가 나에게 의존한다는 것을 알았기 때문에 조심스럽게 에드를 믿으며 앞으로 나갔다.

호숫가 산책로 끝에 이르렀을 때, 우리는 낯익은 표지판을 보고 깜짝 놀랐다. 어두운 터널을 걸으며 시간 감각을 완전히 잃은듯, 우리는 100년 너머 어딘가에 다녀온 것만 같았다. 하지만 전혀 놀랍지 않았다. 그리고 우리가 아무데도 다녀오지 않은 것처럼 사람들이 여전히 강의실에서 나오고 있는 모습도 놀랍지 않았다.

모든 사람이 두 발로 걸을 수 있는 것은 아니지만, 대부분의 사람들은 할 수 있다. 그래서 걷는 일은 가장 쉽게 할 수 있는 영적인 활동이다. 당신이 누구인지, 무엇을 하려는지 알고 걷고자 결정만 하면 된다. 어디로 가는지는 둘째 문제다. 우리가 늘 지나치는 제단을 인식하는 최선의 방법 중 하나가 바로 목적지에서 벗어나서 걷는 것이다. 대부분의 사람들은 우리가 어디로 가는지에 대해 생각하는데 너무 많은 시간을 쏟기 때문에 실제로 우리가 어디에 있는지 깨닫기 힘들다. 누군가 당신 인생에서 어디에 있고 싶은지 묻는다면, 발밑을 보며 이렇게 말하라. "바로 여기야. 바로 여기가 줄곧 내가 있었던 곳이니까."

미로도 마찬가지다. 미로는 아주 오래된 영적 훈련으로 많은 사람들이 지금도 즐기고 있다. 미로가 안쪽을 향해 빙빙 도는 완전한 원이라면 그 안의 사람들은 벽과 마주치지는 않을 것이다. 하지만 미로에도 인생과 마찬가지로 지그재그로 왔다 갔다하는 길과 빙 돌아가는 길이 있다. 대신 미로는 스스로 들어와 스스로 머무는 사람들을 믿는다. 미로 어딘가에는 출입구가 있고, 또 하나의 가운데로 사람들을 인도한다. 여기서 중요한 사실은 이 길에는 목적지가 없다는 것이다. 한 시간 동안 겨우 몇 미터밖에 가지 못했다 하더라도 끝낼 수 있다. 여행 자체가 중요하고, 걷는 것이 중요하다.

얼마 전 나는 난생 처음으로 미로 속을 걸었다. 그동안 나는 미로를 관념적으로만 생각하고 있었다. 기대감이 너무 높았기 때문에 어떻게 하면 미로를 걷지 않을 수 있을까 그 이유만 찾고 있었다. 나는 서둘고 싶지 않았고, 나의 집중력을 흐리게 할 사람과 함께 미로를 걷고 싶지 않았다. 기대가 큰 만큼 실망하고 싶지 않았고, 그렇게 핑계를 대며 몇 년이 흘렀다.

그러다 어떤 부인을 만났다. 그녀는 내게 자기 땅에 있는 미로를 보여 주었다. 작은 소나무 숲에 있는 미로는 돌로 만들어졌고, 입구에 베개만 한 큰 돌이 있었다. 바람이 불면 머리 위 나뭇가지에서 보이지는 않지만 아름다운 작은 종소리가 들렸고, 나무 아래 미로의 돌담 밑에는 소나무 잎이 흩뿌려져 있었다. 나무들 저쪽에는 햇볕에 반짝이는 연못이 있었고, 울타리 너머에 말 두 마리가 풀을 뜯고 있었다. 나를 초대한 그 부인은 자기가 없더라도 원하면 언제든지 와서 미로를 걸어도 좋다고 말했다. 전화할 필요도 없다고 했다. 더 이상 미로를 피할 변명거리가 없어진 것이다.

어느 늦은 여름날 오후, 나는 기도를 하고 미로 속으로 들어갔다. 처음에는 정해진 길을 따라 가야 한다는 사실에 화가 났다. 여기에 창의성이라는 게 있기는 한 건가? 왜 길이 더 있으면 안 되는 거지? 그러다 나는 미로 가운데로 돌아가도록 놓인 돌들을 건너뛰었다. 목표가 이렇게 분명한데 왜 이렇게 지그재그로 길을 만든 거지? 나는 미로의 가운데에 도착하는 것이 그렇게 대단한 일이 아니라는 사실을 깨달았다. 가운데에서 보는 주변의 모습은 출발점에서 보이는 모습과 근본적으로 같았다. 내가 얻은 유일한 보상은 미로에 대한 나의 지겨운 예상이 그대로 맞았다는 것이다.

그대로 울타리 너머에 있는 말들에게 갈까도 생각해 보았다. 그러나 불평하면서도, 미로의 규칙을 예상하면서도 미로를 따라 들어왔기 때문에 다시 미로를 따라 나가려고 돌아섰다. 이미 목표점인 미로의 한가운데 들어왔기 때문에 목표에 도달하기 위해 집중하지 않았다. 대신 태양의 냄새, 나무를 따라 놓여 있는 따뜻한 돌 냄새, 소나무 냄새를 천천히, 최대한 많이 들이마셨다. 그리고 소나무의 냄새를 다시 내뱉으면서 발밑에 있는 소나무 잎들이 부드럽다는 사실을 깨달았다. 나보다 먼저 이 길을 걸은 사람들이 남겨 놓은 나뭇가지로 만든 개구리, 녹슨 말굽, 반짝이는 운모가 점점이 박힌 돌 등 작은 기념품을 구경했다. 어디로 가야한다는 생각을 버리고 나니 너무나 많은 것을 깨달을 수 있었다.

길은 내가 시작한 곳으로 나를 보내 주었고, 나는 꿈을 꾸었다. 돌베개를 베고 누워 자신이 누워 있던 바로 그곳에 하느님의 천사들이 사다리를 타고 오르락내리락하는 모습을 본 그날 밤, 야곱이 꾼 꿈과 똑같은 꿈이었다. 확실히 하느님은 바로 이곳에 계신다. 그러나 나는 지금까지 그것을 몰랐다.

이러한 육체적인 실천의 아름다움은 시작하기 전에 무엇을 해야 하는지 알 필요가 없다. 그냥 하면 된다. 하다 보면 무엇을 해야 하는지, 무엇을 알아야 하는지 알게 된다. 해보기 전에 내가 무엇을 알아야 하는지 알 수 있을까? 소나무 속에 있는 미로를 걸을 때 나는 백인 여성의 몸으로 걸었다. 내가 아는 한 나의 몸은 역사적으로 다른 누구와도 같지 않다. 나는 나 자신의 불안과 기대감을 깨달을 수 있었고, 스스로의 특별한 끌림으로 길을 걸었다. 나는 토요일에 걸었는데 만약 화요일에 걸었더라면 분명 다른 경험을 했을 것이다. 또 혼자가 아니라 다른 사람과 함께 걸었다면 또 달랐을 것이다. 나에게만 적용되는 수많은 변수가 있고, 다른 사람들에게 적용할 수 있는 변수 또한 수없이 많다. 미로는 정해진 길이지만, 길을 걷는 사람에게 똑같은 경험을 주지는 않는다. 대신 모든 사람이 각자 경험하는 현실을 발견하기에 가장 적절한 곳으로 가는 문을 열어 둔다.

나는 러닝머신 같은 단조로운 기구를 탈 때처럼 영적인 연습을 원하는 사람들에게는 이러한 연습이 당혹스러울 것이라고 생각한다. 나에게도 러닝머신이 있다. 안내문에 따르면 이 위에서 하루에 30분을 걸으면 심장 박동 수가 1분에 130번까지 올라간다고 한다. 내가 이 기구를 계속 이용하면 근육을 강화하고 몸무게도 약간 줄일 수 있을 것이다. 이 기구는 규칙적으로 이용하는 사람 누구에게나 믿을만한 결과를 가져다주며, 적어도 안내문에 설명된 대로 사용하는 사람들에게는 지킬 수 있는 약속을 한다.

하지만 영적인 실천은 다르다. 영적인 실천이 할 수 있는 유일한 약속은 영적인 실천을 하면 '인간에 대하여, 다른 사람과 함께 있는 인간에 대하여, 창조된 인간에 대하여, 하느님 앞에 선 인간에 대하여'와 같이 그들이 알아야 하는 것들을 알려 준다는 것 뿐이다. 세상의 위대한 종교들의 전통은 이를 따르는 자들에게 그들이 무슨 일을 할 때 어떤 결과가 일어날지 말해 주지 않는다. 대신 영적인 실천에 대한 여러 가지를 그들에게 명령한다. 4세기 사막의 교부들은Desert Fathers "너의 방으로 가라. 그러면 너의 방이 모든 것을 가르쳐 줄 것이다"라고 충고하였다. 만약 이보다 더 자세한 것을 원한다면 그것을 아는 방법은 실천 방법을 선택하여 행하는 것이다.

　한 번은 친구가 내게 말 타는 법을 가르쳐 달라고 부탁했다. 그 친구는 말에 오르기 전에 안장, 재갈, 고삐, 말의 나이, 방향, 말을 타고 가다가 만날 나뭇가지의 높이, 안장에 있는 단추의 위치 등에 대해 쉬지도 않고 물어보았다.

　"일단 타." 말이 발길질을 할 때 내가 말했다.

　"뭐?" 친구는 눈이 휘둥그레지며 말했다.

　"그냥 올라가." 나는 친구가 내 손을 밟고 말에 오를 수 있도록 두 손으로 받쳐주면서 말했다. 그렇게 말에 오른 친구는 20분 뒤에 카우보이처럼 한 손으로 모자를 돌리며 나타났다.

　"너무 멋져, 나는 이 말과 완전히 하나가 되었어." 마음에 여유를 가지면 이렇게 된다. 그대의 육체는 여행을 떠날 수 있다.

　앞에서 말했듯이 모든 사람이 걸을 수 있는 것은 아니다. 그래서 베트남의 스님 틱낫한은 방법을 생각했다. 틱낫한은 자신의 수행 공동체가 있는 남부 프랑스의 플럼 빌리지에서 걷는 명상을 포함한 여러 형태의 집중력에 대해 가르쳤다. 걷는 명상을 수행하는 스님의 모습은 월식과 같았다. 처음에는 발뒤꿈치를 땅에 댔는데, 너무 천천히 움직여 발 옆에 있던 마른 나뭇잎도 전혀 움직이지 않았다. 그러더니 발바닥의 움푹 들어간 부분을 땅에 대는데 마치 고양이 같았다. 그리고 마지막으로 발가락이 땅에 닿았는데 새끼발가락이 먼저 닿고 마지막에 엄지발가락이 닿았다. 알아차리지 못하는 사이에 발바닥이 모두 땅에 닿으면 다른 발걸음을 위해 그 발은 땅을 떠나고 나머지 발이 땅을 딛는다. 그러면서 스님은 어떤 신호도 보내지 않는다. 그의 얼굴은 달처럼 고요하다. 이것은 높은 줄을 타는 서커스 공연이 아니라 인간이 땅 위를 걷는 것이다. 스님의 걸음이 다른 사람과 다른 것은 자신이 하는 일에 완전히 집중하고 있다는 것뿐이다. 그는 당근을 자를 때도, 물을 나를 때도 마찬가지로 집중한다. 보는 사람들은 스님의 그런 집중력이 부러울 따름이다.

휠체어를 탄 사람이 플럼 빌리지에 왔을 때, 스님은 그가 걷는 사람들을 편하게 볼 수 있도록 자리를 마련해 주었다. 그리고 그에게 걷는 사람 중 한 사람을 택해 호흡을 깊게 하고 집중하면서 그의 움직임을 유심히 관찰하라고 말했다. 특히 걷는 사람의 발이 땅에서 떨어지는 바로 그 순간을 알아차리고, 그 발이 다시 땅에 닿기 위한 길을 찾을 때 발이 만드는 동그란 모양을 보라고 말했다. 그리고 그에게 천천히 호흡하면서 마음으로 그렇게 걸어 보라고 했다. 20분 정도 이렇게 하고 나면 모든 사람들은 두 가지를 깨닫게 된다. 의자에 앉아서도 걷는 명상을 할 수 있고, 인간의 육체는 우리가 생각하는 것처럼 고정되어 있지 않다는 것이다. 걷는 사람을 유심히 지켜보다 보면 누구의 발이 땅에서 떨어져 있는지 그 궤적을 잃어버리게 된다.

몇 년 전에 친구 하나가 다른 순례자들과 함께 차터스 성당에 있는 성모 미로를 걸은 적이 있다고 했다. 친구는 입구에서 미로를 유심히 지켜보고 있는 노부부를 보았고, 그들은 그렇게 20분쯤 있더니 곧

장 미로의 가운데로 걸어가서는 고개를 숙여 기도를 한 뒤 부인은 신발과 지갑을 남편에게 맡기고 미로 중앙에서 길을 따라 걸어 나왔고 남편은 이를 지켜보았다고 한다. 그들 부부가 미로 밖에서 다시 만났을 때, 친구는 그들에게 무슨 일이 있었는지 물었다.

노부부는 아내의 유방암 치료가 끝난 것을 축하하기 위해 성당에 왔고 성당에 오기 전까지 미로에 대해 들어본 적도 없다고 했다. 부인은 왜 미로에 이끌려서 걷게 되었는지 이해할 수 없었지만 남편이 미로 가운데에 있고 자신은 밖으로 나가는 길을 찾으면서 생명의 감사함을 느꼈다고 했다.

"처음에는 내 육체가 나를 괴롭힌 것에 무척 화가 났어요. 하지만 걸으면서 내 육체에서 다시 평화로움이 깃드는 것을 느꼈어요." 수술과 치료를 받으면서 그녀는 자신과 함께 걸은 모든 사람들을 자신이 기억하고 있다는 사실을 깨달았다. "나는 이제야 우리가 여기에 온 이유를 깨달았어요"라고 그녀는 내 친구에게 말했다. [14]

기독교 교회의 초기 신학자 가운데 한 사람인 히포의 어거스틴은 이렇게 썼다. "그것은 걷는 것으로 해결된다." '그것'이 무엇인가? 알고 싶다면, 스스로 걸어야 한다.

발바닥을 통하여, 다정한 연인의 포옹을 통하여, 낯선 이의 친절함을 통하여 그것이 우리에게 다가오기 전까지 우리는 모를 때가 많다. 진리를 마음으로만 만지는 것은 충분치 않다. 우리는 우리의 육체로 진리를 만들도록 만들어졌다. 이는 어느 누구도 완벽하게 설명하지 못하지만, 내 생각에 이것은 기독교 전통이 부활의 실재에 집착하는 이유이다. 영혼 불멸은 육체의 부활보다 이해하기가 훨씬 더 쉽다. 뭐라고? 멎었던 심장이 갑자기 다시 뛰기 시작했다고? 죽은 육체가 뱃속이 요동치면서 일어났다는 말이야? 그게 아니라 하느님이 육체를 사랑한다는 의미이다. 하느님이 천국의 잔칫상으로 맞이하는 것은 육체에서 분리된 영혼이 아니라 다시 일어선 육체이다.

대부분의 사람들은 여전히 어떻게 걷는지 모르고 있다. 그런데 이 문제에 많은 시간을 할애하는 것은 낭비라고 생각하는 사람이 있을 것이다. 하지만 나는 사람들이 어떻게 걷는지 쭉 지켜보았고 그래서 안다. 사람들은 귀에 휴대전화를 대고 걷는다. 그래서 지빠귀 새가 우편 차량을 흉내 내는 소리를 듣지 못한다. 어떤 사람은 뾰족한 신발을 신고 걷는다. 그래서 뒤꿈치가 아파 걸음걸음마다 움츠려든다. 또 어떤 이들은 쿠션이 깔린, 가볍고 신축성 있는 신발을 신는다. 그래서 그들은 땅 위가 아니라 신발 위를 걷는다.

그런데 이보다 더 안타까운 이들은 부모에게 손목을 잡혀서 걷는 어린아이들이다. 부모가 되어 보지 않은 나는 잘 모르지만 부모들은 아이들의 손을 꼭 붙잡고 걸어야 한다고 생각하는 것 같다. 하지만 손목을 끌어당기는 것은 친절하지 않다는 뜻이고 이는 나도 알고, 모든 어른들이 다 알고 있다. 어른들은 걷는 데 익숙하지만, 아이들은 이제 막 걷는 법을 배우는 중이다. 아이들은 길 양쪽에서 뿜어져 나오는 열기를 느끼고 자신의 신발이 시멘트 바닥에 닿으면서 내는 똑

똑 소리를 듣는다. 아이들은 누군가 교차로에서 떨어뜨린 동전을 보고, 그 동전을 줍기 위해 몸을 숙인다. 아이들은 땅에 매우 민감하기 때문에 발아래 도토리 한 알이 있으면 몸을 구부린다. 그래서 어른들은 아이들을 그렇게 세게 끌어당겨 일으켜 세우는지도 모른다. 어른들이 걷는 동안 아이들은 달려야 한다. 그러다 어른이 휴대전화로 통화를 하게 되면 아이들은 족쇄에서 풀려난 모양이 된다.

걷는 것의 영적인 수행은 오랜 역사를 가지고 있다. 이슬람의 다섯 개 중심축 가운데 하나가 음력 12월에 행해지는 메카로 가는 순례이다. 많은 순례자들은 훗날 수의로 사용할 흰옷만 입은 채 위대한 회교 사원의 마당 한가운데에 있는 고대의 카바 신전 주위를 일곱 번 돈다. 이때 순례자들은 일생동안 쌓인 굳은 죄를 벗기면서 시계 반대 방향, 즉 시간의 진행과 반대 방향으로 걷는다. 순례자들 가운데 나이 많은 사람은 순례 걷기가 끝나기 전에 죽기를 바랄지도 모른다. 그렇게 되면 태어났을 때와 같이 깨끗하게 신에게 돌아갈 수 있기 때문이다. 하지만 이 위대한 회교 사원이 아무리 크다 해도 한 달 동안 전 세계의 무슬림을 받아들일 수는 없다. 따라서 수많은 순례자들이 일 년 내내 카바 신전을 돈다. 매일 밤 수 천 명의 신도들은 자신의 우주 중심을 성스럽게 돌고, 바로 이 방향으로 그들은 하루에 다섯 번 기도를 드린다. 순례자들이 도는 카바 신전을 높은 곳에서 바라보면 수천 개의 작은 성단이 사각형으로 된 검은 태양 주위를 도는 작은 은하계처럼 보인다.

무슬림들에게는 세 번째로 성스러운 도시이자 유대교도와 기독교도들에게는 가장 성스러운 도시가 바로 예루살렘이다. 분쟁이 있을 때 이 고대 도시는 성스러운 장소로 모여드는 순례자들로 넘쳐났다. 나는 몇 년 전에 예루살렘에 갔었다. 한 달 동안 매일 그리스도 성묘 성당에 갔지만 작은 무덤이 있는 곳에는 들어가지 않았다. 이성적으로 생각해 판단한 것이 아니라, 그냥 나를 기다리는 영적인 폭발로부터 어떤 수호천사가 나를 보호하는 것 같았다. 나는 무덤 뒤쪽 작은 예배당에 있는 사제를 찾아가며 무덤 주위를 맴돌았다. 그러다 무덤 입구 근처에 있는 돌로 된 벤치에 앉아 그곳에서 무덤을 둘러보고 나오는 사람들이 확실히 무탈하게 나오는 것을 유심히 지켜보았다.

그러다 어느 날은 무덤에서 나오면서 흡족한 미소를 띠고 서로 비디오를 찍어 주는 아시아 여행객들을 보았다. 또 어떤 날은 단체 티셔츠를 입은 10대들이 순서대로 무덤에 들어갔다 나오는 것도 보았다. 아이들의 보호자인 어른들은 입구에서 로마 보초처럼 서 있었다. 성묘 성당은 예수가 빌라도의 본부에서 골고다로 가는 길에 마지막으로 멈추었던 곳이다. 그래서 나무로 만든 십자가를 지고 이곳으로 오는 기독교인들이 많다. 예수가 받은 고통은 당하지 않으려는 사람들조차 그가 걸은 길은 걷고자 한다.

세상의 또 다른 곳에서는 불교 순례자들이 큰 절을 하면서 인도의 부다가야나 티벳의 카이라쉬로 가는 성스러운 여행을 한다. 그들은 계속 큰 절을 하기 때문에 두 발로 서 있을 때보다 몸을 땅에 대고 있는 시간이 더 많다. 이것을 '육체의 고행'이라고 생각할 수도 있지만 내 생각에는 고행 그 이상이다. 당신은 아무 생각하지 않고 어디론가 걸어갈 수 있다. 당신은 우체국으로 가려고 했지만 약국으로 갈 수 있다. 어떤 노부인이 5층 아파트 창가에 앉아 있는 것을 알아차리지 못하고, 가을 단풍이 붉게 물들고 있다는 것을 알아차리지 못한 채, 당신은 개를 데리고 걸을 수 있다. 당신은 걸으면서 들으려고 담아 둔 음악 말고는 아무 소리도 듣지 못하고 6킬로미터를 넘게 걸을 수도 있다.

그러나 일단 무릎을 꿇으면 당신이 무엇을 하고 있는지 섬세하게 느낄 수 있다. 무릎을 꿇으면 당신이 놓치는 일은 거의 없을 것이다. 씨앗 크기의 자갈이 자신을 알릴 것이다. 당신 몸무게의 아주 작은 부분도 느낄 수가 있을 것이고, 뱃살이 빠질 수도 있다. 그동안 당신은 걸어온 길의 흙냄새를 맡아 본 적이 있는가? 손바닥을 스쳐가는 햇살에 따뜻해진 흙과 그림자에 가려 시원해진 흙의 차이를 느낄 기회가 있었는가? 나는 안데스 고원 지대에서 잠깐 쉬려고 누운 적이 있다. 그때 내 몸의 절반은 얼어 있는 나무 덤불 속에서 시원해지고, 나머지 절반은 햇볕에 뜨거워지고 있었다.

육체는 고통이나 즐거움에 상관없이 초점을 잘 맞춘다. 육체는 의도했건 아니건 우리가 가고 있는 성스러운 여행이 어디에서 왔고 어디로 가는지를 상기시켜 준다. 예수는 삶의 마지막 시간뿐만 아니라 일생을 걸었다. 4대 복음서에는 예수가 시골길을 걸어 간 이야기, 갈릴리 바닷가를 걸었던 이야기, 사원에 걸어 들어간 이야기, 심지어 물

위를 걸었던 이야기 등 걷기에 관한 이야기로 가득 차 있다. 만약 예수가 걷지 않고 차를 몰았다면, 예수가 끼친 영향이 어떨지 상상하기도 어렵다. 분명 예수에게 빨리 달리는 말을 빌려준 사람이 있었을 것이다. 하지만 예수는 마지막에 당나귀를 조금 탄 것 말고는 어디든 걸었다. 그래서 예수는 길가에 있던 거지의 희뿌연 눈이나 새장에 있는 참새의 검고 둥근 눈을 모두 볼 수 있었다.

만일 예수가 빨리 걸었다면, 그래서 더 많은 사람들을 만났다면, 이런 일이 예수에게 특별하지 않았을 것이다. 그들에게 예수가 뚜렷하게 남은 것처럼, 예수에게 그들이 뚜렷하게 각인된 것은 예수가 느리게 걸었기 때문이다. 예수의 길에는 목적지가 있을 때도, 없을 때도 있었다. 그를 따르던 사람들의 목적지는 예수였다. 그가 어디를 가든 그와 함께 간다는 것이 중요했다. 예수의 속도로 가면 음식이 더 맛있었고, 이야기도 더 오래 더 깊이 있게 계속되었다. 오늘날 예수를 따르는 많은 사람들이 그가 말하고 행한 것들에 많은 관심을 갖지만, 예수의 속도에는 관심이 없다. 예수는 걷는 사람이었지 타는 사람이 아니었다. 그는 자신의 감미로운 시간을 택했다.

예수를 더 가까이에서 따르고자 하는 사람들은 자신들의 시간을 더 많이 할애해야 할 것이다. 예루살렘으로 가는 길은 예수가 걸어간 흔적을 따르는 한 방향의 길이다. 어디를 걷더라도, 뒤뜰을 걷는 것도 마찬가지이다. 다른 사람도 이야기했을지 모르지만, 나는 지금 맨발로 걷는 영적인 수행을 소개하고자 한다. 여기에는 준비물이 필요 없다. 이 수행을 종교인만 하라는 법도 없다. 하지만 만약 당신이 종교 인이라면 영적인 보증이 필요하다. "신발을 벗어라. 당신이 서 있는 바로 그곳이 신성한 장소이다."[15] 이것은 타지 않은 불타는 덤불을 살펴보기 위해 양떼를 돌보지 않은 모세에게 하느님이 한 말이다.

당신이 시나이 반도에 있는 성 캐서린 수도원을 가 본 적이 있다면, 그 전설적인 덤불의 후손을 보았을 것이다. 내가 그곳에 갔을 때, 불타는 덤불 예배당에 들어가기 전에 수도사들은 나에게 신발을 벗어 달라고 부탁했다. 그래서 나는 예배당 한쪽 벽에서 자라난 가늘고 긴 덤불을 보기 전에 발밑을 보게 되었다. 내 발밑에는 지금까지 본 것 중 가장 겉만 번지르르한 붉은 카펫이 깔려 있었다. 더 이상 덤불이 불타지 않기 때문에 수도사들이 불타는 것처럼 보이는 카펫을 간 것인지도 모른다.

그러나 맨발의 수행을 위해 시나이 반도까지 갈 필요는 없다. 초보자라면 익숙한 쿠션이나 보호 장치가 없는 이끼 낀 언덕 같은 본인이 걷고 싶은 길을 선택하라. 초보자가 아니라면 바닥에 바위가 잔뜩 있는 개울을 선택하라. 신발을 벗고 당신이 서 있는 그곳이 실제로 성스러운 곳이라고 생각하고 당신 발밑의 땅을 느껴라. 즐겁게 느껴라. 약간 아프게 하라. 사물이 실제로 어떻게 존재하는지를 발로 느껴라. 신이 당신에게 말하지 않을 것이라고 생각하면 도움이 될 것이다. 잠시만이라도 당신이 있는 곳에 집중해서 관심을 가져라. 그대의 삶이 그곳에 있는 것처럼 걸어라. 먼저 발뒤꿈치를 닿고 그 다음에 발바닥,

발가락 순으로 내딛어라. 잔디와 클로버를 얼마의 무게로 누르는지 느껴라. 단 벌은 조심할 것. 개울의 매끄러운 돌과 거친 바닥, 붉은 진흙, 숲속 산책로에 깔린 소나무 껍질, 채소를 가꾸는 정원의 검은 흙을 당신이 얼마의 무게로 밟는지 느껴 보라. 이것들을 밟을 때, 그들도 당신을 누르고 있다고 느끼는가? 이들 대부분은 당신보다 훨씬 더 오래 그곳에 있었다. 당신은 그곳에서 막내이다.

당신은 작은 원을 그리며 걸을 수도 있다. 그러면 똑같은 것이라도 매번 서로 다른 장면을 볼 수 있다. 내가 백합 주위를 걷기 시작할 때, 꽃잎에 작은 태양처럼 빛나는 이슬 한 방울이 매달려 있었다. 그러다 입술을 서늘하게 한 작은 바람과 함께 이슬방울은 사라졌다. 예수는 "들판의 백합을 생각하라"고 말했다. 하지만 보통 당신은 이 말을 생각하지 않는다. 아니면 좋아하지 않는다. 급하게 여기저기로 움직이면서 당신이 놓친 것은 무엇인가?

당신은 맨발로 주변을 도는 자신의 모습을 다른 사람들이 볼지도 모른다는 사실에 불안해 할 필요가 없다. 그것이 계시일 수도 있다. 사람들이 당신에 대해 어떻게 생각하는지를 왜 그렇게 두려워하는가? 눈에 보이는 것이 그대의 신인가? 신발 없이 맨발로 다니는 사람들을 생각해 보라. 그러면 이 생각을 떨쳐 버릴 수 있을 것이다. 그렇게 맨발로 세상을 걷는 것은 어떤 의미일까?

맨발로 걷는 영적인 수행은 이 세상의 절반까지 당신을 데려다 줄 것이다. 그리고 당신이 있는 그곳에서 당신을 깨워 줄 것이다. 그것은 당신이 뒤뜰에 있어도 하느님과 이웃을 사랑하도록 인도할 것이라는 뜻이다. 바로 그렇게 하라. 그러면 당신이 살아가는 데 필요한 것을 알게 될 것이다. 아니면 신발을 신어라. 당신이 땅 위에 서 있는 한, 그 사실을 아는 한, 당신은 당신이 있어야 할 곳에 있게 될 것이다. 당신은 하느님에게 가기 위해 필요한 모든 것을 가지고 있다.

5
Wilderness

길을 잃는 연습

하느님의 세상이 이렇게 큰데, 그대는 왜 감옥에서 잠드는가?
젤랄루딘 루미 ●

　　　　지금 사는 여기로 이사 온 후에야 나는 처음으로 소떼
를 가까이에서 보았다. 집 앞 목초지를 소들과 공유했는데 이때 내가
소에 대해 처음 알게 된 사실은 소들이 매우 희다는 것과 예측가능
하다는 것이었다. 소들은 넓은 땅을 마음대로 다닐 수 있었지만, 물
을 먹으러 가거나 그늘을 찾아갈 때, 신선한 풀이 있는 목초지로 갈
때면 한 줄로 길게 서서 넓게 펼쳐진 목초지를 가로지르는 좁은 길을
따라 움직였다. 소들이 다니는 길 중에는 폭이 20센티미터 정도밖에

● 이슬람 성자이자 시인.

되지 않은 곳도 있는데 이것은 소 몸통의 4분의 1밖에 되지 않는 넓이였다. 하지만 소들은 아래를 보지 않고도 정확하게 어디에 발을 디뎌야 할지를 알았다.

나는 목초지를 걷다가 소들이 다니는 길을 따라가 보았다. 그리고 소들이 왜 그 길만 다니는지 알게 되었다. 소들이 다니는 길은 이동하는 데 가장 짧은 거리였다. 최단거리가 아닌 길도 있었는데 그럴 경우에는 많은 에너지를 소모하지 않아도 되는, 잎이 무성한 나무 아래거나 급한 경사 혹은 위험한 내리막이 없는 길이었다.

이 길은 내가 내딛는 발을 볼 수 있다는 점에서 의미가 깊다. 방울뱀이나 마못, 흰 소들과 함께 땅을 사용한다면 특히 그렇다. 만약 집에서 2킬로미터 정도 떨어진 곳까지 걷는다면 햇볕을 즐기는 방울뱀을 놀라게 하지 않도록 주의해야 하고, 마못의 굴에 빠지지 않도록 조심해야 한다. 그렇지 않으면 어느 순간 다리가 퉁퉁 붓게 될 것이다. 내가 말벌에 대해 이야기했었나? 말벌은 잔디밭 깊숙한 곳에 집을 만드는데 자기들의 공간을 철저하게 지킨다.

소들이 넓은 목초지를 놔두고 왜 그 좁은 길을 택하는지 이제야 알 것 같았다. 무슨 일이 벌어질지 모르기 때문이다. 나도 차를 몰고 일하러 갈 때 늘 다른 차들이 많지 않은 최단거리를 선택한다. 나는 거의 무의식적으로 움직인다. 그래서 다른 볼일이 있어서 나가다가 문득 정신을 차리고 보면 출근할 때 가던 길로 반 이상 갔던 적도 많다.

이것은 정상적인 행동이다. 그리고 그것을 넘어서기 위해서는 다른 무언가가 필요하다. 그러면 왜 그것을 넘어서야 하는가? 인생은 알 수 없는 영역으로 가득 차 있기 때문이다.

당신이 발을 내딛는 그곳을 항상 볼 수 있는 것은 아니다. 이 말은 당신이 인간 행동의 무의식적인 상태를 계속 유지할 수 없다는 뜻이다. 즉 붉은 흙길에서 벗어나 모든 것을 스스로 선택해야 한다. 당신이 현재 어디에 있으며 무엇을 하고 있는지 의식하면서 모든 감각을 모든 발걸음에 집중해야 한다. 바로 그렇게 나는 말벌의 날개 소리를 듣고 말벌집을 피할 수 있었다. 또 잔디밭 마못 굴 주위의 큰 틈을 보고 그곳을 피해 갔다. 내가 뱀을 보고 싶어 하지 않는 만큼 뱀들도 나를 보고 싶어 하지 않을 것이므로 나는 뱀들에게 경고를 하기 위해 찬송가를 불렀다. 그러다 땅에 바짝 붙어서 자라는 자그마한 푸른 야생 붓꽃을 본다. 또 잔디밭에 있는 사슴의 새끼 쌍둥이와 잠을 청하는 잠자리, 엉겅퀴 잎사귀 밑에 매달려 있는 주먹만한 호박벌집을 본다.

다니던 길을 벗어나는 일은 그렇게 큰 은혜가 되었다. 어디를 가건 가장 안전하고 가장 가까운 길을 택하는 나의 둔화된 감각에는 좋은 치료제가 되었다. 그래서 나는 일을 마치고 집으로 돌아올 때 길을 잃기로 했다. 이 작은 고장에서 10여 년을 살았지만 이전에는 가 본 적이 없는 왼쪽 길로 내려갔다. 그 길은 강가의 오래된 물방앗간이 있는 귀신이 나올 것 같은 곳으로 나를 안내했다. 그곳에서 맨처음 나를 반겨준 것은 강 가장자리에 석화된 고대 동물처럼 얹혀 있는 커다란 선박이었다. 또 한때는 성행했을 소프트볼 경기장의 삐걱거리는 관람석은 경기장에서 떨어져 나와 길 한 켠에 자리 잡고 있었다. 나는 소프트볼 경기장을 지나 꾸불꾸불한 길을 따라갔다.

이곳으로 오기 전까지 나는 이곳 사람들의 삶에 대해 전혀 몰랐다. 방앗간 주변에서 살고, 방앗간 교회를 다니며 방앗간 주인을 위해 일하고, 전표를 받고 그 전표를 방앗간 가게에서 사용했던 사람들의 삶에 대해 알지 못했다. 그들의 삶은 소프트볼 경기장처럼 폐허가 되었다. 하지만 내가 길을 잃기로 하고 선택한 길은 나를 그곳에만 머물게 하지 않았다. 길은 오래된 방앗간 동네를 벗어나 쭉 뻗은 숲을 지나고 멋진 시골집이 모여 있는 작은 마을로 나를 안내했다. 어떤 집은 계속 덧붙이는 공사를 해서 성형수술을 많이 한 나이든 부인처럼 보였다. 마당에 바람개비가 너무 많이 붙어 있어 어떤 모습인지 알아보기 힘든 집도 있었다. 세 번째 집은 운 사납게도 길가에 자리 잡고 있어서 한때는 흰색이었을 현관과 창문 외벽이 지나가는 자동차가 일으킨 붉은 흙먼지를 뒤집어쓰고 있었다. 집 앞마당에는 "제발 속도를 줄이시오"라는 손으로 쓴 표지판이 있었다.

이 미지의 길이 내가 아는 큰 도로로 나를 이끌었을 때 시간은 평소보다 10분이 조금 지나 있었다. 10분은 여전히 두려워하는 내가 그 좁은 길을 익숙하다고 여길 수 있는 시간이다.

이런 것들은 길을 잃는 멋진 방식이다. 그러니 당신은 어디에서든 시작해야 한다. 길을 잃어도 전혀 위험 부담이 없는 그만한 일도 시작하지 않는다면, 인생의 커다란 힘이 당신의 길을 완전히 없애 버렸을 때 당신은 무엇을 할 수 있겠는가? 말 그대로 길을 잃는 것이 가장 좋은 길 잃는 연습이다. 여기에서 나는 말 그대로의 '길'만 이야기하는 것은 아니다. 당황스러움을 진정시키고 당신이 가진 것들을 정리한 다음 당신이 어디에 있는지, 예상하지 못한 사태의 진전이 당신에게 무엇을 가져다 줄 것인지 생각해 보고 주위를 둘러보는 일은 길을 잃었을 때의 방법과 똑같다.

나는 내 인생에서 셀 수 없을 만큼 많이 길을 잃었다. 결혼으로 시작해서 이혼으로 끝을 맺기도 했고, 건강하게 시작해서 병으로 끝난적도 있다. 뉴잉글랜드 주에서 살기 시작해서 조지아 주에서 사는 것으로 끝난 적도 있다. 나는 교구 신부였던 서른 살의 나를 목사로 여기는 교구 사람들을 돌보면서 여생을 보낼 계획을 세웠다. 그러나 30년이 지난 뒤에는 학교에서 학생들을 가르쳤다. 또 검은 신부복을 다림질하려고 했을 때, 나의 낡아빠진 신부복은 옷 밑에 있던 손가락에게 위로 향하는 길을 열어 주기도 했다.

이 일들이 모두 즐겁지는 않았다. 하지만 그 어느 것도 예전으로 되돌리지 않았다. 나는 길을 잃게 되면서 가던 길에 머물렀더라면 결코 알지 못했을 일들을 알게 되었다. 나는 누구라도 제정신으로는 선택하지 않았을 인생을 살아왔다. 그러면서 나는 내가 계획했던 인생에서 내가 예상했던 가치를 뛰어넘는 버려진 보물들을 많이 발견할 수 있었다. 이것이 바로 내가 길을 잃을 때 예상되는 것들과 씨름하지 않고 그것을 영적인 수행으로 받아들이기로 결심한 이유이다. 또 다른 이유는 하느님은 심각하게 길을 잃은 인간과 함께 하신다고 성경이 알려 주었기 때문이다.

헤브라이 민족 최초의 부모인 아브라함과 사라를 생각해 보자. 성경에는 아브라함과 사라가 기꺼이 길을 잃으려고 했다는 사실 외에 하느님이 왜 그들을 선택했는지는 나오지 않는다. 그들은 젊지 않았고 영적으로 거대한 인물도 아니었다. 하지만 그들은 오직 하느님이 그들과 함께 한다는 약속만 가지고 지도 한 장 없이 신성함으로 영감을 받은 여행을 떠났다. 모든 주일 학교 교사는 여기에서 멈춘다. 그러나 당신이 아브라함과 사라를 따라 이집트에 갔다가 돌아왔다면, 당신은 진정한 광야의 시간을 보여 주는 세세한 일들을 알게 될 것이다. 아브라함은 사라를 매력적이라고 생각하는 권세 있는 사람들로부터 보호하기 위해 최소한 두 번 사라가 자신의 여동생이라고 거짓말을 했다. 하느님은 아브라함에게 그의 후손들이 겪게 될 끔찍한 일들을 꿈으로 보여 주었다. 사라는 임신을 했냐는 아브라함의 질문에 지쳐서 자신의 시녀 하갈에게 아브라함과 잠자리를 하게 했다. 사라가 아기를 가졌을 때, 이미 하갈의 아이는 위협이 될 만큼 컸고 사라는 하갈과 그녀의 아이를 숙소에서 내쫓아 사막에서 죽게 한다. 그러나 이 모든 것은 다음에 구원될 또 다른 광야의 이야기이다.

만일 아브라함과 사라가 흥미 있는 여행을 제안한 하느님께 감사만 표시한 채, 그 제안을 받아들이지 않고 자신들이 원래 있던 우르에 머물렀다면 이러한 일은 일어나지 않았을 것이다. 하지만 하느님의 제안을 받아들임으로써, 즉 기꺼이 길을 잃어버림으로써 그들은 앞으로 다가올 미래를 주도할 가계를 선택하게 되었다.

아브라함과 사라가 죽고 뼈는 먼지가 된 먼 훗날 그들의 후손은 다시 이집트에 닿는다. 그 땅에서 그들이 기르던 소가 다니던 길은 이제 노예 막사로, 그들이 벽돌을 만드는 진흙땅으로 나 있었다. 그들은 다음 식사가 어디에서 나오는지 알고 있었고, 아침에 무엇을 할지 고민할 필요가 없었다. 이 안전의 대가는 파라오에 속박 당함으로써 얻어진 것이었다. 파라오는 그들의 노동에 만족했지만, 그들의 출산에는 만족하지 않았다. 파라오가 산파들에게 헤브라이 남자 아기들을 죽이라고 명령했고, 헤브라이 민족의 슬픈 외침이 하느님의 귀에 울렸다. 하느님이 모세라는 은둔자를 선택해 그가 헤브라이 민족을 이집트에서 데리고 나올 때까지 울림은 계속되었다. 모세도 죽기 직전에 가까스로 살아남은 아기였다.

헤브라이 민족은 이집트를 떠난다는 사실이 너무 기뻐서 자세한 것은 물어보지도 않았다. 하지만 그들은 광야에서 길을 잃고 광야에서 신성함을 배우는 데 40년이 걸렸다. 그들은 뱀과 마주쳤고, 배고픔, 갈증, 참을 수 없는 향수병에 직면했다. 내가 하느님의 분노를 이야기했던가? 그들은 흥분하여 길을 잃은 성스러움을 잊고, 곧장 이집트로 돌아가 소가 다니는 길을 바꾸겠다고 원망하기도 했다. 하지만 하느님 덕분에 그렇게 되지 않았다. 광야의 하늘에서 음식이 쏟아졌고 바위에서 맑은 물이 솟아났다. 그들이 자신들을 파멸시킬 것처럼 보이는 하느님보다 금송아지가 더 안전하게 자신들을 인도할 것이라고 결정했을 때 그들은 지쳐 있었다. 그러나 하느님은 그들을 파멸시키지 않았다. 대신 그들 안에 있는 광야의 유전자가 강해지도록 했다. 이 유전자는 그들이 사라져 버릴 것 같을 때 영향을 끼치는 강력하고 풍부한 유전자였다. 그들이 젖과 꿀이 흐르는 땅에 도착했을 때, 그들은 감사할 줄 알았고 그 의미를 깨달았다.

길을 잃는다는 시각으로 이 이야기를 보면 이 주제가 어떻게 플롯을 유지하는지 알게 될 것이다. 예언자 엘리야는 분노의 여왕 이자벨로부터 도망치면서 사막에서 길을 잃고, 절대적인 침묵 속에서 하느님의 목소리를 듣게 된다. 헤브라이 민족은 바빌론에서 추방 당한 채로 몇 세대를 보낸다. 시나이 반도에서 광야의 수행이 없었다면 그들은 이 광야를 견뎌내지 못했을 것이다. 훨씬 뒤에 나사렛의 예수도 기꺼이 길을 잃고 야생 짐승부터 성서를 인용하는 사탄에 이르기까지 모든 것의 시험을 받으면서 40일 동안을 유대사막에서 보낸다.

이것은 정말 거대한 이야기이다. 하지만 당신이 진정 필요한 것은 거대한 이야기가 아니라 당신을 광야로 밀어붙이는 펑크 난 타이어일 것이다. 나도 그랬다. 한순간은 모든 것이 좋다. 당신은 시내에서 흡족한 하루를 보내고 애틀랜타에서 집으로 가고 있다. 하늘에는 별이 뜨고, 라디오에서는 흥겨운 노래가 흘러나온다. 그렇게 집으로 가고 있는데 당신은 차가 이상하다고 느끼고 고속도로 갓길에 차를 세운다. 그렇게 차와 씨름을 하던 당신은 타이어에 난 구멍을 보게 된다.

사람에 따라 바로 패닉 상태가 될 수도 있고, 냉정하게 생각할 수도 있다. 당신은 도구함을 열고 차량설명서에서 '타이어 교체하는 법'을 찾는다. 만일 당신이 여자라면 여러 가지 생각이 들 것이다. 서비스센터에 전화를 해도 한 시간은 걸릴 것이다. 지나가는 차 소리 뿐, 주변에는 아무도 없다. 당신은 문을 잠근 채 차 안에 있을 것이다. 그러나 차가 지나갈 때마다 당신의 자동차가 심하게 흔들릴 것이므로 이것은 좋은 방법이 아니다. 당신은 지금 자신이 어디에 있는지 정확하게 알지만, 당신은 진실로 심각하게 길을 잃었다.

당신이 바라는 대로 나도 당신이 다치지 않기를 바라고 또 가능한 빨리 집에 가서 늦어도 자정에는 잠자리에 들기를 바란다. 하지만 이런 상황에서 이런 일들은 생각할 수 없을 것이다. 이렇게 당신이 집에서 편안하게 텔레비전을 보고 있을 때는 일어나지 않는 어떤 일들이 광야에서 길을 잃은 당신에게는 일어난다. 이때 일어나는 일 중 어떤 것은 순수하게 육체적이다. 위험에 처해 있는 당신의 피는 심장으로만 흘러 손과 발이 얼음처럼 차가워진다. 당신의 모든 감각은 극도의 경계 상태이다. 당신은 엔진 오일 냄새, 당신의 땀 냄새, 이 모든 냄새가 뒤범벅이 된 상태에서도 타이어 냄새를 맡을 수 있다. 저 멀리 고속도로 다음 출구를 비추는 전등도 보인다. 당신의 텅 빈 가슴을 부서져라 두드리는 심장 박동 소리도 들을 수 있다.

아무리 진정하려고 해도 당신은 이 순간, 매우 불안정한 상태이다. 조심스럽게 유지되던 당신의 안전망이 찢어졌고 비싼 갑옷에는 틈이 생겼다. 당신은 도움이 필요하고, 당신도 이 사실을 알고 있다. 사실 이 세상에는 당신처럼 도움이 절실하지만 어떤 도움도 받지 못하는 사람이 있다. 그들 중 대부분은 당신과 입장을 바꿀 수 있다면 바꾸자고 할 것이다. 당신이 있는 그곳에는 폭탄이 쏟아지지도 않고, 총알이 날아오지도 않는다. 당신과 자리를 바꾸고자 하는 사람들은 당신이 살아남을 가능성이 매우 높다고 말할 것이다.

물론 당신은 살아남을 가능성이 높지만, 만에 하나 당신이 사라져버릴 수도 있음을 느끼는 순간에는 어떤 성스러움이 있다. 비록 우리 대다수가 그것을 알려 하지 않지만, 그 성스러움은 인간이란 무엇인가에 관한 진리의 한 조각을 알려 준다. 5년 전, 나는 아버지가 돌아가시기 전에 식탁의 물병에 물을 채웠다. 그 물병은 아버지가 흔들의자에서 책을 읽는 방에 있었고 아버지는 그 물병에서 물을 따라 마셨다. 그리고 지금은 아버지가 계시지 않았지만 그 유리 물병은 여전히 그 방에 있다.

마음을 가다듬고 물병을 보면서 인생은 물보다 더 쉽게 증발한다고 생각한 때도 있었다. 나는 물병을 볼 때마다 아버지에 대한 사랑과 부드러운 숨결에 대해 고마움을 느낀다. 무언가를 잃어버릴 수 있다는 사실에 직면해서야 나는 비로소 감사하다는 말을 할 수 있었고 그 의미를 깨달았다.

교회에서 엄숙하게 지켜지는 절기 중에 성회일Ash Wednesday 또는 '재의 수요일'이라는 날이 있다. 이날 신도들은 자신들의 죽음을 직시하면서 부활절을 준비하는 절기로 접어든다. 이 절기가 40일인 것도 우연이 아니다. 예수를 따르는 사람들은 예수를 따라 광야로 가서 그곳에서 자신들도 시험 받고자 했다.

내가 생각하는 예배의 정점은 사제가 신도들을 제단 앞으로 불러 그들의 이마에 재를 묻혀 십자 성호를 그을 때이다. 사람들은 몸을 낮추고, 사제가 다른 사람들에게 하는 말을 들으면서 자신의 차례를 기다린다. "당신은 먼지이며 장차 먼지로 돌아갈 것임을 기억하라" 사제가 내 이마에 성호를 그으며 말한다.

사제가 내 앞에서 재가 담긴 그릇에 엄지손가락을 담갔기 때문에 나는 충분한 양의 재를 받았다. 나머지 재가 콧등에 떨어졌다. 일어나 돌아서면 얼마나 우스꽝스럽게 보일까 잠깐 걱정했지만 곧 그릇에 있는 모든 재를 내 머리에 부어 달라고 하고 싶어진다. 그러나 그릇 안의 재가 모두 내 몫은 아니다. 지금 내가 얻을 수 있는 전부는 죽음의 맛이고, 아직은 모든 생명을 주신 이에게 정말 고맙다고 말할 시간이 있다.

대중적인 종교는 영적인 성공에 너무 초점을 맞추기 때문에 대부분의 사람들은 실패의 영적인 성공을 알지 못한다. 우리가 아프거나, 일자리를 잃거나, 결혼이 파경에 이르거나 아이들과 헤어질 때, 우리는 모두 홀로 남아 그 열매를 줍는다. 아무리 그럴싸한 위로를 받는다고 해도 인생에서 실패했다는 부끄러움은 떨쳐 버릴 수 없다. 하지만 만일 당신의 인생에서 더 나은 방향으로 행로가 바뀌게 된 시간을 꼽아 보라고 한다면, 아마 대부분의 사람들은 광야의 시간을 말할 것이다.

안전망이 무너지고, 모든 재산이 없어지고, 앞에 놓인 길이 희미해지면, 갑자기 자신이 드러나는 것이 두려울 수 있다. 그래서 우리는 노출되지 않으려고 많은 시간을 보내고, 만약 실패하면 땅바닥에 쭉 뻗은 채 숨을 헐떡이게 된다. 그리고 우리는 확실한 휴식처를 찾는다. 가능한 낮은 곳으로 가는 것이다. 이렇게 되면 당신은 죽을 것이라고 생각할지도 모르지만 당신은 여기에 있다. 어쩔 수 없다. 당신은 계속해서 살게 될 것이다.

몇 년 전에 말을 타다가 나무로 돌진한 적이 있다. 나는 그렇게 기억한다. 안장에서 솟아올라 나무들 사이로 점프했고, 잠깐 눈을 떴을 때 안장은 내 머리 위에 있었다. 사이렌 소리가 들렸다. 그리고 다시 눈을 떴을 때는 병원이었다. 내가 눈을 뜨자 간호사가 보호자는 어디 있냐고 물었다. 머리만 아플 뿐 아무 생각도 나지 않았다. 그러다 남편도 부모님도 다른 지방에 있다는 생각이 떠올랐다. 나는 결국 "모르겠어요"라고 말하고 잠들었다.

그리고 다시 깨어났을 때, 내 머리 뒤쪽에 꿰맨 자국이 만져졌고 손에는 끈적끈적한 거미줄이 묻어났다. 나는 가볍게 머리를 긁었고 내 머리카락 속에서 작은 나뭇가지가 떨어졌다. 한 친구가 문병을 와서, 부러진 데는 없으며 내가 뇌진탕이고, 그래서 내 머리에서 나쁜 생각이 모두 사라졌다고 말해 주었다. 정말로 생각이 맑아진 것처럼 느껴졌지만 그때는 계속 누워 있어야 했다.

똑바로 서지 못할 정도로 균형을 잡지 못했기 때문에 나는 환자용 변기를 사용했고, 잠이 들면 너무 생생한 악몽을 꾸어서 최대한 깨어 있으려고 노력했다. 깨어 있을 때는 이전만큼 작동하지 않는 머리를 쓰려고 엄청나게 노력했다. 단어가 생각나지 않았고 말을 할 때면 시간이 정말 많이 걸려서 노인성 치매를 앓는 것 같았다. 어떤 사람이 병문안을 오면 나는 그 사람의 얼굴을 유심히 보면서 이름을 기억하기 위해 침침한 심연에서 헤엄쳐 올라와야 했다.

이때 첫 번째 기적이 일어났다. 내가 나를 책임지지 못하는 순간, 다른 사람들이 나를 위해 필요한 일들을 해 주었다는 것이다. 내가 넘어졌을 때 누군가가 구급차를 불러 주었고 누군가 내 머리를 꿰매 주었다. 돌봐 줄 가족이 없을 때 낯선 사람이 나에게 음식을 가져다 주었다. 일생동안 나는 음식을 가져다주는 사람이고자 했지만 상황이 역전이 되자 어리둥절해졌다. 내가 다른 사람들에게 호의를 베푸는 것보다 내가 낯선 사람의 호의를 받은 일이 나를 더 많이 변화시켰다.

두 번째 기적은 일상적이지는 않지만 내가 매우 안전하다고 느꼈다는 것이다. 나는 머리가 너무 아팠다. 매일 악몽을 꾸었고 어떻게 그런 꿈을 꾸는지 이해할 수가 없었다. 야생동물들이 아기를 먹고,

해골이 느슨해진 뼈를 흔들면서 내게 다가왔다. 악마가 내 머리를 열고 가지고 노는 건가? 그러한 악몽에 사로잡힌 나는 죽지 않을까 무서웠다. 그렇지 않더라도 이전의 나로 돌아갈 수 없을까 봐 두려웠다. 한동안 계속 그랬다. 나의 안전은 고통과 두려움 저 너머에 있다고 느꼈다. 눈을 감으면 침대 너머에, 병실의 벽 너머로 희미하게 나의 안전이 보였다. 하지만 나는 찢어진 첫 번째 안전망 사이로 보이는 두 번째 안전망이 내가 아무리 멀리 있어도 나를 잡을 수 있다는 사실을 깨달았다. 나의 상처는 인간적인 것이었지만 나의 안전망은 신이 주신 것이었다.

육체적으로나 정신적으로 심하게 다쳐 이런 안전망을 느끼지 못하는 많은 사람들을 나는 알고 있다. 그래서 나는 이 안전망이 어디에서 오는 것인지 궁금했다. 어린 시절 경험에서 나오는 것인지도 모르고 일종의 거부 메커니즘일지도 모른다. 신의 은총일지도 모른다. 어쨌거나 내가 그것을 통제할 수는 없다. 나는 광야에서 길을 잃고 스스로 해결할 능력이 없을 때 나에게 일어난 일에 집중하는 것 말고는 다른 할 수 있는 일이 없었다.

이런 고급 단계의 길을 잃는 연습은 목적지와는 관계가 없다. 일자리를 잃고 사랑하는 사람이 떠나고 아이가 죽는, 이런 고급 단계의 길을 잃는 연습은 길을 잃는 것에 만족한다. 다른 선택의 여지가 없기 때문이다. 비록 인생이 힘들고 행복과는 반대되는 일들이 많지만 이는 당신에게 맞서는 것이 아니라 당신을 위한 것이다. 하지만 이에 대한 가능성을 탐구하면서 인생에 만족하는 것은 당신의 선택이다.

이렇게 고급 단계의 길 잃는 연습을 통해 인생에 대한 근원적인 신뢰가 생기고 이 신뢰는 다른 사람들을 위한 실천으로 훈련된다. 그러면 그 신뢰는 다른 누군가에게 다가가게 된다. 하지만 나는 조금 달랐다. 나는 길을 잃는 연습의 고급 단계로 나아가기 전에 미리 연습을 많이 해야 한다고 생각하는 상처 입은 사람이었다. 그래서 가볍게 길을 잃는 연습을 통해 고급 단계의 길 잃기 단계로 가는 근육을 점진적으로 키울 수 있었다.

길을 잃는 가장 즐거운 방법은 여행이다. 일상에서 벗어나지 않고는 집을 떠나는 것이 불가능하기 때문이다. 집을 떠날 때는 지도를 꺼내는 것이 아니라 사람들에게 내가 있는 곳이 어딘지 물어본다. 이런 일은 여자에게 더 수월한 것처럼 보인다. 난자 하나가 수정하는데 왜 정자 수천 개가 필요한가? 그것은 정자가 멈춰서 방향을 묻지 않기 때문이다. 어쨌거나 중요한 것은 당신이 길을 잃었다는 사실을 인정하고 서둘러서 길을 찾지 않아야 한다는 것이다.

프랑스어에는 이와 관련된 단어가 있다. 특별한 목적지를 정하지 않고 바람이 이끄는 대로 길을 걷는 사람을 '플라뇌르flaneur'라고 부른다. '한가롭게 걷는 사람'이라는 뜻이다. 그 사람은 한가로이 어슬렁어슬렁 산책을 한다. 어제는 아파트에서 나와서 왼쪽으로 가고 오늘은 아파트에서 나와 오른쪽으로 방향을 잡는다. 그는 길옆에 있는 빵가게에서 나는 신선한 빵 냄새를 맡기 전까지 목적 없이 직진한다.

또 갓 구워낸 빵을 들고서는 토실토실한 회색 개를 데리고 조깅하는 사람이 지나갈 때까지 계속 걷는다. 조깅하는 사람은 다음 신호에서 오른쪽으로 돌았고, 산책하는 다른 사람도 오른쪽으로 돌았다. 하지만 그는 조금 더 가서 호기심을 자극하는 우표와 동전 수집가게 앞에 섰다.

그 사람은 '한가롭게 걷는 사람flaneur'이기 때문에 우표 가게에 들어간다. 가게에서 나왔을 때 그는 지구상의 나라 가운데에서 부탄이 월트 디즈니 인물과 영국 왕실 기념우표를 발행했다는 사실을 알게 되었다. 그리고 다시 발길 닿는 대로 걷기 시작한다. 이전에 걸었던 곳이 나타나면 그만 걷고 돌아선다. 그런데 어떤 집 창틀에 새로 심은 빨간 제라늄이 가득했다. 그는 제라늄 냄새를 잘 알기 때문에 실제로 제라늄 냄새가 나는 것인지 아니면 제라늄 냄새가 난다고 상상하고 있는지 알 수 없다. 어쨌든 그에게 인생은 썩 괜찮은 선물이다. 특별한 장소로 가는 것이 아니기 때문에 그가 놓치는 것은 없다. 게다가 이런 즐거움에 지불할 능력도 충분하다. 오늘 아침에 체리 빵을 1달러 49센트에 샀다.

나와 남편은 결혼 전까지 미국 밖을 여행한 적이 없었다. 우리는 첫 번째 여행을 유카탄 반도로 결정하고 공항에서 차를 렌트하기로 했다. 그리고 처음 며칠은 조용한 호텔에서 보내면서 마야 문명의 대유적지인 치첸이트사와 코수멜 섬을 가 보기로 했다. 공항에서 렌트카를 받아 나오는 길을 찾으면서, 그제서야 비로소 우리 둘 다 스페인어를 할 줄 모른다는 사실을 깨달았다.

"Salida가 무슨 뜻일까?" 그 표지판을 세 번째 지날 때 남편에게 물었다.

"글쎄, 남쪽?" 남편이 대답했다.

주차장을 두 번 더 돌고 나서야 우리는 'salida'가 스페인어로 '출구'임을 알게 되었다.

우리는 그 여행에서 방향을 물어보는 방법을 배웠다. 멕시코 경찰은 우리를 세워 놓고는 도로교통법을 위반했다고 추궁했고, 우리는 무얼 잘못했는지 몰랐지만 많은 벌금을 물었다. 하지만 그 멕시코 경찰은 벌금을 내면 감옥에는 가지 않는다는 사실을 우리가 이해할 수 있도록 도와주었다. 또 우리는 "Dos cervezas, por favor(여기 맥주 두 잔 주세요)"과 "Donde esta el bano?(화장실이 어딘가요?)"와 같은 중요한 문장을 배웠다. 우리는 깨끗한 온천에서 수영을 하기도 하고 폭풍우가 휘몰아치는 날 멕시코 떡 가게 앞에 서서 금방 구운 옥수수떡을 먹기도 했다. 계획했던 대로 배를 빌려 새가 가득한 코수멜 섬에도 갔다. 우리를 태우고 온 어부는 섬 해안에서 불을 피우고 물고기 꼬치를 점심으로 대접했다. 그는 내게 물고기 머리를 주었다. 물고기 머리가 가장 맛있는 부분이기 때문이다.

이렇게 우리가 계획한 멕시코 여행이 끝나고, 남편과 나는 세세한 계획이 세워진 여행사가 주관하는 여행을 시작했다. 그 여행에는 스페인어를 하는 가이드가 동행했고 우리는 결코 잊을 수 없는 멋진 장소를 무수히 많이 들렀다. 그러나 우리 둘이 다녔던 첫 번째 여행만큼 기억에 남질 않는다. 그때 우리는 끊임없이 길을 잃었다. 하지만 우리가 길을 찾을 수 있도록 기꺼이 도와줄 사람들을 만났고, 계획하지 못했던 것들을 보았다. 나는 이것이 바로 영적인 수행이라고 생각한다. 그리고 그것이 핵심일 것이다. 일단 당신이 영적인 방식으로 접근하려고 한다면 무엇이든 영적인 수행이 될 수 있다. 당신을 무릎 꿇게 하고, 당신은 누구이며 다른 사람이 누구인지 알게 된다면 당신이 길을 잃었을 때 하느님이 얼마나 가까이 있는지 알게 된다면, 그것은 영적인 수행이다.

물론 마지막이 진실되기 위해서는 이웃을 하느님으로 이해해야 한다. 내가 뉴욕 식물원으로 가려다 기차를 잘못 타서 브롱크스의 꽤 무서운 이웃들을 지나 걸어야 했을 때, 버스 운전수가 차를 세우고 나에게 문을 열어 주었다.

"잔돈이 없는데요" 나는 무서워서 눈을 동그랗게 뜨고 말했다.

"그냥 올라오세요." 그가 말했다. 그날 하느님은 브롱크스에서 버스를 운전했다.

헤브라이어로 된 성경 다섯 권 중 율법서를 중심으로 한 구약성서에는 다음과 같은 말씀이 자주 나온다. 맥락에 따라 많은 차이가 있지만 근본적인 요점은 이렇다. "당신도 이집트에서는 이방인이었으므로 이방인을 사랑할지어다." 달리 말해 이방인과 쉽게 친구가 될 수 있는 사람은 스스로 이방인이었던 사람이다. 길을 잃어 본 사람만이 길을 잃은 사람에게 연민의 감정을 가질 수 있다.

내가 아는 가장 영리한 사람들 중 어떤 이들은 이방인인 적이 없었다. 10년 전 내가 대학에서 처음 가르칠 때, 조지아 주를 떠난 적도, 비행기를 타 본 적도 없는 학생들을 자주 만났다. 물론 그들도 길을 잃을 수 있다. 동네에 있는 태국 식품점에 가서 야채에 대해 설명해 달라고 하기만 하면 된다. 아니면 성 마가 카톨릭 교회에서 스페인어로 진행되는 미사에 가도 된다. 비록 학생들이 이런 모험을 하지는 않지만, 이 모험들은 대학에서 반경 10킬로미터 안에 있다.

이런 면에서 학생들은 특별하지 않다. 우리 대다수는 소들이 다니는 길에 머물기를 원한다. 그곳에서 우리는 늘 사용하는 언어를 쓰고 가야 할 길을 알고 있다. 그래서 지도도 필요 없다. 우리 중에는 침입자로 오해받기 싫어서 자기 울타리 안에만 머무는 사람도 있다. 어느 날 한 학생이 자기 아버지 이야기를 한 적이 있다. 아버지 농장에 무슬림이 와서 소를 한 마리 사려고 했다는 것이다. 그 학생 아버지는 이슬람교에 대해 전혀 몰랐기 때문에 무슬림이 유대인처럼 율법에 맞게 음식을 준비한다는 사실을 몰랐다. 무슬림의 단어로는 할랄hallal인데, 원리는 같다. 동물의 도살은 신속하고 인간적이어야 한다. 그리고 자기 스스로 해야 한다. 이런 사실을 몰랐던 학생의 아버지 눈에 비친 것은 큰 차와 자기 집 앞에 있는 피부가 거무스름한 사람이었다. 그래서 잠깐 기다리라고 하고는 권총을 가져와 문 앞에 있는 그를 향해 겨누었다. "가, 다시는 오지 마!" 그 학생의 아버지는 이방인이 되어 본 적이 없었을 것이다.

학생들에게 가장 좋은 경험 중 하나는 현장 실습이다. 학생들은 힌두 사원을 방문하거나 셰익스피어 극장에서 공연을 보면서 정해진 길을 따르지 않고 이전에는 몰랐던 이웃들을 발견한다. 더 중요한 것은 그들이 주인이 아니라 손님이라는 사실이다. 그래서 이방인의 친절함을 알 수 있는 더 좋은 기회이기도 하다.

해외로 배낭여행을 다녀온 학생들은 완전히 변해서 돌아온다. 더블린, 마드리드 혹은 카이로에서 길을 잃어 본 그들은 가장자리는 더 강하게, 가운데는 더 부드러워져서 집으로 돌아온다. 돌아온 그들은 뉴스를 듣기 시작하고 헤브리디스 제도를 지도에서 찾아본다. 보스니아나 카자흐스탄 혹은 잠비아에서 교환 학생들이 오면, 집에서 멀리 떨어져 본 적이 있던 그들은 교환 학생들에게 주변을 안내해 주는 첫 번째 학생이 된다. 그들도 이방인이었으므로 교환 학생들과 함께 마주앉아 밥을 먹는다.

당신이 해보든 말든, 길을 잃는 수행은 소중하기도 하고 과소평가 되기도 한다. 적어도 우리가 잘 아는 북미 문화권에서는 특히 그렇다. 북미 문화권에서 중요한 것은 당신의 운동화 밑창에 낀 흙덩이를 포함해서, A지점에서 B지점으로 최대한 빨리 가는 것이다. 그래서 당신은 이동 중에 다섯 가지 일을 동시에 하는 걸지도 모른다. 전화 통화를 하고, 라디오를 듣고, 모카커피를 마시고, 문자 메시지를 확인하고, 개에게 뒷자리로 가라고 말하고, 백미러에 비친 자신을 보면서 선글라스를 쓴 모습이 얼마나 멋진지 체크하는 것 말이다.

그러다 당신이 길을 잃으면, 개와 전화기 말고 중요한 것은 없다. 전화기는 당신을 찾으러 올 사람에게 연락할 수 있고, 개는 기다리는 동안 함께 있을 수 있기 때문이다. 만일 당신이 길을 잃으려고 한다면 빨리 하는 것이 좋다. 왜냐하면 네비게이션을 산 다음에는 길을 잃는 것 자체가 불가능할지도 모르기 때문이다. 많은 사람들이 네비게이션을 사는 것이 이해가 된다. 기계의 지시에 따르는 편이 다른 사람에게 길을 물어보거나 지도를 찾는 것보다 편하고, 당신이 어디에 있건 하늘에서 당신을 보는 큰 눈이 있다고 생각하면 위안이 될 수도 있다. 나는 최근에 네비게이션을 산 부인을 알고 있다. 그녀는 안내하는 목소리의 성별과 음색을 선택할 수 있다는 사실에 기뻐하면서 감미로운 남성의 목소리를 선택했다. 그녀는 식료품점 가는 길을 알지만, 그 남성의 목소리를 듣기 위해 네비게이션을 사용한다.

당신은 스스로 길을 잃거나, 혹은 본의 아니게 진짜 길을 잃을 수도 있다. 어떤 방법이든지 어디에서든지 길을 잃을 수 있다. 집으로 돌아오면서 길을 잃을 수 있고, 사랑을 찾아 헤매다 길을 잃을 수도 있다. 일자리 사이에서 길을 잃을 수도 있고, 하느님을 찾다가 길을 잃을 수도 있다. 어떻게 길을 잃건, 용기를 내라. 당신보다 앞서 길을 잃은 사람들은 광야에서 길을 찾았다. 그곳에는 천사만큼이나 야생 동물이 많고, 다른 길 잃은 사람들도 많다. 그 가운데에서 중요한 사실은 그들 중 한 사람이 당신을 찾는다는 것이다. 이 일이 어떻게 일어나건 당신 앞에 놓인 제단에 얼마나 많은 사람들이 무릎을 꿇었는지를 기억하라. 그러면 당신은 무릎을 꿇고 은혜를 바라는 것보다 더 좋은 일을 할 수 있다.

6

Community

낯선 이들과 만나는 연습

지구를 즐겁게 걸어라. 그리고 모든 사람들 속에 계신
하느님께 반응하라.

조지 폭스 ●

서른 살이 되어서야 내가 내향적인 사람임을 알게 되었
다. 이 사실을 알기 위해 심리학자에게 75달러를 지불했지만 아깝지
는 않다. 내가 내향적인 사람이라는 것을 알기 전까지 나는 그저 부
끄러움을 많이 타고 반사회적 경향이 있는 사람인 줄만 알았다. 지인
의 파티에 초대되면 나는 늘 주방에 있었다. 반대로 내가 주최한 파
티에서는 나 같은 사람이 부엌에 있을 수 있도록 도와주었다. 마르타
와 마리아의 이야기에서 나는 왜 마르타가 부엌에 있었는지 알 것 같

● 퀘이커교 창시자.

왔다. 마르타에게는 부엌에서 감자를 써는 일이 사람들과 이야기를 나누는 것보다 훨씬 덜 피곤한 일이었다. 또한 부엌에서도 사람들이 하는 말을 다 들을 수 있었고, 굳이 직접 나서서 자신의 얘기를 할 필요가 없었다.

교회에서 내향적인 사람으로 살아가는 일은 어려울 수도 있다. 특히 당신이 성직자라면 더더욱 그렇다. 수많은 교구들은 공동체의 중요성을 강조하고, 활동에 참여하지 않는 사람은 외톨이로 지적 받는다. 이 때문에 아마 커피와 함께 쉬는 시간을 보내지 않았을 초기 기독교인들과 사막의 교부들이 그리도 부러웠나 보다.

많지는 않지만 사막의 어머니들Desert Monthers도 있었다. 그들이 실제로 그렇게 불렸는지는 모르지만 그들은 사막이라는 공통점을 갖고 있었다. 기원후 4세기 경, 기독교가 로마 왕국의 국교가 되어 가고 있을 때, 이 수도자들은 그들이 살던 도시를 빠져 나왔다. 이들은 정치와 종교가 섞이면서 어떤 것이 우위에 오를지 알았고, 그 상태에서 살아갈 자신이 없었다.

하느님에게 더 가까워지려는 큰 소망 말고는 아주 작은 짐만 챙겨 떠난 안토니는 이집트로 길을 잡았다. 그는 교회가 가난한 사람들을 위해 모든 것들을 판다는 이야기를 듣고 부모님에게서 물려받은 광활한 땅을 가난한 사람들을 위해 다 팔았다. 그리고 남은 땅은 이웃들에게 나누어 주었다. 그는 자신의 물건과 돈을 필요한 사람들에게 나누어 주고 20년 동안 살아왔던 고장을 떠나 나일 강 건너에 있는 산으로 향했다.

기원 후 305년, 안토니는 그와 비슷한 사람들과 함께 살던 동굴을 떠났다. 이 동굴에서 살던 사람들은 생존에 필요한 최소한의 것만 소유했고 서로를 격려했다. 이 공동체를 방문했던 한 사람은 '그들의 텐트에서는 매일 같이 노래, 금식, 기도, 그리고 노동이 일어났다. 그리고 서로가 사랑과 평화를 나누었다'고 말했다.[16]

안토니의 사막 경험은 곧이어 하나의 운동이 되었다. 100년 뒤, 비슷한 운동이 이집트뿐 아니라 팔레스타인, 페르시아, 아라비아 등지에서 일어났다. 몇몇은 엄청나게 큰 운동이 되었고, 또 몇몇은 앞서 이야기한 사막의 교부들이 모여 만든 덜 조직적인 조직이 되었다. 이 거룩한 수행자들은 광주리를 만들고 하느님을 찾으며 하루하루를 보냈다. 이 여정은 그들에게 각자의 영적인 야망과 씨름할 수 있는 시간을 주었다.

한 노인은 "만약 자신만의 의지를 가지고 천국을 향해 오르는 젊은 수사를 본다면 그를 땅으로 내팽개쳐라. 왜냐하면 그가 하는 일은 옳지 못하기 때문이다"[17]고 했다. 이런 말은 사막의 교부에게서 나온 것들이다. 입에서 입으로 내려오다 시리아어, 라틴어, 그리스어로 쓰여졌고, 이 모든 것들은 원본의 맛을 잃어버리지 않고 전해졌다. 사막의 교부들은 신랄한 입담과 친절한 마음을 지녔지만 명성을 얻으려고 애쓰지 않았다. 확실히는 모르지만 그들은 재밌는 사람들이었다.

한 번은 같이 살던 나이든 형제가 다른 평범한 사람들처럼 말다툼을 해보자고 했다. 그들은 살면서 단 한 번도 말다툼을 해 본 적이 없어 어떻게 싸움을 시작해야 할지 몰랐다. 그래서 이들을 지켜보던 지나가던 노인 한 명이 벽돌을 주워 와서 두 사람 사이에 놓았다. 그 노인은 각자의 역할을 정해 주면서 한 명에게는 '이 벽돌은 내 것이다'라고 말하라고 시키고, 다른 한 명에게는 '아니야, 이건 내꺼야'라고 말하라고 했다. 그들은 그렇게 싸움을 시작했다. 한 명이 '이건 내 꺼야'라고 말하면서 처음 말다툼을 시작했던 형제는 '내 것이 아니므로 이건 네 것이다. 가져가라'라고 말함으로써 말다툼을 끝맺었다.

내가 만약 사막에 살았다면 룸메이트를 두지 않았을 것이다. 그런 면에서 이집트의 수도사 아르세니우스 수사는 나와 비슷하다. 그는 스케테Scete 사막에서 살았는데 가장 가까운 이웃은 32마일 떨어진 곳에 있었다. 그가 거기에 산다는 것을 안 수행자들이 스케테 사막으로 몰려들었고, 결국 아르세니우스 수사는 그곳을 떠났다. 그는 "세속적인 사람들이 로마를 망쳤고, 수사들이 스케테를 망쳤다"[18]고 울면서 고백했다.

간혹 혼자 살던 수사들도 모여서 성찬을 기념하고 만찬을 즐겼다. 그 자리에서 그들은 각자의 공동체에 어떠한 문제들이 있는지 털어놓았다. 그들은 아무리 멀리 떨어져 있더라도 공동체 안에 있었다. 그들은 서로가 서로를 필요로 한다는 것을 알았다. 그저 육체적인 필요가 아니라 각자의 자족 능력에 안주하기 않기 위한 필요 말이다.

혼자 살고 있던 한 원로 수사는 하느님을 좀 더 가까이에서 영접

하기 위해 70주 금식에 들어갔다. 거의 뼈만 남은 정도가 되었을 때, 하느님께 성경 구절의 의미를 여쭈어 보았지만, 대답이 없었다. 크게 실망한 수사는 성경 구절의 의미에 대해서 그의 형제들에게 묻기로 하고 독방 문을 열고 나왔다. 그 순간 천사가 나타나 이렇게 말했다. "너는 70주 동안의 금식으로 하느님께 한 발자국도 가까워지지 않았지만, 이제야 네 형제를 찾아갈 만큼 너를 낮추게 되었구나. 하느님께서 성경 구절의 의미를 보이시고자 나를 보내셨다."[19] 천사는 원로 수사에게 의미를 알려 주고 되돌아갔다.

원로 수사가 그 길로 형제들에게 가서 하느님이 사기꾼이라고 성토했을지도 모른다고 생각해 보면 재미있다. 결국 우리 모두는 이야기할 사람이 필요하다. 좀 더 깊이 들어가 보면, 우리 모두는 크든 작든 우리 자신을 잊어버리도록 도와줄 누군가가 필요하다. 위대한 세상 지혜의 전통으로 보아도, 우리 생각으로도 의미 있는 인생을 사는데 가장 큰 어려움은 자기 자신에게 몰두하는 것이다.

자신에 대해 꽤 많이 생각해 보는 친구가 있다. 그 친구는 마음속에 있는 갈등, 눈부신 통찰력, 삶의 작은 승리, 자신에 대한 잦은 의심, 나락으로 되돌아가게 만드는 스스로의 생각들에 대해 자주 이야기한다. 다행히 그는 농담도 잘하는 편이다. 하루는 환한 미소를 지으며 내게 물었다.

"그래. 내가 나에 대해서 이야기하는 건 충분하지. 너는 나에 대해서 어떻게 생각해?"

보통 다른 사람을 찾는 이유는 자신에게 유익한 뭔가를 얻기 위해서라고 생각하지만, 더 깊은 진실은 다른 사람이 내 자신 밖으로 나를 끌어내 주기를 바란다는 것이다. 대화가 너무 흥미로워 시간 가는 줄 모르다가 시계를 보고 깜짝 놀란 일이 있다면 이 말이 무슨 뜻인지 알 것이다. 장애인 올림픽에서 자원 봉사를 해보았거나, 휠체어를 타는 노인들의 휠체어를 미는 봉사를 해보았거나, 강이나 들에 널부러진 쓰레기를 치워 보았다면 그날 몸은 더러워지고 피곤해도 해변에서 즐긴 날보다 흐뭇한 마음으로, 묘한 생기로 가득해서 집으로 돌아오게 된다는 사실을 알고 있을 것이다.

예술가나 운동선수는 '흐름flow'에 대해 이야기한다. 그들이 뭔가에 몰두해 있을 때는 시간이 멈춘다고 말한다. 자기 자신에 대해 깨닫는 것도 멈추게 된다. 예술가는 자신이 물감이 되고, 목탄이 되고, 진흙이 된다. 운동선수는 팀과 하나가 되고, 공이 되고, 코트가 된다. 생각이 아니라 본능에 따라 몸을 움직인다. 의식이 활짝 열리고, 더 큰 무언가의 일부가 되기 위해 닫힌 자아에서 벗어난다.

기독교 신비주의 전통에서는 이를 신성한 연합Divine Union이라고 부른다. 그것은 신과 함께 할 수도 있지만, 사람은 물론 나무와도 할 수 있다. 이는 성취한다기보다 주어지는 것이다. 대부분 찰나인 경우가 많지만, 잠시나마 완전함을 만나 작은 자아에서 벗어나는 오래 기억될 은총이다. 온전함의 빛 안에서, 하느님과 나 아닌 다른 사람 혹은 나무 사이의 의미 있는 차이점을 찾기란 불가능하다. 존재하는 모든 것이 이 온전함 안에 있고 살아 있는 모든 것이 이 빛 안에서 살아 숨쉰다. 서로 다른 모든 존재가 서로에게 닿는 하나의 공동체가 실재하게 된다.

영적인 사람일수록 고난을 찾아 헤맨다. 이 신성한 연합의 경험을 찾아 세계를 여행하는 사람도 있다. 수녀가 되거나, 가진 것을 모두 가난한 이들에게 나누어 주는 사람도 있다. 이런 극단적인 방법이 자기 자신을 넘어서도록 이끌어 주었다면 그 사람은 많은 것을 배웠을 것이다. 이들은 하던 일만 하면 새로움은 없으리라는 사실을 알고 있다. 그래서 때로는 극단적인 방법이 필요하기도 하고, 그래서 극단적인 결과가 나오기도 한다.

세상에서 가장 어려운 영적 행위는 이웃을 내 몸처럼 사랑하는 일이다. 즉 상대를 이용하거나, 변화시키거나, 고치거나, 돕거나, 구하거나, 납득시키는 것이다. 그런데 사막의 교부들이 지녔던 지혜는 이렇게 통제하기 위한 것이 아니라, 자신이라는 감옥에서 꺼내 줄 수 있는 다른 사람을 만나는 것이었다. 타인 속의 나, '저 너머'에 있는 자기 자신을 알아내면 되는 것이다. 아주 잠시 동안이라도 타인이 되어 보면 타인을 위해 죽는다는 것이 무엇인지를 이해할 수 있게 된다. 이것은 해방이면서 동시에 두려운 일이다. 진정한 영적 훈련은 이 하나일지도 모른다.

이런 이유들로, 세계 주요 종교들은 사람들이 함께하는 공동체를 요구해 왔다. 이 공동체들은 수도원, 교회 등 다양한 이름으로 불리고, 이 실제적인 장소에서 종교의 가르침들이 시험되어 왔다. 때로는 이런 가르침이 사람들의 기분을 최고조로 올려놓기도 하고 사람들의 삶을 구하기도 했다. 이러한 방식으로 종교적 가르침은 공동체를 실현하는 것과 같은 의미를 가진다.

자주 인용되는 사막의 교부인 아봇은 이렇게 말했다. "장롱 가득 쌓여 있는 옷을 방치해 두면 그 안에서 썩는다. 우리 마음속 생각들도 마찬가지이다. 몸을 사용해서 생각을 행하지 않으면, 시간이 지나 그 생각들은 망가지고 상해 버린다."[20]

물론 종교 공동체가 이웃 사랑을 행하는 유일한 형태의 공동체는 아니다. 내가 사는 작은 시골 마을에서는 주민들이 이웃 간의 유대감을 증진시키기 위해 연극회, 콘트라 댄스, 퀼팅 모임, 독서 모임, 노래 모임, 로터리 클럽, 심지어 닭싸움도 한다. 내가 보기에 이들 모임의 유일한 단점은 교회와 비슷하게, 비슷한 생각을 가진 사람들끼리만 모인다는 점이다. 서로 다른 사람들이 얽혀 있지만 그들은 같은 신념, 헌신, 가치관, 규율을 나눈다. 그리고 이렇게 해서 그들은 뭉친다. 하지만 그것으로 인해 다른 사람들을 배제시키게 된다.

동시에 마을에는 어떤 그룹에도 속하지 않은 사람들이 있다. 그렇다고 멀리 떨어져 사는 것도 아니다. 바로 길 건너에 사는 사람도 있다. 그들은 주유소에, 우체국에, 식료품점에, 바로 우리 앞에 있지만 우리 눈에 띄지 않는다. 그들은 너무 광범위해서 잊기 쉬운 인간 공동체에 속해 있다. 하지만 그들 안에 있는 우리 자신을 보지 못한다면, 우리는 우리라는 감옥에 돌을 던지기 위해 더 잘 무장할 것이다.

기본적으로 타인과 함께하는 일상적 연습이란 이웃을 내 몸 같이 사랑하는 연습이다. 조금 구체적으로 설명하면, 자신과 아주 많이 다른 사람과 얼굴을 맞대고, 그가 하느님의 얼굴을 가졌을지도 모른다는 가능성을 즐기는 일이다.

땅 위를 걷는 일, 길을 잃는 일처럼 영적인 연습은 특별한 환경이나 개인 강사, 비싼 장비가 필요 없다. 누구나 어디에서든 마음만 먹으면 할 수 있다. 가볍게 준비 운동을 해 보자. 식당에서 주문을 받거나 거스름돈을 건네주는 사람들처럼 내 주변에서 실질적인 일을 하는 사람들에게 집중하는 것이다. 예를 들어 식료품 가게 계산원에게 마음을 써 보라. 점심식사에 초대하지 않아도 된다. 그저 당신이 필요한 야채인 아루굴라arugula를 찾아 주는 그의 얼굴을 살펴보기만 하면 된다. 또, 당신이 어느 식당에서 아는 사람이 있는지 확인해야 할 때, 이것이 상상할 수도 없을 만큼 어려운 일이라서 확인해 주지 않는 여자 점원이 있다고 해 보자. 그녀는 누군가의 딸이고, 어쩌면 누군가의 엄마일지도 모른다. 유니폼을 벗으면 돌아갈 집이 있고, 그녀의 집에는 아직 어제 한 저녁밥 냄새가 배어 있는 부엌이 있고, 자다가 깨서 악마들과 씨름하는 침대가 있을 것이다. 너무 멀리 가서 그 사람을 소설 속 주인공으로 만들 필요도 없다. 그녀가 거스름돈을 줄 때 인사하는 것으로 충분하다.

"오늘 우리 백화점에서 쇼핑하신 고객님은 11달러 6센트를 절약하셨습니다"라면서 그녀는 당신을 바라볼 것이다. 그럼 당신은 "고맙습니다"라고 말하며 그녀와 눈을 맞추기만 하면 된다. 이렇게 한다고 해서 달라지는 것은 없다. 상대방이 알아채지 못할 수도 있고, 자신이 계산원이 아닌 한 사람으로 인식되었음을 알아챘지만 신경 쓰지 않을 수도 있다. 하지만 이렇게 조우는 이루어졌다. 당신이 느꼈기 때문에 그 사람도 이전과는 다를 것이다.

이는 간단하지만 심오한 연습이고 바보 같은 짓일지도 모른다. 그래서 막상 이것을 해 보려는 사람들은 마음속 큰 저항과 맞닥뜨리기도 한다. 고맙지만, 나는 계산대에서 다른 인간과 만나고 싶지 않아. 필요한 것만 얼른 사서 집에 가고 싶어. '어이, 거기. 플라스틱 봉투 말고 종이봉투에 담아. 좀 빨리 빨리 할 수 없어?' 장 보면서 만나는 사람 모두와 눈을 마주치면 끝도 없어. 물론 그 사람들도 소중한 사람이고, 가족이 있겠지. 내가 그걸 뭐라고 하는 건 절대 아니야. 하지만 나는 정말 바쁘다고. 거짓말 안하고, 오늘 여섯 시까지 끝내야 할 일들이 얼마나 많은지 알기나 하냐고……

보통 이렇게들 생각할 것이다. 그래서인지 몰라도 예수님께서는 이에 대해 직접 말씀하셨다. 특히 마태복음에서 강조하셨다.

그때 그 임금은 자기 오른편에 있는 사람들에게 '너희는 내 아버지의 축복을 받은 사람이니 세상 창조 때부터 너희를 위하여 준비한 이 나라를 다스려라. 너희는 내가 굶주렸을 때 먹을 것을 주었고, 목말랐을 때 마실 것을 주었으며, 병들었을 때 돌보아 주었고, 감옥에 갇혀 있을 때 찾아 주었다'라고 할 것이다. 그러면 의인들은 이렇게 말할 것이다. '주님, 저희가 언제 주님께서 주리신 것을 보고 먹을 것을 드렸으며 목마른 것을 보고 마실 것을 드렸습니까?'

마태복음 25:34-37

시간이 많은 사람이 어디 있는가? 예수님은 마태복음의 이 구절과 셀 수 없는 다른 많은 구절을 통해 타인과의 조우에 대해 가르치셨다. 말씀으로만이 아니라 몸소 실천하셨다. 주님은 어떤 옷가지도 장롱에 두고 썩히지 않으셨다.

어느 랍비는 로마 백부장, 사마리아의 나병 환자들, 시리아와 페니키아의 여인들, 그리고 적대적인 유대인들과 갈릴리 출신 제자들 모두와 똑같이 눈을 마주쳤다. 그는 노예나 주인, 열두 살 소녀나 권력자, 이용 가치가 있는 사람과 없는 사람 모두에게 한결 같았다. 누구나 그의 눈길 안에 있었다. 하느님의 형상으로 지어진 사람은 누구나 하느님을 나타내는 데 있어 사소하지 않기 때문이다.

성서에는 타인과의 조우를 실행하는 일이 다른 이를 대접하는 '영접philoxenia' 만큼 자주 등장한다. 이 단어의 어원을 살펴보면 그리스어로 사랑을 뜻하는 네 가지 단어 중 하나인 'philo'와, 이방인을 뜻하는 'xenia'로 이루어져 있다. 이방인 사랑, 어떻게 보면 모순으로 들린다. 우리에게는 이방인에 대한 두려움과 혐오증을 뜻하는 '제노포

비아xenophobia'가 더 와 닿는다. 하지만 이는 성서와 어울리지 않는다. 영국 최고 랍비인 조나단 삭스는 "희랍어 성경에 '이웃을 네 몸 같이 사랑하라'는 계명은 한 번 나오지만, 이방인을 사랑하라는 명은 서른 여섯 번 등장한다"[21]고 말했다.

그러면 왜 이방인을 사랑해야 하는 걸까? 성경은 우리가 이방인이기 때문이라고 말한다. 이방인인 적이 없었다는 건, 집을 떠나 본 적이 없다는 말이다. 이스라엘 민족은 계속해서 고향을 떠났다. 그들은 아이의 앙상한 손을 잡고 새로운 곳으로 들어섰을 때 가게 문을 닫는 자물쇠 소리를 들었다. 그들은 '세 놓습니다'라는 팻말을 보고 들어간 집에서 이미 방이 나갔다는 말을 듣는 일에 익숙해져 있었다. 많은 대문을 두드리지만 언제나 방은 나가고 없다.

당신이 이방인을 사랑해야 하는 첫 번째 이유는 당신이 이방인이기 때문이다. 둘째는 이방인을 통해 하느님을 볼 수 있기 때문이다. 아브라함과 사라는 천막에서 낯선 사람 세 명을 대접하다 하느님과 조우했다. 야곱은 얍복 강가에서 모르는 이와 밤새 씨름하다가 하느님을 만났다. 이스라엘 민족이 바빌론에서 타향살이를 하고 있을 때, 하느님은 그들을 고향으로 데려오기 위해 사이러스라는 페르시아 이방인의 머리에 기름을 부으셨다. 하느님은 시돈의 과부를 구하기 위해 엘리야를, 시리아의 나병 환자를 구하기 위해 엘리사를 보내신 일로 인해 곤란을 겪어야 했다. 유대에도 과부와 나병 환자는 넘쳐난다는 것이었다. 우리가 왜 이방인을 사랑해야 하는가? 하느님이 이방인을 사랑하시기 때문이다.

초창기 교회에서 친절한 대접은 기본적인 덕목이었다. 달리 갈 곳이 없었기 때문에 모든 기독교인들은 '자택학습'을 해야 했다. 그들은 다른 이의 집에서 만나 다른 이의 테이블에서 먹고 마셨다. 그러나 예수님은 사람들을 초대할 수 있는 집이 없었다. 예수님은 누구를 위해 요리하거나 침대를 내어 줄 수 없으셨기에, 남을 후하게 대접하는 마음을 가지게 되었을 수도 있다. 예수님의 이방인에 대한 사랑은 들판이나 배, 길과 산 어디에서든 행해졌을 것이다. 예수님은 어디에서라도 자신을 이방인이라고 느끼는 누군가와 마주치면 그를 가족으로 느꼈다. 타인과의 조우를 이루어 내는 신성한 능력은 그가 가진 재능이었고, 예수님은 그를 따르는 사람들에게 이 귀중한 재능을 가르치고자 최선을 다했다.

종교의 차이와 동일성이 중요시되는 세상에서, 이것은 사람을 살리는 행위이다. 뉴스를 켜면 이라크의 수니파와 시아파, 수단의 기독교와 무슬림, 이스라엘 팔레스타인 지역의 유대교와 무슬림 간의 갈등과 같은, 종교가 갈등의 원인이 되는 사건들이 흘러넘친다. 나는 이들 갈등의 긴 역사나 다양한 원인에 대해 잘은 모르지만 공적public enemy에 대해서는 잘 알고 있다.

공적보다 더 공동체를 강화시키는 것은 없다. 종교적인 사람들은 대적해야 할 악마를 정함으로써 새로운 의미를 찾아내기도 한다. 유대교, 기독교, 그리고 이슬람교는 '반대파의 정체'에 특히 취약하다.

그들의 경전에 적과 싸우는 행위가 신성하다고 적혀 있기 때문이기도 하고, 유일신 사상이 자신들의 진정한 신을 인정하지 않는 이들에게 자비롭지 않기 때문이기도 하다.[22]

여기에는 중력처럼 확고한 법칙이 있다. 우리의 믿음이 우리를 인간답게 한다고 믿는 만큼, 우리와 같은 믿음을 나누지 않는 사람들의 인간성을 의심한다. 영국의 작가이자 성직자인 조너선 스위프트는 "서로를 미워하게 하는 종교는 많지만, 서로를 사랑하게 하는 종교는 부족하다"고 말했다. 인간은 본질적으로 자기 중심적이기 때문에 본인이 원해서 쟁취하기보다는 조금 더 권위 있는 동기를 찾고 싶어 한다. 하느님도 같은 것을 원하신다고 우리를 납득시키면, 호전적인 신앙심에 아무 무리가 없어 보인다. 그렇게 우리 안에 하느님의 형상을 만들어 우리 적 안에 있는 하느님의 형상을 부정하면, 우리가 원해서가 아니라 하느님의 이름으로 타인을 해치는 데 자유로워진다. 단순한 적의가 아니라 성스러움을 느끼는 것이다.

보스니아 출신 신학자 미로슬라브 볼프는 그의 책《배척과 감싸안기Exclusion & Embrace》에서 이렇게 말했다. "인류의 미래는 우리가 정체성과 서로 다름을 어떻게 다루느냐에 달려 있다고 해도 과언이 아니다."[23] 현재 지구상에서 종교가 가장 다양한 미국에 사는 사람들은 이 말에 귀를 기울여야 한다. 계명의 자녀들이고 복음의 후계자로서, 우리는 그렇게 해야 한다고 느낄 것이다.

믿음이 상반되는 사람들이 서로 위협하며 마주보는 곳에 우리는 평화의 조항들을 재현해야 한다.[24] 차이가 악마처럼 간주되는 그곳에, 우리는 깜짝 초대 손님 명단을 가지고 저녁 식사를 차려야 한다. 종교적 정체성과 정치 세력이 통합되어 있는 곳에서 우리는 지배자들의 책략을 답습하지 않으며 저항해야 한다. 우리는 약한 자들을 이용해서 강한 자들을 좌절시킨다는 약속과 더불어 하느님은 우리와 다른 사람들 안에서도 나타나시리라는 약속을 시험하게 될 것이다. 랍비 삭스는 이렇게 말했다. "최고의 종교적 도전은 우리의 형상을 하지 않은 사람들에게서 하느님의 형상을 보는 일이다."[25] 이렇게 해야만 우리가 만들어 내지 않은 하느님의 거울에 비친 우리 모습을 볼 수 있을 것이다.

피에드몽 대학 교수진들은 오래전에 신입생을 위한 종교학 과목으로 '성경개론'이나 '예수의 일생'이 아닌 인류 주요 지혜의 기본 입문이 될 '세계의 종교'를 필수 과목으로 채택했다. 피에드몽 대학이 교회와 관련된 학교임에도 불구하고 이러한 결정을 내린 것은, 바로 그곳이 교회와 관련된 학교였기 때문이었다. 기독교인으로서 이웃을 사랑하라는 계명을 지키기 위해 이웃이 가장 신성하게 여기는 것에 대해 배우는 것보다 좋은 교육이 있을까?

1998년 내가 학교에 갔을 때, '세계의 종교'는 내게 일용할 양식이 되었다. 나는 이제까지 500명이 넘는 학생들에게 이 과목을 가르쳤다. 작년에는 콜롬비아 대학 신학 세미나에서 이 과목을 소개했는데, 작년 가을에 특히 기억에 남는 일이 있었다. 나와 학생 30여 명은 아틀랜타 지역의 예배소 다섯 군데를 방문했다. 금요일 하루 동안 우리는 세미나의 아침 성찬례로 시작해, 아틀란타 알 이슬람al-Islam의 회교성전Masjid에서 기도회를 가진 다음, 하다쉬Hadash 성전에서 토라 축하의식Celebration of Simchat Torah을 드렸다. 성전의 어떤 유대인은 많은 이방인들이 지켜보니 더 열정적으로 춤을 추게 되었다고 말했다.

주최 측의 한 명이 우리를 집으로 초대해 호화로운 코셔kosher 안식일 식사를 대접했고 우리는 이방인으로서 주님의 이름으로 환영 받았다. 바로 이런 것이 필요했다. 우리가 사는 곳에서 우리는 힘 있는 편의 일원이다. 우리 중 어떤 이들은 오랫동안 목회에 종사해 왔고, 교회에서 비슷한 식사를 대접해 왔다. 하지만 그 순간 우리는 성직자가 아니었다. 우리는 뻘쭘한 손님으로, 뭔가 넘어뜨리지나 않을까 어색하게 손을 모으고 서 있었다.

테이블에는 할라 빵 두 덩이와, 촛불, 와인 한 병, 물 한 그릇, 그리고 솜덩이가 한 접시에 놓여 있었다. 주인은 우리를 어린 아이처럼 대했다. 식사에 대해 하나 하나 설명했고, 질문이 있는지 물었다. 나는 솜에 대해 알고 싶었지만 일단 기다려 보기로 했다. 그때 안주인이 손을 씻으면 식사가 시작된다고 설명했다. 그렇지만 우리 인원이 너무 많아서 정식으로 하기 힘들기 때문에 솜에 물을 적셔서 손을 닦는 것으로 의식을 대신한다고 했다. 그녀는 세균 때문이 아니라 하느님 앞에 깨끗한 마음으로 서는 것을 의미한다고 덧붙였다.

처음 접한 이런 의식에 매력을 느낀 나는 물그릇에 솜을 담그고는 비켜서서 다음 사람에게 자리를 내 주었다. 우리 기독교인들이 모두 유대인들과 함께 손을 닦는 동안, 나는 이것이 마태복음에서 바리새 인들이 예수님께 딴지를 걸었던 부분이라는 사실을 깨달았다.

그 후 예루살렘에서 바리사이파 사람들과 율법학자들이 예수께 와서 "당신의 제자들은 왜 조상들의 전통을 어기고 있습니까? 그들은 음식을 먹을 때에 손을 씻지 않으니 어찌 된 일입니까?" 하고 물었다.

마태복음 15:1-2

우리가 하고 있는 긍정적인 행위와 성경 이야기의 부정적인 연상을 연결시키는 일은 불가능했다. 그 자리에 있어야만 알 수 있는 새로운 사실이었다. 나는 성경 공부 모임에서 손 씻는 의식에 대해 읽고 토론하는 것이 아니라, 조상들의 전통을 지키기 위해 삶을 바친 마음 아프도록 관대한 사람들과 함께 손을 씻고 있었다. 나 역시 그 안에 있는 삶을 발견했다. 그것이 내가 발견한 새로운 사실의 본질이었다.

마태 시대부터 지금까지, 가장 중요한 것은 손 씻기 의식 자체가 아니라 누가 어떻게 만났는가 하는 것이었다. 사랑을 가지고 혹은 적의를 가지고 만났는가, 포용하기 위해 혹은 분열시키기 위해 만났는가 하는 것이다. 논점은 의식이 아니라 관계이다. 손 씻기 의식은 내가 기독교인임을 부정하지도, 나를 유대인으로 만들지도 않았다. 그 순간은 단지 자신들 전통의 경계선에서 나에게 손을 뻗은 사람들의 손을 잡기 위해 나의 전통의 경계로 향하는 길이었다.

　우리가 나누고 있는 가장 큰 공통점은 종교가 아니라 인류애이다. 나는 이것을 종교에서 배웠다. 나의 종교는 타인과의 조우가 하느님과 가까워질 수 있는 일이라고 가르쳤다. 그런데 역설적이게도 하느님을 만나는 일은 목적이 아니다. 말로 설명할 수 없는 것들을 마음에 품고, 내 앞에 서 있는 그 사람을 보는 것이 목적이다. 그의 삶은 풀 수 없는 신비 그 자체이다. 그 사람을 내가 만든 이야기 속 등장인물로 만드는 순간, 조우는 끝난다.

　나는 대학에서 처음으로 기독교 신앙을 갖게 되었다. 그때 본 적도 없는 사람들이 내게 사랑한다고 습관적으로 말했고 그들은 기독교인이었다. 그것이 가족의 일원으로 나를 환영하는 그들만의 방식이라고 생각했다. 싫은 건 아니었지만 잘 모르는 사람들이라 좀 불편했다. 내가 오른발이 바깥으로 휘어서 트랙을 뛸 때 펭귄처럼 벗어나는 걸 사랑한다는 건가? 성경 공부를 위해서 손바닥 도장으로 서명한 나의 의지가 사랑스럽다는 건가? 아니면 웃을 때 윗입술이 거의 없어지는 게? 결국 나는 알아보기로 했다. 어떤 기독교인이 나에게 사랑한다고 말했을 때, 왜 나를 사랑하는지 물었고 그녀는 놀란 얼굴로 대답했다. "하느님이 당신을 사랑하시니까요!" 그러면서 손을 치켜들고 "하느님은 우리 모두를 사랑하시니까 나도 당신을 사랑하는 거죠!"라고 말했다.

별것 아니라고 생각할지 모르지만 나는 그걸로 충분하다고 생각했다. 하지만 나는 하느님의 사랑을 확신했으므로, 막연한 사랑이 아니라 특별하게 사랑받고 싶었다. 또 다른 사람의 얼굴에서 하느님을 보는 것이 가능한지 확신이 없었다. 다른 사람의 얼굴에 나타난 하느님을 어떻게 구별할 것인가? 만약 누군가가 당신에게 안대를 씌운다면, 다른 사람의 눈 색깔을 말할 수 있을까? 다른 사람을 시켜 지금 그 사람을 찾으려고 한다면 어떻게 설명해서 찾게 할 것인가?

사막의 교부들은 자주 만나지 않았지만 서로 간의 조우가 신성하다는 사실을 알고 있었다. 그들이 늘 올바르게 행동했다는 뜻이 아니라, 자신이 충분한 인간이 되는 데 서로가 최고의 보증인임을 알고 있었다는 뜻이다. 하루는 어느 형제가 원로 수사를 찾아가서 말했다.

두 형제가 있었습니다. 하나는 독방에서 기도하면서, 한 번에 엿새씩 금식하며 고행을 행했습니다. 다른 형제는 병자들을 돌보았습니다. 누가 더 하느님을 기쁘게 했을까요? 원로 수사가 대답했다. 한 번에 엿새씩 금식하는 그 형제가 코를 꿰서 자기를 매다는 게 아니면, 병자들을 돌본 다른 형제에게 필적할 수가 없다.[26]

이 형제들은 수사가 할 것으로 예상되는 모든 일을 했다. 금식뿐 아니라 병자를 돌보고, 기도하고, 침묵하고, 자선을 행했다. 그들이 한 가장 놀라운 일은 서로의 죄를 덮어 준 것이다. 그들 중 하나가 잘 못을 저지르고 다른 형제에게 들켰을 때, 예를 들어 형의 방에 여자 가 있었다고 하면, 동생은 대수도원장의 시찰자가 방을 떠날 때까지 그녀가 숨어 있는 바구니 위에 앉아 있었다. 가진 것이 얼마 없는 그 들의 방에 도둑이 침입했을 때도 그랬다.

한 번은 원로 수사의 방 창문을 넘어 온 도둑이 가진 것을 다 내 놓으라고 협박하자 원로 수사는 "원하는 건 다 가져가게"라고 말했다. 도둑은 가방에 넣을 수 있는 것은 모두 쑤셔 넣고 줄행랑을 쳤다. 원 로 수사는 도둑이 남겨 놓은 작은 꾸러미를 들고 뒤를 쫓으며 "이보 게, 이것도 가져가게, 놓고 갔지 않은가!"하고 소리쳤다. 도둑은 아연 실색해서 물건을 도로 가져다 놓았다고 한다. "진짜 하느님이구나!"[27]

조우가 어떻게 일어나는지는 중요하지 않다. 한 쪽이 그 만남을 신 성하게 여기며 다른 이를 자신만큼 중심에 놓으면 된다. 한 번이라도 그러한 만남을 경험했다면, 그것이 자신을 얼마나 변화시키는지 알 것이다. 훔치다 빠뜨린 물건을 주려고 따라 나간 일은, 도둑의 죄를 덮어 줌으로서 도둑의 악의를 꺼내 도둑을 발가벗겨 놓은 것과 같다. 당신은 때로 도둑일 것이고 때로는 신성한 사람일 것이다. 어느 쪽이 건 이 조우는 당신을 변화시키고 이것이 삶의 전부이다. 이러한 조우 는 당신의 두려움이 얼마나 위험한지 깨닫도록 도와준다. 당신이나 당신이 사랑하는 사람들을 위험에 빠뜨리는 것이 아니라 다만 자신을 극복하는 일이다. 그리고 남은 숙제는 당신의 모든 마음과 영혼과 힘과 정신으로 지어내지 않은 하느님을 사랑하는 것이다. 이것이 중요하다. 이웃을 있는 그대로, 낯설고 특별한 자신인 것처럼 그 사람을 사랑하는 일. 이렇게 하면 당신이 알아야 할 모든 것을 알게 될 것이다. 이렇게 해보면 당신이 살 것이다.

7

Vocation

목적을 가지고 사는 연습

너무 도덕적이지 말라. 살면서 자신을 무척이나 속이게 될 것이다.
도덕을 초월한 지점을 향해라. 유능하지도 말라.
무언가 가치 있는 것을 위해 유능해져라.

헨리 데이비드 소로

나는 지금까지 유모, 화장품 판매원, 계산원, 치즈 포
장원, 승마 강사, 간호 기록원, 칵테일 바 종업원, 비서, 신문사 기자,
편집자, 기금 모금자, 이벤트 기획가, 병원 원목, 글쓰기 강사, 목회자,
전도사, 그리고 대학 교수를 지냈다. 이것은 내가 한 일들 중 돈을 받
은 일들만 열거한 것이다.

나는 주방장, 보석 세공사, 자유여행 기고가, 동물원 사육사, 가정
부, 서점 관리자가 되고 싶다. 해 보고 싶은 일 중에서 가장 비밀스럽
고 두근거리는 일은 프랑스령 캐나다 순회 서커스단인 태양의 서커스

단의 일원이 되는 것이다. 곡예사가 되고 싶다는 말이 아니다. 일상에 지쳐 서커스를 보러 오는 사람들을 위로할 수 있다면 무엇이든 좋다. 표를 팔거나 소품을 관리하는 일이라도 상관없다.

방금 열거한 시시한 과거의 내 직업들은 많은 사람을 만날 수 있었다는 점 말고는 내세울 것이 없다. 나는 내가 했던 일들을 통해 현실에 눈을 뜰 수 있었고, 새로운 것들을 배울 수 있었다. 나는 직업을 통해 나도 몰랐던 능력들을 알게 되었고, 내 부족한 점도 알게 되었다. 칵테일 바에서 일할 때, 호주 여자의 빨간 여우 털 코트에 칵테일 한 잔을 다 쏟은 적도 있다. 그때 나는 손님들이 종업원들에게 얼마나 지독할 수 있는지 알게 되었다. 나는 기름 냄새, 양파 냄새 때문이 아니라 내 몸에 밴 사람 냄새 때문에 집에 오면 바로 샤워를 했다. 또 병원 원목으로 일하면서 아픈 사람들일수록 나의 어리석음을 더 많이 용서한다는 것을 배웠다. 의사들이 병실을 떠나고 죽음을 목전에 둔 그곳에서, 병자들은 나를 침대 옆에 앉히고 내 손을 잡고 TV를 보곤 했다.

젊었을 때 인생에서 직업은 하나라고 생각했다. 하느님이 주신 사명은 하나이고 그걸 발견해야 한다고 생각했다. 이런 생각은 학교를 졸업하고 할 일을 정확히 알고 있던 신학교 학생들과 함께 수업을 듣고 맥주를 마시면서 굳건해졌다. 그들 대부분은 누가 물어도 사제직에 대한 부르심에 대해 정연하게 설명했다. 그들은 설교하고 가르치며 목회자로서 사람들을 돌볼 수 있도록 설계된 수업을 들었다. 목회자로서 첫 번째 직장이 될 교구에 지원할 때 추천서를 써 줄 사람들의 목록도 가지고 있었다.

나는 내가 배우는 것들, 함께 배우는 사람들이 좋았다. 가을이 되면 학생식당 창밖으로 보이는 불이 붙은 듯 빨갛게 물드는 단풍나무를 사랑했고 성경식 희랍어를 배우는 것도 좋았다. 뉴저지 캄든에서 온 젊은 남자를, 그리고 가르치면서 너무 흥분해 의자 뒤로 넘어가 버리던 교수님을 사랑했다. 하루의 예배와 예배가 끝난 뒤 오래된 가죽 냄새 나는 소파를, 그리고 지도 교수들의 초상화가 걸린 휴게실에서 마시던 커피를 사랑했다. 사람들로 북적이는 휴게실에서, 나와 같은 학생인 척하며 앉아 있는 이들 중 과연 누가 다음 지도 교수가 될지 상상하는 일도 사랑했다.

졸업을 하고 내가 무슨 일을 할지 전혀 알 수 없었다. 심지어 나는 교회에 속해 있는 것도 아니었다. 그래서 나는 무엇을 해야 할지 묻기 시작했다. 내가 이 땅에서 해야 할 일은 무엇입니까? 어떻게 하면 제 소명을 찾을 수 있을까요? 중요한 기도였던 만큼 기도를 할 수 있는 제대로 된 장소를 찾아 다녔다. 침대 옆과 캠퍼스 안 좁은 곳 몇 군데에서 시도해 보다가, 신학부 옆 외떨어진 빅토리아식 건물에 불안하게 기대어 있는 비상구 입구를 찾아냈다. 그날 밤 바로 그곳으로 살금살금 건너갔다. 바닥에 있던 '위험: 접근금지' 표지를 밟고, 좁은 철계단을 올라갔다. 계단을 밟을 때마다 천둥 같은 발소리가 났고, 내 발소리를 작게 내려고 할 때마다 삐걱대는 나사 소리가 났다. 난간을 짚으면 오래된 페인트가 손바닥에서 콘프레이크처럼 부서졌다. 하지만 난간을 놓을 수는 없었다. 꼭대기에 올라 손을 떼고 돌아서기 직전 크게 숨을 들이쉬었다. 공중곡예사처럼 재빠르게 돈 다음, 다시 난간을 꼭 붙들었다. 그곳은 최적의 장소였다. 그렇게 겁나는 일을 해내고 나니 용기가 치솟았다. 나는 위로 올라가면서 어떤 일에도 대비할 마음의 준비가 되었다. 그리고 그곳은 누구도 나 몰래 올라올 수 없었다. 바람에서 달빛 냄새가 났다.

그 뒤로 아주 자주 그곳에서 기도를 드렸기 때문에 내가 언제 응답을 받았는지는 기억이 나지 않는다. 내가 말로 기도를 하던 초반은 아니었던 것 같다. 나는 그 비상구 높은 곳에서 늑대가 울부짖는 것처럼 기도하는 법을 배웠다. 나는 엘라 피츠제럴드가 스캣scat 창법을 터득한 것처럼 기도하는 법을 터득했다.

그러던 어느 밤, 앞으로 내가 해야 할 일이 무엇인지 들을 수 있는 마음의 문이 다 열렸을 때 말씀이 들렸다.

"너를 기쁘게 하는 일이라면 무엇이든지."

"네? 뭐라고요? 무슨 대답이 그렇죠?" 언어에 의지해 다시 물었다. "너를 기쁘게 하는 일이라면 뭐라도 좋다. 그리고 내게 속해 있어라."

그 대답은 전혀 도움이 되지 않았다. 공은 다시 내 코트로 넘어왔다. 사제가 될 수도, 서커스 단원이 될 수도 있다. 하느님은 정말로 개의치 않으셨다. 한편으로 나는 마음이 편해져서 미끄러지듯 계단을 내려왔다. 내가 어떤 일을 직업으로 삼던, '무엇이' 아니라 '어떻게'가 중요했다. 하느님은 모든 목적을 제시하셨지만, 나에게 무언가 특정한 것을 주려 하지 않으셨다. 내가 의미 있는 삶을 원한다면, 그 삶은 내가 만들어 가면 되는 것이다.

나중에, 마틴 루터가 이런 면에 도움을 줄 수 있다는 사실을 알게 되었다. 이 수도사는 살아 있는 모든 것이 평등하고 귀하다고 확신하고 모든 믿는 이들에게 목회를 베풀기 위해 수도원을 떠났다. 루터는 우리가 어떤 직업을 가지고 있건, 공통의 소명은 하느님과 이웃을 사랑하는 일이라고 말했다. 루터는 이렇게 적었다. "당신이 들으려고만 한다면 일상에서 하는 어떤 일도 당신에게 이것을 말할 것이다. 너무나 많은 설교자가 있기에 이 가르침에는 부족함이 없다. 업무, 상품, 도구들, 집안과 사유지에 있는 다른 비품들, 이들이 당신에게 외치고 있다. '저를 당신의 이웃을 위해 써 주세요. 그들이 당신에게 해 주기를 바라는 대로요.'"[28]

루터가 용기를 준 대로, 나는 서빙 쟁반 위에 마티니 잔, 점박이 조랑말에 얹혀 있는 안장, 영성체를 위한 빵과 와인, 신문에 난 이야기들, 양로원에 배달된 꽃다발, 친구들을 위해 요리한 저녁 식사, 수표책의 수표, 그리고 학생들이 제출한 리포트를 정정하는 초록색 잉크까지, 이 모두를 나의 소명을 위한 중요한 도구로 사용했다. 모든 도구들은 내게 친절함을 선택할 수 있는 크고 넓은 기회를 주었다. 그 모든 것들이 내 안에 있는 신성함을 느낄 수 있도록 해 주었다. 또 나를 나의 밖으로 초대해 다른 사람들의 두려움, 욕망, 사랑이 나의 것만큼이나 중요하다는 사실을 깨달을 수 있도록 그들과 교제할 수 있는 기회를 주었다. 물론 그런 과정에서 바보같이 나의 의도를 한참 벗어난 적도 많았지만 그마저도 유용한 경험이었다.

그런 의미에서 나는 직장 생활을 하는 동안 여러모로 행운이 따랐다. 나는 회사 화장실에서 휴지를 훔친 적은 있었지만 파산 신청을 한 적은 한 번도 없다. 나는 하찮은 사람이 아니라고 나를 확신시키는 교육을 받았다. 어떤 문서를 독수리 타법으로 1분에 60타로 타이핑하거나 너무 가난해서 교회 재정위원회에 참석해야 했을 때도, 그 비상구에서 발견한 하느님의 답을 금고 열쇠처럼 주머니에 간직하고 있었다.

나는 전문가는 아니지만, 많은 사람들이 직장에서 목적을 찾지 못하고 있다는 생각이 든다. 어떤 사람들은 돈이 없다고 말하고 어떤 사람들은 인정받지 못한다고 말한다. 또 어떤 사람은 마음이 맞는 직장 동료가 없다고 이야기한다. 그들의 말이 틀린 것은 아니다. 어떤 사람들은 적은 돈을 받고 격무에 시달리면서 스스로 가치 없는 사람이라고 느낀다. 그런 일을 두 세 개는 더 해야 네 식구를 먹여 살릴수 있으므로 아이들을 키우기 위해 아이들 얼굴도 보지 못 한 채 일에 매달린다. 일은 무섭도록 지루하고, 물론 사회 보장 혜택은 전혀없으며, 사장은 폭군이다. 몸으로 하는 일이라면 나이 들수록 일하기는 더 힘들어지고 장애인 연금을 받는 편이 노후를 위한 최선의 희망이 될 수도 있다.

누구나 생활비와 부양가족을 위한 의료 보험 혜택을 받는 버젓한 직장을 가질 권리가 있다. 그리고 월급을 많이 받는 사람이라도 아침에 일어나기 두려울 만큼 힘들 수 있다. 몇 년 전 래리 도시라는 의사가 발표한 연구에 따르면 월요일 아침 8시에서 9시 사이에 심장마비가 가장 많이 일어난다고 한다.[29] 이 원인을 파악하기 위해서는 심장마비를 겪은 사람들을 모두 만나야 할 것이다. 또한 직업은 개인적인 일인 동시에 사회적인 현상이므로 사회학, 심리학, 그리고 경제학을 통달해야 할 것이다.

내 관심사는 직업이 사명의식을 갖는가 아닌가 하는 점이다. 내가 보기엔 많은 사람들이 자신보다 작은 그릇인 직업에 종사하고 있다. 계산기를 두드리고, 데이터를 입력하고, 환자용 변기를 갈고, 집안 쓰레기를 내다 버리는 일을 하는 사람들이 세상에는 필요하지만 이러한 사명은 대부분의 사람들에게 너무 소소하다. 사람들은 자신의 재능이 어떻게 낭비되는지 알고 있고, 그 사실은 암세포처럼 영혼을 먹어 치운다. 로맨틱한 소리라고 말해도 좋다. 나는 사람들이 유능해지기를 바란다. 사람들은 무언가 중요한 일을 함으로써 자신보다 큰 무언가의 일부가 되기를 원하고, 자신에게 의미 있는 무언가를 해주고 싶어 한다.

그러나 의미 있는 일거리를 잡기란 힘든 법이다. 모두가 아이들을 가르치거나 병을 고칠 수는 없다. 모든 사람이 하고 싶은 일을 하면서 살 수는 없다. 우리들 대부분은 하고 있는 일의 의미를 깨닫지 못하고 있다. 갓난아기의 기저귀를 갈아 주거나 아기의 볼에 묻은 사과 소스를 닦아 내며 하루를 보내는 부모는 이것이 한 인간을 형성하는 사명을 행하는 일이라는 걸 생각하기 힘들다. 교통부에서 일하는 노동자가 움 푹 패인 차도에 뜨거운 아스팔트를 밀어 넣으면서 이것이 비 오는 밤에 차를 안전하게 다니게 하기 위한 일임을 생각하기는 어렵다.

바르게 말하기正言, 바르게 생각하기正思, 바르게 행동하기正業, 바 르게 생명을 유지하기正命 이 네 가지는 당신의 진실한 천성이 진실 한 현실 세계로 가는 열쇠이다. 전통적인 잣대에서 어떤 일들은 당신 에게 바람직하지 않다. 예를 들어 청부 살인자가 되는 것은 좋지 않 다. 마약, 무기, 섹스를 파는 일도 마찬가지이다. 기본 원칙은 다른 사 람에게 해악을 끼치지 않아야 한다는 것이다. 이런 일이 아니라면, 먹 고 살기 위해 하는 것이라면 해도 상관없는 일들이 많다. 그렇지만 그 일들은 분명한 사명과 함께 주어지고, 그 사명에 응하는 것은 당 신 몫이다.

불교가 발원된 인도 철학은 행동을 통해 자아 완성을 추구하는 카르마 요가 개념을 포함한다. 카르마 요가는 인간이 발견한, 보다 깊 은 신성으로 인도하는 여러 길 중 하나이다. 간디가 선택한 방법은 영국인이 세금을 매길 수 없는 천을 만드는 실을 잣기 위해 물레 앞에 앉은 것이었다. 마더 테레사의 방법은 캘커타의 누군가를 씻겨 주기 위해 호스피스 병원 욕조 옆에 무릎을 꿇은 것이었다. 그 욕조에는 이런 글귀가 써 있다고 한다. "이는 내 몸이다."

카르마 요가는 물레를 돌리는 비천한 일이건, 호스피스를 운영하는 고귀한 일이건, 자신들의 일을 영적인 행위로 접근한다. 중요한 것은 쓸모 있는 일을 이타적으로 해내는 것이므로, 비천한 일이 고귀한 일보다 더 나을 수도 있다. 식료품을 포장하는 일이 보안 감시를 하는 일보다 자아를 완성시킬 가능성이 높다. 다음 달 월급으로 렉서스를 살지 BMW를 살지 고민하면서 시간을 보낼 위험도 적다. 힌두교의 3대 경전의 하나로 꼽히는 《바가바드기타》에는 "일의 성과를 보려는 욕구가 일을 하는 동기가 되어서는 된다"[30]고 적혀 있다. 식료품점에서 참치 캔을 쌓는 일을 하면서 자신도 영적인 대가들의 자각을 깨달을 수 있다고 생각하며 일하는 것, 그리하여 자기 자신을 잊는 것이 당신이 일을 하는 동기이다.

일은 우리를 다른 사람과 연결시킨다. 서비스업에 종사하는 사람들에게는 당연한 소리다. 당신이 화를 내는 고객에게 심술을 전염시킨 것이 아닌 이상, 그 고객은 당신에게 수도사의 자비심을 요구한다. 모든 인간의 상호 작용은 상황을 호전시키거나 악화시킨다. 상황을 좋게 만들고자 한다면 당신의 이기심은 엄청나게 희생될 것이고, 상황을 악화시키려고 한다면 당신의 이기심은 보통 때보다 훨씬 강한 힘을 발휘할 것이다. 하지만 만약 당신이 쓰러뜨리려는 상대가 다른 상대를 쓰러뜨리려 한다면, 그리고 이런 상황이 반복되면 상대를 쓰러뜨리려는 당신의 힘은 당신에게서 썰물처럼 빠져나갈 것이다. 그나마 좋은 소식은 이런 연쇄 반응을 친절함으로 막을 수 있다는 것이다. 당신이 하느님을 어떻게 부르건 그러한 친절함이 있는 종교라면 그것은 나쁜 종교가 아니다.

또한 일은 단결된 일꾼을 다른 이들과 연결시킨다. 작가는 혼자 방에 앉아 만나지도 않을 사람들을 위해 정확한 어휘를 찾으려 애쓴다. 경찰들은 다른 이가 밤에 편히 잘 수 있도록 밤을 지새운다. 초등학교 교실을 청소하는 관리인은 다음 날 아이들이 시끌 시끌 모여들 수 있는 공간을 마련해 준다. 아이들이 관리인의 일을 알아보지 못하는 것은, 아침 8시부터 오후 3시까지 아이들의 세계를 그녀가 그대로 유지시켰기 때문이다. 다음 날 해가 뜨지 않아야 사람들이 해를 기억하는 것과 마찬가지이다.

창조의 직업에는 하찮은 것이란 없다. 태양의 서커스단에서는 전구를 갈아 끼우는 사람과 곡예사와 줄타기의 줄을 바꾸는 사람이 모두 똑같이 중요하다. 자동차 공장에서 왼쪽 타이어에 볼트를 끼워 넣는 사람은, 아침에 아이를 학교에 태워 주는 어머니만큼 중요하다. 창조적인 직업은 지금 하는 일과 다음 일의 연결이 명백하게 보이지 않기 때문에 조금은 노력이 필요하다. 하지만 조금만 상상력을 펼치면 그가 하는 일에 영향을 받는 수백 명의 다른 사람들을 생각할 수 있다.

하지만 먹고 살기 위해 하는 일이 진정한 직업이 아닐 수도 있다.

몇 년 전 나는 〈개 같은 내 인생〉이라는 영화를 보았다. 주인공 중 하나가 뜨거운 유리 공장에서 지루한 노동을 하고 있었다. 그는 자신의 노동이 영향을 미칠 수백 명의 사람들에 대해 생각할 수도 있었지만, 그의 마음은 딴 데 가 있었다. 그의 머릿속은 일을 끝내고 그가 지도하는 어린이 축구팀으로 가득했다. 하루 일과가 끝나면, 그는 유리 공장 직원이 아니라 아마추어 축구 코치로 변신했다. 아마추어는 코칭 기술이 미숙하다는 의미가 아니라 그가 하는 일을 사랑한다는 의미였다. 축구 코칭이야말로 그의 '사랑Amore'이었고, 선수들과 팀의 경기는 그가 인생을 걸고 헌신한 일이었다.

돈을 벌기 위해 하는 일이 항상 마음을 채워 주지는 못한다. 그렇다면 돈벌이와 상관없는 일이 우리의 소명이 될 수 있는 가능성을 항상 열어 두는 것이 중요하다. 어느 변호사는 크리스마스 시즌에 그가 사는 마을의 아이들이 원하는 것을 말할 수 있도록 산타 복장을 하는 것이 소명이었고, 또 어느 선생님의 소명은 호스피스 병동 환자들이 별 네 개짜리 호텔처럼 보송보송한 침대를 사용할 수 있도록 침대보를 다림질하는 일이었다.

적은 돈으로 살아가는 방법만 안다면 일에 당신의 사랑을 쏟는 것이 가능하지만, 그것이 늘 최선은 아니다. 당신이 음악 연주를 사랑하지만 집세를 내기 위해 음악을 연주해야 한다면 음악 연주는 애정의 대상에서 멀어질 것이고 그러면 당신 마음은 헛헛해질 것이다. 시인 월레스 스티븐스는 낮에 보험회사 직원으로 일했다. 시인 엘리어트는 은행가였고, 역시 시인이자 교수였던 필립 레빈은 디트로이트의 자동차 회사에서 일했다.

　최소한 돈을 받지 않고 하는 일은 당신이 원해서 한다는 매력이 있다. 욕망에 좌지우지되는 인생에서 하고 싶은 일을 하는 것은 해방의 의미이다. 여러 해 전에 나는 한 달에 한 번 작은 마을의 성직자들을 만났었다. 우리는 다른 성직자들이 그렇듯 우리 일이 얼마나 힘든지 투덜거리며 서로의 소명 의식을 어떻게 지킬지 이야기하고 서로 용기를 북돋워 주기도 했다. 그때 나는 침례교 동료에게서 깊은 감명을 받았다. 그는 크지도 작지도 않은 교회의 성직자였는데, 교회의 임무를 소홀히 하지 않으면서 매주 다른 설교를 하는 침례교의 전통을 고수했다. 그가 오후 내내 집에서 설교를 준비하면 교인들은 그를 만날 수 없다고 불평했다. 그래서 사무실에서 설교 준비를 하면 사람들은 온종일 그의 사무실 문을 두드려 댔다. 이런 그를 살린 것은 장롱 안에 넣어 놓은 광대복이었다. 그는 쉬는 날 광대복을 입고 어린이 병원, 양로원, 자선단체 등 사람들을 웃길 수 있는 곳이라면 어디든 달려갔다. 평소 그는 심각한 사람이었지만 사람들의 웃음은 쉬는 날 그가 오렌지색 가발을 뒤집어쓰는 이유가 되었다. 어느 날, 그가 토요일 공연에 대해 이야기하는데 장로교인이 끼어들었다. "내게 필요한 게 뭔지 알겠어. 당신들한테 있는데 나한테는 없는 게 있군. 당신들 모두 교회 일 외에 뭔가를 하고 있군." 그가 옳았다. 감리교도인 동료는 자원봉사 소방수였고, 카톨릭교도인 동료는 지역 대학에서 이탈리아어를 가르쳤다. 나는 책을 썼다. 우리 모두는 우리의 소명인 교회 일에 헌신적이지만 우리가 부르심에 응답할 수 있었던 이유는 우리가 다른 일도 할 수 있음을 알았기 때문이다. 특히 나는 창조라는 신성한 일이 나의 사명임을 깨달았고, 동시에 이 사명이 이웃을 내 몸 같이 사랑하라는 더 큰 사명의 부분 집합이라는 사실을 깨닫게 되었다. 시간이 갈수록 나는 온전히 인간적이 되는 것이 나의 사명이라고 생각하게 되었다.

많은 사람들은 인간적이 된다는 것에 부담을 느낄 것이고, 특히 '온전히'라는 말이 상황을 더 악화시킬 테니, 내가 말하는 '온전히 인간적이 된다'는 말의 의미를 설명해야 할 것 같다. 그것은 무엇인가 구체적인 공동선을 향해 살아 있는 것에 감사한다는 의미이다. 즉, 약한 것에는 부드러워지고, 끊임없는 실패를 용서한다는 뜻이다. 또 내 주변에 있는 타인에게 주의를 기울이기 위해 정기적으로 자신을 잊는 방법을 배우는 것을 의미한다. "나는 그저 한 인간일 뿐이야"가 어떤 변명도 될 수 없으며 삶의 조건을 저주가 아닌 축복으로 받아들인다는 의미가 되는 것이다. 아프도록 덧없고 속죄할 것 투성이인 현실 속에서도 말이다.

"하느님의 영광은 온전히 살아 있는 인간이다." 약 2000년 전, 리옹의 이레네우스 주교는 이렇게 적었다. 내가 기독교인으로 남아 있는 이유는 기독교가 하느님이 인간의 모습으로 인류 앞에 나타나셨다고 주장하기 때문이다. 이 주장은 하느님이 예수님으로 알려진 존재를 만들었다는 이야기에서 자주 드러난다. 기독교인들은 예수 안에서, 온전히 인간이고 온전히 신성하다는 의미가 무엇인지 누구나 알수 있다고 믿는다. 예수님은 중간에 점선이 그려진 반쪽 상태가 아니라, 온전히 하나인 상태였다. 그의 온전한 인간성은 그가 사람들을 가르칠 때, 병자를 고칠 때, 사람들을 먹일 때는 물론 가난한 이들을 높일 때, 권세가에게 도전할 때 완전하게 드러난다.

내가 사람들에게 '예수님이 어떻게 온전히 인간적이고 온전히 신성할 수 있었을까?'라고 물으면, 사람들은 판박이처럼 똑같이 설명한다. 하지만 예수의 신성한 인간성은 플라스틱 용기에 넣은 물과 같다. 우리 대부분은 온전한 어떤 존재가 온전히 다른 존재가 될 수 있다고 생각하지 못한다. 예수님은 이것이 최고의 계획이라고 생각하셨다. 사람들이 하느님의 나라가 어떤 곳이냐고 물으면, 하느님은 그 사람들 삶으로부터 이야기를 시작했다. 하느님의 진리가 무어냐고 물으면 먼저 그들의 견해를 물었다. 그는 무엇에 대해 어떻게 생각할지 가르칠 수 있었지만 그러지 않았다. 대신, 무엇을 행할지를 가르쳤다. 발을 씻겨 주어라. 네 것을 남에게 주어라. 너의 음식을 나누어라. 너에게 잘못한 자를 위해 기도하라. 먼저 잘못했다고 말하라. 그를 모델로 삼은 사람들에게 온전히 인간으로 지내는 것은 그가 늘상하는 일이었고 그 자체가 사명이었다. 먹고 사는 일에 어떤 이해관계가 있던지 간에 말이다.

하느님이 그들을 위해 특별한 일을 계획하고 계신다고 생각하는 사람들에게는 공통적인 문제가 하나 있다. 지금 하는 일이 하느님이 준비한 바로 그 일이라고 생각하지 않는다는 것이다. 하느님의 의도를 알아내느라 너무 바쁜 사람들은 자신이 지금 하고 있는 일의 중요성을 알지 못한다. 그들은 같이 일하는 사람들이 신성한 일을 하는 사람들이 아니므로 꿰뚫어 바라보지 않아도 되고 지금 하고 있는 일이 신성한 계획의 일부가 아니므로 크게 애쓰지 않아도 일을 해낼 수 있다. 하느님의 마음을 읽어 내는 일이 현재의 불행을 잊을 수 있는 방법이 된다. 더 이상 주변 사람들의 움직임을 느끼지 못하는 유령처럼 되어 버리는 것이다.

나도 한때 그랬고 그래서 유령처럼 지내지 않기 위한 방법을 찾아야 했다. 가장 좋은 치유책은 씻겨줄 다른 사람의 발을 찾아내는 것이다. 하지만 다른 사람의 발이 없다면 무엇이든 씻는 것도 방법이다. 오래 해 온 일의 의미가 없어지고 새로운 목적을 찾기 힘들 때, 집안 벽 아래쪽을 닦아 보라고 권하고 싶다. 처음에는 따뜻한 물에 손을 담가 보라. 그러면 기분이 좋아질 것이다. 그다음에는 벽 아래쪽을 닦기 위해 무릎을 꿇어 보라. 그러고 나면 벽이 깨끗해져 있을 것이다. 그 벽은 석 달 정도 깨끗하게 유지될 것이다. 강아지를 목욕시켜도 좋다. 하지만 큰 개들은 당신이 실제로 한 일보다 좀 실망스러울 수도 있음을 알아 두라. 창문을 닦는 것도 효과가 있다.

올해 가뭄이 심해 우리 집 작은 우물이 다 말라 버렸다. 그 덕에 나는 더러운 옷가지를 들고 정말 오랜만에 동네 빨래방에 갔다. 제일 큰 세탁기에 빨래를 밀어 넣고 세제를 부었다. 그리고 나서 동전 넣는 곳에 켜진 '18'이라고 쓰인 빨간 불을 뚫어지게 바라보았다. 이게 무슨 뜻일까? 이 세탁기가 빨래방에 있는 18번째 세탁기라는 건가? 세탁이 다 되는데 18분이 걸린다는 건가? 잠시 후 나는 그 숫자가 의미하는 것이 25센트 동전 18개를 넣으라는 뜻임을 깨달았다. 동전 18개. 나는 그날 오후 4달러 50센트로 아이들과 놀고, 새로운 이웃을 만나고, 정직한 일을 하고, 달콤한 향이 나는 빨래를 얻었다.

나는 이런 일을 집안일이라고 말하지 않는다. 이 일은 감각을 되살려 주는 모든 방식에 주의를 기울이는 가내 예술이다. 텅 빈 냉장고에 말라비틀어진 파와 역사에 기록될 만큼 오래된 반찬이 든 그릇들만 있을 때, 나는 나의 예술이 권태에 빠졌음을 본다. 내 침대 밑에 그것이 잠자는 고양이인지 먼지 뭉치인지 구분이 안 될 정도가 되면 내가 너무 오래 생각에 잠겨 있었음을 깨닫는다. 무릎을 꿇을 시간이 된 것이다. 아침 내내 옷을 다리고, 마룻바닥에 오렌지 향이 나는 왁스를 문지르고, 멸충등에서 죽은 벌레를 치우고 있노라면, 어디선가 노랫소리가 들린다. 이렇게 소박하고 가정적인 일에 만족한 노래가 말이다.

이것은 나의 연습이다. 그러니 부디 나의 일을 고된 일이라고 부르지 않기를 바란다. 중요한 것은 당신의 목적의식을 채워줄 무언가를 찾고, 그 목적을 위해 기꺼이 낮아지거나 높아지기를 마다하지 않는 것이다. 그것은 장작을 패는 일일 수도 있고 대기업을 운영하는 일일 수도 있다. 어떤 일이건 당신이 무언가 중요한 일을 하기 위해 애쓰는 한, 일은 온전한 인간이 된다는 것이 무슨 뜻인지 배우는 하나의 방법이 될 수도 있다. 세상에서 당신이 해야 할 완벽한 직무를 말이다.

8
Sabbath

'아니오'라고 말하는 연습

하느님은 영혼에 무엇을 더하는 것이 아니라 빼면서 발견된다.
마이스터 에카르트●

몇 년 전에 《Yes를 이끌어 내는 협상력Getting to Yes》이
라는 책이 베스트셀러 목록에 오른 적이 있다. 나는 그 책이 이기거
나 지는 상황에서 좀 더 쉽게 주변 사람들에게 '네'를 이끌어 내고 모
두 이길 수 있는 방법을 다룬 것이리라 짐작했다. 느낌이 좋아 책을
샀다. 집에 와서는 그대로 책장에 꽂혔지만 '네'를 이끌어 낸다는 긍
정적인 개념이기에 보기만 해도 기분이 좋아지는 듯 했다. '네'는 한
음절만 소리 내면 인생이 달라지는 그런 단어 중 하나이다.

● 도미니크회에 속한 학자로 독일 신비주의의 대표적 인물.

"네, 그 일을 하고 싶습니다. "

"네, 당신과 결혼하겠습니다."

"네, 세례를 받는 것이 제 뜻입니다."

'네'라는 말이 즐거운 것은 적어도 누군가 한 명은 당신을 원한다는 뜻이기 때문이다. 누군가는 당신이 잘하는 일을 하기를 바라고, 당신과 그 일을 함께하기를 바란다. 우리는 '네'라고 말하는 순간 문을 열고 새로운 방으로 들어감으로써 관계에 진입한다. 그것은 미래를 창조하는 길이다.

이것은 이 단어만이 가진 매력이다. 특히 여러 가지 일을 단기간에 해내야 능력이 뛰어나다고 인정받고, 성공적인 인간이라고 평가되는 문화에서 이 단어의 매력은 더욱 발산된다. 이런 문화에서 사람들은 할 일이 너무 많다고 불평하면서도 그 불평 뒤에 '나는 잘 팔리는 사람'이라는 자부심을 숨기고 있다. 우리는 다른 사람보다 많은 공을 공중으로 던지고 받는 사람을 존경하지만, 그들이 공을 하나라도 떨어뜨리면 눈을 돌리고 그들의 고통을 즐긴다.

한편, 과학 기술은 그 어느 때보다 '네'라고 말할 기회를 많이 만들어 주었다. 30년 동안 연락이 없었던 고등학교 친구가 당신에게 메시지를 보냈다. 구글을 통해 당신을 찾아냈고, 당신과 만나기를 원한다. 정치 활동 단체들은 아주 큰 뜻을 가진 청원서에 당신이 사인하기를 원한다. 직장 동료들은 자신의 블로그 링크를 보내거나 페이스북에서 당신을 친구로 초대한다. 심지어 인터넷 서점 아마존은 당신이 전에 구매했던 책들을 근거로 당신이 좋아할 것 같은 책을 함께 보여 준다. 이러저러한 이유로 '아니오'라고 말하는 연습을 옹호하기는 힘들어 보인다.

"아니오, 오늘은 집에 있고 싶습니다."

"아니오, 지금도 할 일은 충분합니다."

"아니오, 더 필요한 게 없습니다."

당신의 기질이나 문화적 환경에 따라 다르지만 이와 같은 부정적 진술은 당신을 삶에 대한 희망이 없는 사람처럼 보이게 할 수도 있다. 더 이상 하고 싶은 일이나 갖고 싶은 것이 없는데 왜 사는 것인가? 당신 인생이 더 완벽해질 수 있는 기회를 앞에 두고도 '아니오'라고 하는 것은 왜인가?

이런 질문에 대답하는 당신은 아주 많이 피곤한 상태일지 모른다. 당신은 이 세상에서 해야 할 모든 일을 하다가 시간이 없어 깊이 실망한 상태일 것이다. 당신은 사랑하는 사람들과 같이 시간을 보내고, 건강을 돌보고, 이 세상의 상처를 회복시킬 수 있는 의미 있는 일을 하고 있다. 그 일이 유급이건 무급이건 간에 말이다. 하지만 당신은 덜 중요하지만 꼭 해야 하는 일들도 해야 한다. 예를 들어 제때 빨래를 한다거나, 자동차 오일을 교환한다거나, 저지방 요거트나 냉동 피자 말고 직접 만든 음식으로 냉장고를 채운다거나, 분기별 세금 납기일을 기억한다거나, 치과에 가서 스켈링을 받는다거나, 고양이에게 정기적으로 예방 주사를 맞힌다거나, 베수비오 화산 용암에 갇힌 사람들처럼 몸이 갈색이 되기 전에 침대보를 가는 일 같은 것들 말이다.

지금 이 책을 읽고 있는 당신은 그리 바쁘지 않을 가능성이 높다. 혹은 내일 더 바빠지려고 다른 일을 제쳐 놓고 책 읽을 시간을 만들었을 수도 있다. 아니면 그렇게 바쁘지 않다는 사실을 숨기고 있는 많은 사람 중 하나일 수도 있다. 지금 같은 사회에서는 얼마나 바쁜지가 가치를 정하는 척도이니까 말이다.

중국에서 "어떻게 지내세요?" 라는 질문에 대한 대답의 정석은 "정말 바쁩니다. 감사합니다"라고 한다. 당신이 바쁘다면, 잘 지내고 있는 것이 확실하다. 당신이 할 수 있는 일보다 할 일이 더 많다면, 할 일 목록에 있는 일이 이루어지는 것과 별개로 목록만 길어진다면, 당신은 아주 잘 지내고 있는 것이다. 중국뿐만 아니라 내가 사는 곳에서도 성공적인 사람들은 모두 바쁘다. 효율적인 사람들은 바쁜 사람들이고 종교적인 사람들도 바쁜 사람들이다. 몇 백만 명의 사람들에게 바쁜 것은 삶의 방식이다.

"어떻게 지내세요?"

"미친 듯이 바빠요, 늘 그렇죠 뭐. 어떠세요?"

바쁜 사람들이 긴장을 늦추는 것과 기면증의 공통점은 조용한 시간에 혼자 앉아 있으면 꾸벅꾸벅 존다는 점이다. 당신이 이 책을 읽는 동안 잠이 온다면 두 번 생각할 것도 없다. 나는 당신이 잠을 제대로 못 잔다는 걸 알고 있다. 당신은 너무 지쳤고 뇌가 당장 멈추라고 명령해도 당신의 몸은 5단 기어에서 바로 멈추지 못한다. 당신은 마음을 활짝 열고 11시 뉴스를 보며, 가까이 혹은 멀리 있는 이웃들의 기쁘거나 슬픈 소식을 듣는다. 그러고 나면 밤새도록 깊고 편한 잠을 잘 수 없다. 물론 의약품의 도움을 받는다면 가능할 수도 있지만 새벽 3시에 계속해서 깨는 당신은 원기를 회복할 수 있는 깊은 잠을 자기가 힘들다. 그런데 왜 그 시간에 깨는가? 내일 답장을 보내야 할 이메일이 몇 개나 있는지, 다음 달에 결제해야 할 카드 값이 얼마인지, 갑자기 심장 뛰는 소리가 이상하게 들린다든지 하는 여러 가지 생각이 들기 때문이다. 그러면 당신은 명치 끝에 묵직한 것이 걸려 내려가지 않는 듯 답답해진다. 상관없다. 당신은 또 스토브를 사야한다는 생각이 든다. 어느 회사 스토브를 사야 할까? 써머도? 바이킹?

그리고 저녁과 아침이 있었고, 일곱 번째 날이 있었다.

만약 당신이 샌들이 녹을 정도로 뜨거운 사막에 살고 있다면, 당신의 하루는 해가 떨어지면서 시작된다. 공기가 서늘해지고, 선선한 바람이 일고, 공기에 섞여 있는 약간의 물방울이 미세한 안개로 바뀌고, 이 안개가 당신 윗입술에 닿으면, 지금이라도 먹을 수 있는 저녁식사가 차려진 것처럼 하루가 시작된다. 사막에 사는 당신이 가축들을 먹이와 물과 그늘이 있는 곳으로 몰고 가기 위해 다른 사람들보다 두 배는 더 열심히 일한다면, 다른 사람들은 누워서 꿈으로 덮인 들판을 바라보다 잠들고, 가끔 서로에게 귀엣말을 속삭이며 당신에게는 전혀 관심 없어 하는 그때 당신의 하루는 시작된다.

그리고 저녁과 아침이, 일곱 번째 날이 있었다.

스위스 출신 신학자 칼 바르트는 '자유로운 존재는 스스로를 결정하고 통제할 때 존재한다'고 했다. 이 정의에 따르면 나는 물론 내 친구들 중에도 자유로운 존재란 없다. 동시에 다섯 가지 일을 하지만 어느 하나도 결정하지 못하는 사람들이 있다. 또 결정은 하지만 제대로 통제하지 못하는 사람들도 많다. 나도 이런 부류의 사람이었기 때문에 어떤 일을 결정하거나 통제할 때 '아니오' 라고 말하는 일이, 십일조, 차가운 돌 위에서 기도하기, 곧 사형이 집행될 죄수를 방문하는 것보다 더 어려운 영적 연습이다. 나의 활동에 한계를 두는 것은 나를 성스럽게 하지 못한다. 활동을 많이 할수록 내가 나 자신을 성스럽게 느끼게 된다. 이것이 내가 십계명의 네 번째 계명에 끌리는 이유이다.

'안식일을 기억하여 거룩하게 지켜라. 엿새 동안 네 모든 생업에 힘써 종사하고 이렛날은 너희 하느님 야훼 앞에서 쉬어라. 그날 너희는 어떤 생업에도 종사하지 못한다. 너와 너의 아들과 딸, 남종과 여종뿐 아니라 가축이나 집 안에 머무는 식객도 일하지 못한다. 야훼께서 엿새 동안 하늘과 땅과 바다와 그 안에 있는 모든 것을 만드시고, 이레째 되는 날 쉬셨기 때문이다. 그래서 야훼께서 안식일을 축복하시고 거룩한 날로 삼으신 것이다.

출애굽기 20:8-11

내가 이 계명을 지킨 것은 교구의 사제직에서 물러나고 난 그다음

주일이었다. 20년 동안 주일 아침에 교회에 있었던 내가 어느 날부터 집에 혼자 있는 신세가 되었다. 나는 내가 은퇴한 교회에서 예배를 볼 수 없었다. 식품점에 가려고 했지만 그러면 내가 교회에 안 가고 먹을 것을 사러 갔다고 소문이 날 게 뻔했다. 그래서 나는 계속 집에 있었다. 집에 있는 동안 내 직업의 정체성과 인간으로서의 가치와 하느님 앞의 내 존재에 대한 질문들과 마주쳐야 했다.

그렇지만 겨우 한 시간이었다. 나는 앞마당으로 가서 새들과 함께 아침 기도를 드렸다. 그리고 점심때까지 책을 읽고, 다음에는 계란 샌드위치를 만들어 먹고 낮잠을 잤다. 해가 질 무렵, 나는 20년 만에 처음으로 진정한 안식일을 지켰음을 깨달았다. 그때부터 지금까지 나는 일주일에 한 번 온전한 하루를 위해서 일이나 인터넷 혹은 자동차 그리고 내 머릿속에서 '조금 더'라고 속삭이는 목소리에게 '아니오'라고 말하는 연습을 해 오고 있다. 일주일에 하루, 내 리스트에 있는 것은 오직 '신을 위해 조금 더' 할 수 있는 것뿐이다.

연습에 대해 읽는다고 해서 연습이 되지는 않는다. 하지만 안식일은 일요일이 아니라 토요일이라고 기억할 만큼은 성경을 읽었다. 안식일은 금요일 저녁에 시작해 토요일 저녁에 끝난다. 출애굽기를 보면 유대인들은 모세가 시나이 산에서 하느님의 신성한 율법이 적힌 돌판을 들고 내려오기 전부터 안식일을 지켜 왔다. 아브라함은 "모든 창조에서 최초로 신성했던 것은 사람이나 장소가 아니라 하루이다"라고 했다. 하느님은 모든 것을 창조하시고 나서 좋다고 하셨지만, 하느님이 일곱 번째 날에 쉬셨을 때 그날을 신성하다고 하셨다. 신학자 헤셜Heschel에 따르면, 그것이 일곱 번째 날을 "시간 안의 장소"로 만들고, 인간은 우리 인생에서 일주일에 한 번 그곳으로 초대된다.

그런데 우리는 왜 가기를 꺼리는 것일까? [31]

이유를 몇 가지 생각해 볼 수 있는데, 먼저 우리들이 어떻게 자랐는지를 생각해 보자. 만약 당신이 어느 정도 나이가 있고 남부에서 자랐다면, 계명을 이렇게 읽었을 것이다. "안식일을 기억하고 그날을 지루하게 지켜라." 안식일은 청바지를 입을 수 없고, 공놀이를 할 수 없고, 자전거를 탈 수 없고, 영화관에 갈 수 없고, 아침에 교회 갔다가 저녁에 또 가야 하는 날이었을 것이다. 또 교회에 가면 머리털은 별로 없지만 귓속에는 털이 무성한 노인네들이 흔들의자에 앉아 무지하게 지루한 이야기를 당신에게 했을 것이다. 그러던 차에 어머니가 당신을 부른다. "거기서 뭐하고 있니? 이리 와서 린치 삼촌이랑 알마 이모한테 인사드려. 이스트 포인트에서 너를 보러 일부러 오셨어."

안식일은 당신이 '할 수 없는' 날이다. 성경이 그렇게 말하기 때문이다. 당신이 지금 알고 있는 것을 그때도 알았더라면 논쟁을 벌였을 것이다. 성경에는 일요일에 쉬는 것에 대한 언급이 없기 때문이다. '성경적'으로 말해서 안식일은 토요일이었고, 예수님이 죽음에서 일어나신 주님의 날은 일요일이었다. 초기 기독교인들이 아주 잠깐 안식일과 주일 모두를 지켰다는 증거가 있다. 그들은 토요일에 쉬고 일요일에 부활을 기억하기 위해 모였다. 그 뒤로 교회와 유대교회당은 이혼을 감행했고, 분리하면서 동의한 것 중 하나가 신성한 날의 분립이었다.

이것은 대부분의 기독교인들이 어떻게 일요일을 안식일로 생각하며 자랐는지를 설명할 뿐, '아니오'라는 말을 더 잘하게 해주지는 않는다. 약 50년 전만 해도 남부 지역은 그 어떤 대안도 제시하지 않음으로써 안식일을 지키도록 만들었다. 영화관이나 수영장은 일요일에 문을 닫았다. 일요일 저녁에 먹을 소다 쿠키를 만들기 위해 밀가루 한 컵이 필요했다. 만약 집에 밀가루가 떨어졌다면, 이웃에게서 빌려야 한다. 만약 이웃도 여분의 밀가루가 없다면 쿠키는 만들 수 없다. 모든 가게가 문을 닫기 때문이다. 조지아에서는 일요일에 화물열차 소리를 들을 수 없었다. 안식일에 짐을 운반하는 것이 불법이기 때문이었다.

프랑스의 정치철학자인 토크빌이 1840년 미국에 왔을 때, 그는 기독교의 안식일에 대해 "모두가 일하기를 멈출 뿐 아니라, 존재하기를 멈춘 것처럼 보였다"고 말했다.[32] 하지만 토크빌이 1960년대에 미국에 다시 왔다면, 아마 같은 곳이라고 생각하지 못했을 것이다. 90퍼센트 이상의 가정이 텔레비전을 보유하고 있었고, 이중 40퍼센트 이상이 일요일에 미식축구 경기를 보았다. 국내 총 생산량이 국력을 보여 주는 척도가 되었고, 문화계가 교회와의 '비경쟁' 조항에서 손을 떼면서 모든 상점은 일요일에도 문을 열었다. 상인들은 더 이상 교회를 위해 가게 문을 닫고 싶어 하지 않았다. 믿음이 있는 사람들은 그들이 원한다면 안식일을 지킬 수 있었다. 하지만 그들이 안식일을 지키는 이유는 다른 할 일이 없어서가 아니라 스스로의 선택이었다. 그들은 자신의 이유를 가지고 스스로 영적인 즐거움을 찾아갔다. 그들은 주변의 유혹에 대해 '아니오'라고 말할 수 있는 힘을 갖춰야 했다.

이러한 지각 변동이 어떤 사람에게는 손실을 입혔지만, 다른 이에게는 해방을 가져다주었다. 스위스의 신학자 카를 바르트는, 이들 일요일의 포로들은 다른 사람들이 어떻게 안식일을 보낼지 결정하는 것에 지쳐 있다고 말했다. 그들은 스스로 행동할 수 있는 자유를 환영했다. 일, 가게, 외식, 그리고 중요한 내용물이나 화물을 운반할 권리를 완벽하게 이용할 참이었다.

이것이 얼마나 잘 이루어졌는지 말할 필요가 없을 것 같다. 상인들이 일요일에 가게 문을 열자, 가게에서 일할 사람들이 필요해졌다. 고소득자들은 "고맙습니다만, 골프를 쳐야 해서요"라고 말했지만, 저소득층은 안식일을 지키는 것과 일을 하는 것 중에서 선택을 해야 했다. 그러자 어른들이 일요일에 일을 하면서 아이들에게는 일요일에 경쟁적인 스포츠 게임을 하지 말라는 말이 먹히지 않게 되었다. 만약 아이들이 일요일 스포츠 경기에 참가한다면, 누군가는 아이들을 태워다 주어야 했다. 일주일에 한 번 가족들이 모여 식사하는 일은 점점 더 힘들어지게 되었다.

이러한 미국의 주말에 생긴 변화는 일주일 전체의 변화로 이어졌다. 1990년대에 들어서자 노동자 한 명은 일 년에 평균 164시간의 시간외 수당을 받게 되었다. 이는 한 달 근로 시간에 버금간다. 그 즈음에 맞벌이 부부가 중산층의 새로운 기준이 되었고, 이는 가사 노동의 압박이 직장에서의 압박 못지않게 커질 것임을 의미했다. 노동 시간이 늘어남에 따라 노인과 아이들을 보살피고, 시민의 의무와 교회 봉사, 자원 봉사, 예술에 대한 후원 등 대가는 없지만 사회 유지에 필요한 활동들이 급격히 줄어들었다. 아이들이 혼자 밥그릇을 비우고 또 비우는 동안, 미국 엽서 업체 홀마크는 맞벌이 부모들을 위해 "잘 때 이불 못 덮어 줘서 미안해" 혹은 "아침 인사를 못해서 미안하구나"라는 문구가 적힌 엽서를 만들었다.

《일요일: 바빌로니아부터 슈퍼볼 시대까지의 역사Sunday: A History of the First Day from Babylonia to the Superbowl》의 저자인 크레이그 할라인은, "세상이 변하면서 일요일도 변했다"고 말했다.[33] 월스트리트 저널에서 그는 "중세 시대에 농장 일을 쉬는 것은 쉬웠다. 그러나 부자 미국인들이 돈을 쓰려고 준비되어 있는 날, 식당 문을 닫거나 놀이공원이 폐장하거나 방송 전파를 멈추는 일은 불가능했다"고 논평했다.[34]

소비의 증가를 논하지 않고는 잃어버린 안식일에 대해 이야기할 수 없다. 안식일 저항에 대해 이야기하지 않고는 안식일 휴식에 대해 이야기할 수 없다. 나는 주일을 지키는 기독교인이므로 유대교의 안식일에 대해 논할 권한은 없지만, 내가 "신성한 부러움"이라고 이름 붙인 것에 자유로이 빠져든다. 나는 내 마음에 불을 붙이는 다른 종교의 전통을 부러워하거나 이것이 내 것이었으면 하고 바라지 않는다. 그러나 단 하나 부러운 것이 있다면, 바로 금요일 저녁에 드리는 안식일 예배이다. 어두워지는 하늘에서 별 세 개를 셀 수 있을 때 촛불 두 개에 불을 켜면서 시작하는 그 예배 말이다. 유대교 율법인 토라 Torah에는 안식일 계명 하나하나마다 촛불이 있는데 그중 두 개의 촛불은 그 의미가 좀 더 특별하다. 첫 번째 계명을 상징하는 촛불은 창세기에 있는 창조 이야기에 기초한다. "엿새 동안 주님은 하늘과 땅과 바다를 만드셨다. 모든 것이 그 안에 있었고, 일곱째 날에는 휴식을 취하셨다. 그러므로 하느님은 안식일을 축복하시고 신성하게 하시었다." 하느님은 엿새 동안 열심히 일하시고 휴식을 취하셨다. 아무것도 하지 않음으로써 신성한 자유를 완벽하게 해 보이신 것이다. 그 휴식이 좋다고 하지는 않으셨지만 너무나 달콤해서 일곱 번째 날을 축복하고 신성하다 부르셨다. 그리고 모든 창조 중 안식일을 첫째로 성스러운 것으로 삼으셨다. 모든 일곱 번째 날에 쉼으로서, 하느님의 사람들은 그들의 성스러운 창조를 기억한다. 이것이 첫 번째 안식일 촛불의 선언이다. 하느님의 형상으로 만들어졌으니, 당신도 쉬어야 한다.

두 번째 촛불은 신명기 5장에 있는 두 번째 안식일의 계명을 상징한다. 그 부분에서 명령의 근원은 세상의 창조에서 이집트에서의 탈출로 바뀌게 되고, 그 부분은 "네가 이집트에서 노예였던 것, 너의 하느님께서 강한 손과 힘차게 내뻗은 팔로 너를 해방시키셨음을 기억하라. 그러므로 너의 하느님이 너에게 안식일을 지킬 것을 명하셨다는 것을 기억하라"고 끝을 맺는다. 하느님의 사람들은 하느님을 향해 울부짖었고 이를 하느님이 들으셨으므로, 모세를 보내 사람들을 속박에서 해방시키셨다. 사람들은 일곱 번째 날마다 쉼으로써 그들의 신성한 해방을 기억한다. 이것이 두 번째 안식일 촛불의 선언이다. 하느님의 형상으로 만들어졌으므로, 당신도 자유롭다.

안식일에 유대교인들이 초 두 개에 불을 붙이면, 휴식의 촛불과 자유의 촛불에 하나씩 불을 붙이는 셈이다. 이 둘은 생각보다 서로 연관이 깊다. 안식일을 지키는 연습은 우리가 미묘하거나 혹은 미묘하지 않은 방식으로 서로를 지배하는 것을 막아 준다. 왜냐하면 우리는 사람들이 하는 일을 통해 그들의 지위를 예상하고 자신보다 낮은 지위의 사람들을 지배하기 때문이다. 하지만 그것에서 벗어나 휴식을 취하는 일은 우리를 서열에서 벗어나게 하고 쉬게 한다. 월마트에서 일하는 계산원과 은행장이 같은 공원에서 각각 돗자리에 누워 낮잠을 자고 있다면, 누가 계산원이고 누가 은행장인지 분간하기 어렵다. 마찬가지로 호숫가에 손주들을 데리고 나온 할아버지와 할머니들 중 누가 부자이고 누가 가난한지도 쉽게 알 수 없다.

성경을 사랑하는 사람들이 레위기 18장만큼 레위기 25장을 주목한다면, 하느님이 섹스만큼이나 경제학에도 관심이 없다는 사실을 알게 될 것이다. 토라에 따르면, 안식일은 휴식을 취하는 날이면서 노예에게 먹을 것을 충분히 주고, 빚을 탕감해 주는 날이다. 또한 7년에한 번은 농토에 작물을 심지 않고 휴지기를 주는 것을 뜻한다.

너희는 내가 주는 땅으로 들어가서 야훼의 안식년이 되거든 그 땅을 묵혀

라. 너희는 6년 동안 밭에 씨를 뿌리고 포도순을 쳐서 소출을 거두어라. 7년째 되는 해는 야훼의 안식년이므로 그 땅을 묵혀 밭에 씨를 뿌리지 말고, 포도순도 치지 말라. 떨어져 절로 자란 것은 거두지 말고, 순을 치지 않고 내버려 둔 덩굴에 절로 열린 포도송이를 따지 말라. 땅을 완전히 묵혀야 한다. 땅을 묵히는 것은 너희 뿐 아니라 너희 집에 머무는 종과 품꾼과 식객까지 모두 먹여 살리기 위한 것이다. 그러면 너의 가축과 너의 땅에 사는 짐승도 땅에서 나는 온갖 소출을 먹고 살 수 있을 것이다.

신명기 25:3-7

안식일은 피곤한 사람들에게만 주어진 선물이 아니다. 피곤한 들판, 피곤한 포도나무, 피곤한 포도밭, 피곤한 대지를 위한 선물이기도 하다. 신명기 25장은 포도를 위한 신성한 염려를 보여 준다. 가축과 야생동물 모두에게 먹을 것이 충분한 땅을 약속하며, 헛간에 농기구를 놓고 한 해 동안 나무를 깎거나 수중에어로빅을 할 시간을 가질 수 있는 약속이기도 하다.

안식일은 우리가 지구 위에 사는 것이 아니라 이 지구의 대기 안에 살면서, 더워져 가는 텐트 안에서 우리가 하는 일이 그물을 함께 짜는 모두에게 영향을 준다는 사실을 상기시켜 주는 위대한 평형추이다. 대지와 그 위에 사는 다른 생명체들은 변호사를 고용하지 않았다. 그렇다고 그들의 권리가 잘 지켜지고 있다는 뜻은 아니다. 그들의 권리는 성경에 또박또박 씌여 있지만, 다른 신들이 그들의 권리를 박탈하고 있을 뿐이다.

돈이 만들어질 만한 곳이라면, 땅과 그곳에 사는 사람 모두 쉴 여유가 없다. 내가 사는 시골 동네에는 너구리들이 아가들에게 어떻게 물고기를 잡는지 가르치는 월계수 나무 더미가 있었다. 그런데 이 나무 더미를 개발업자들이 불도저로 밀어 버렸다. 우편 주문 카탈로그 한 장을 만들기 위해 소나무 숲 전체가 넘어간다. 경제의 포식자들이 십대에게 신용카드 신청서를 발송하는 동안, 송곳 하나 들어갈 공간도 없는 옷장의 주인들은 평균 9,000달러가 넘는 신용카드 빚과 이자를 갚기 위해 초과 근무를 한다. 수입을 몽땅 써 버리는 사람들에게 욕망에 대한 저항이 있을 리 없다. 이러한 저항은 다른 하느님을 숭배하기 위해서 다른 리듬을 가지고 사는 이들에게서 나올 것이다.

세상의 눈으로 보면 현관 앞에 앉아있는 것만으로는 아무런 보상도 얻을 수 없다. 잡초로 무성한 밭은 누구의 존경도 얻지 못할 것이다. 당신이 이 세상에서 성공하고자 한다면 당신이 노력하는 밭이 무엇이건, 당신은 씨를 뿌리고 물과 거름을 주고 열매를 거두어야 한다. 절대 등을 돌려서는 안 된다. 수확은 늘 작년보다 많아야 한다. 이것이 지구와 사람들이 할일이다. 그렇지 않은가? 잘못된 신이다.

진실한 하느님의 눈으로 보면 현관에 앉아 있는 것은 어쩌다 가끔이 아니라 규칙적으로 꼭 해야 할 일이다. 토마토 사이로 자라나는 보라색 클로버 잎을 보려고 수줍은 사슴이 숲에서 걸어 나오고, 포도밭을 장악한 해바라기 꽃에서 씨를 캐내려고 캐롤라이나 박새가 거꾸로 매달려 있다. 대지가 휴식을 취하는 것이다. 이때 땅에 속해 있는 사람들은 작년에 열심히 일해 얻은 포도만큼이나 입 안 가득 침이 고이는 야생 딸기를 찾기 위해 땅 위를 걷는다. 이것은 '안식일 지킴'이다. 당신은 인간들이 왜 '안식일 지킴'에 저항하는지 궁금해야 한다.

예수님은 말씀하셨다. "공중의 새를 보아라. 그것들은 씨를 뿌리거나 열매를 거둬 곳간에 모아 놓지 않아도 하늘에 계신 아버지께서 먹여 주신다. 너희는 새보다 훨씬 귀하지 않느냐? 너희가 걱정한다고 해서 목숨을 한 시간이라도 늘일 수 있느냐? 또 너희는 어찌하여 옷 걱정을 하느냐? 들꽃이 어떻게 자라는지 보아라. 그것들은 길쌈도 하지 않고 일하지 않지만 온갖 부귀영화를 누린 솔로몬도 이 꽃 한 송이만큼 화려하게 차려 입지 못하였다."[34]

안식일은 쉬고 싶고 자유로워지기를 원하는 사람은 물론 살아 있는 모든 것들에게 똑같은 것을 주고 싶어 하는 사람들이 받은 선물이다. 계명을 기억하는가? 선물은 당신만을 위한 것이 아니다. 당신의 아이들, 당신과 함께 일하는 자원봉사자들, 당신의 개들, 당신의 밭을 가는 말들, 당신의 밭을 위한 것이다. 그들이 당신의 신을 믿느냐 믿지 않느냐 하는 것은 아무 상관이 없다. 당신이 믿으므로 그들은 휴일을 얻는다.

이러한 연습은 가족, 공동체, 멀리 떨어진 이웃, 사법 체계, 경제 활동과 모두 연관된다. 그러면 우리는 우리의 행성에게 생명을 약속하고 휴식을 발견하게 된다. 랍비들에 의하면, 안식일을 지키는 사람들은 다른 계명도 모두 지킨다고 한다. 계속해서 연습함으로써 그들은 '아니오'라고 말할 수 있게 되고, 거기에서부터 밀어붙이는 듯한, 소모적이고 강제적이며 사람을 넘어뜨리는 죽음의 리듬에 저항할 수 있게 된다.

다른 종류의 하느님을 예배하면서 그들은 그 하느님의 형상을 입었고, 일주일에 한 번 그들의 신성한 창조와 해방을 축복하기 위해 멈춘다. 그리고 안식일을 지키는 사람들은 많든 적든 일하는 데 있어 다른 방식의 저항이 있다는 것도 알고 있다.

기도 책 《기도의 문들Gates of Paryer》에서 나는 안식일을 환영함Welcoming Sabbth이라는 기도문을 좋아한다.

시끄럽던 하루는 태양과 함께 우리의 시야 밖으로 저물었다.

기도는 한 주 동안 흥분됐던 즐거움과 두려움, 성취와 고뇌를 뒤로하고

고요함으로 문을 닫는다.

한 순간 인생의 본질이었던 것들은 기억될 것이다.

우리가 한 행동들은 지금 우리에게 들어와야 한다.

이 날, 우리는 무언가를 하는 것이 아니라, 되어야 한다.

우리는 만지지 않고 단지 희미하게 감지할 뿐인

세상을 맹목적으로 달리는 것이 아니라 인류애의 길을 걸어야 한다.

세상을 찢어 불을 지피는 것이 아니라 우리 내면 깊숙한 곳에서

열과 따스함과 빛이 우러나와야 한다.[36]

　이 기도문을 읽고 반가운 마음이 들었다면, 그 안에 불편함도 들어 있을지 모른다. 그나저나 당신의 깊은 곳에 있는 불은 어떤가? 당신 안에 충분한 열과 따스함과 빛이 있는가? 그래서 당신은 당신 안의 빛으로 밤을 빠져나갈 수 있는가? 당신이 컴퓨터를 끄고, 차 시동을 끄고, 평소에 당신이 구원을 얻는 것으로부터 온전히 하루를 쉰다면, 당신 앞에 나타난 억센 천사와 씨름할 준비가 되어 있는가?

　몇 년 전, 〈뉴욕타임즈〉에 "안식일을 돌려놓자"[37]는 칼럼이 실린 적이 있었다. 그 칼럼은 문화비평가 주디스 슐레비츠가 쓴 것으로 산도르 페렌치의 책을 인용하면서 시작한다. 페렌치는 프로이드의 제자이자 심리학자로 부다페스트에서 활동했다. 그는 갑자기 발병하는 두통, 복통, 우울증에 대해 연구했다. 이러한 증상들은 매주 일요일, 헝가리의 경우 매주 토요일에 주로 발생했다. 그는 이 연구를 시작하면서 당시 섭취했던 기름기가 풍부한 헝가리 음식을 포함해 온전히 신체적인 원인들을 제외시키고 심리적 원인만을 조사했다. 결국 페렌치는 그들이 안식일 때문에 고통을 겪는다는 결론에 이르게 되었다.

　페렌치는 안식일에 많은 사람들이 통제력을 잃는다는 점에 주목했고 이를 '일요일의 신경증'이라 불렀다. 그는 가게가 문을 닫으면 '자기 검열의 장치'도 같이 멈춘다고 말했다. 일요일의 신경증 환자들은 일하면서 보내는 일주일의 일과가 안식일 동안 이루어지는 가족모임,

예배, 휴식에 밀리게 되면 자신들의 길들여지지 않은 충동이 튀어나 갈까 봐 두려워하는 것이다. 그들은 안식일의 온전한 자유에서 자신 을 지키기 위해 복통이나 우울증 같은 것을 만들어 냈던 것이다.

오후만이라도 안식일을 지키는 연습을 해 본 사람은 안식일 병을 앓게 된다. 한 번 실행에 옮겨 보라. 그러면 당신도 휴식의 환영이 얼 마나 빨리, 심한 감기처럼 느껴지는지 놀라게 될 것이다. 오케이, 잘 쉬었다. 오케이, 이제 다시 일할 준비가 되었다. 그렇다, 당신이 안식일 에 쉬고자 원했음을 당신도 알고 있다. 하지만 당신은 딱 좋을 만큼 휴식을 취했기 때문에, 어쩌면 살짝 심하게 쉬었기 때문에, 이제는 나 태한 느낌이 들기 시작한다. 에너지가 떨어져서 다시 돌아오지 않으 면 어쩌나? 휴식에 너무 익숙해져서 다시 일로 돌아가기 싫으면 어쩌 나? 하루를 완전히 쉬어 버리면 따라잡을 수 있을까? 생각만으로도 피곤해진다.

마당의 잡초를 정리하는 일이 즐거운가? 홈쇼핑 카탈로그를 보는 게 정말 쇼핑인가? 내 생각에는, 이것이 랍비들이 안식일에 해서는 안 될 일을 정할 수밖에 없었던 이유이다. 사람들은 '아니오'라고 하 는 대신 '예'라고 말할 이유를 끊임없이 찾아내기 때문이다. 만약에 내가 의사라면, 그래서 누군가 도움을 청한다면, 그를 도와도 되는 걸까? 만약 내 개가 아프면, 수의사에게 데려가도 되는 걸까? 성냥을 그으면 정말 불이 붙을까? 그렇다. 하느님이 심어 놓은 불에 의해 당신이 살고자 마음먹은 순간 다른 것들도 마찬가지로 금세 불타오르게 된다. 주중에 우리 대부분은 너무 빨리 달리고 있다. 하지만 하루만 속도를 늦추면, 경종을 깨우는 모든 일들이 일어난다. 이유 없이도 울 수 있다. 당신이 열 살도 채 안 됐을 때 세상을 떠난 사람들의 어떤 점을 사랑했었는지, 열 여덟 살 때 자기도 모르게 등골이 오싹해졌던 일들이 기억날 수도 있다. 당신이 죽을 뻔했던 때를, 살아 있음이 기뻤던 때를 목록으로 만들 수도 있다.

시계의 속박에서 벗어나면 배가 고파서 먹게 된다. 십중팔구는 배가 고프다고 생각했던 것보다 덜 고프다는 사실을 발견한다. 당신이 속력을 늦추면, 당신의 심장도 그렇게 된다. 당신의 횡경막을 둘러싼 띠가 느슨해지고, 말로 표현하기에는 너무 깊은 한숨들이 몸 밖으로 쏟아져 나온다. 그 결과 심장에는 신선한 공기를 받아들일 더 넓은 공간이 확보된다. 안식일 병은 다른 병들과 비슷한 점이 많다. 그리고 하루라도 당신을 일에서 멀어지게 할 수 있는 유일한 방법이다. 아직까지는. 당신이 고통과 실패로부터 도망친다면 어딜 가더라도 그것들과 다시 맞닥뜨리게 될 것이다. 고통과 실패에게 자신을 여는 방법을 발견한다면, 그것들은 등 뒤에 숨겼던 손을 내밀어 당신 침대에 꽃을 뿌려 놓을지도 모른다.

내가 아는 대부분의 사람들은 자신들이 안식일을 지키는 것이 왜 힘든지 이야기하고 싶어 한다. 그 자체가 흥미로운 영적 훈련이다. 당신도 하고 싶다면 종이 한 장에 리스트를 만들어 보라. 한쪽에는 당신에게 생명을 주는 일이지만 따로 시간을 내서 하지 않는 일들, 그 뒷장에는 그 일을 할 수 없는 이유를 적어 보라. 거기에 모든 설명이 있다. 그렇게 목록 두 개를 만든 다음, 늘 보이는 곳에 그 종이를 두라. 그리고 심장이 그 목록을 향해 울부짖을 때 심장을 조용히 시키지 않겠다고 스스로 약속해 보라.

생명을 주는 온전한 자유가 상상할 수 없을만큼 힘들다면, 할 수 있는 만큼만이라도 시작해 보라. 집에서 제일 먼저 일어나는 식구보다 한 시간 먼저 일어나서 그 시간동안 온전히 신성한 존재와 함께 한다고 결심하는 것이다. 잠자리에 들기 한 시간 전에 텔레비전을 끄고 밖에 나가서 하늘을 보겠다고 결심해 보라. '네'라고 말할 때만큼 '아니오'라고 말할 때도 스스로를 칭찬하는 것, 그것도 좋은 방법이다.

당신이 이것들 중 하나라도 해본다면, 혼자서 꾸준히 하기가 어렵다는 사실을 알게 될 것이다. 사실 혼자서 혁명가가 되기는 힘든 법이다. 하지만 당신이 '아니오'라고 말하기 시작했다면 준비는 다 됐다. 당신은 당신의 역사, 자아, 문화와 그것의 탐욕스러운 경제에 대항해 일어설 준비가 되었다. 당신이 교회나 유대교 회당에 속해 있다면, 어쩌면 그곳에 맞서 일어서야 할 수도 있다. 그곳은 파라오만큼이나 강력하게 당신을 요구할 수도 있다. 내가 할 수 있는 충고는 혁명의 동반자를 찾으라는 것이다. 할 수만 있다면 혁명의 공동체를 찾는 것도 좋다. 그들은 당신이 무엇을 위해 창조되었는지 당신의 비전을 떠올리도록 도울 것이고 당신의 비전을 지원할 것이다. 그러면서 당신은, 지금 당장은 불가능해 보이지만 안식일에 대한 비전을 갖도록 노력해야 한다. 안식일에 대한 내 비전은 이렇다. 당신의 비전을 만들기 전까지 얼마든지 빌려 써도 좋다.

적어도 일주일에 하루는 차를 차고에 주차시키고 공구 창고의 문을 닫고 컴퓨터를 꺼 보라. 아파서 집에 있는 것이 아니라 건강하기 때문에 집에 있어 보라. 당신이 사랑하는 사람들이 당신처럼 잘 지낼 수 있도록 하라. 낮잠을 자고, 산책을 하고, 한 시간동안 점심을 먹어라. 하루를 아무짝에도 쓸모없는 존재가 되어 보내더라도 당신이 생산하는 것보다 당신이 더 소중하다는 전제를 시험해 보라. 하느님에게 당신은 여전히 소중하다. 만약 그렇지 않다는 생각이 들어 걱정된다면, 당신 스스로의 유죄 판결은 필요하지 않음을 기억하라. 이것은 계명이다. 당신이 일을 하고 있지 않더라도 당신의 소중함은 이미 확실하게 인정받았다.

왜 "아무 일도 하지 말라"라는 계명을 "살인하지 말라" 혹은 "나 외에 다른 신을 두지 말라"와 다르게 생각하는지 모르겠다. 특히 그 모든 가르침이 하나의 목록에 있는데도 말이다. 안식일에 대한 기독교 복음과 고대 지혜는, 하느님의 경쟁자에게 '아니오'라고 말하지 않으면 하느님에게 '예'라고 말할 수 없다고 이야기한다. 아니오, 오늘은 돈 벌 생각을 하지 않겠습니다. 아니오, 다른 사람을 일하게 하지 않겠습니다. 아니오, 먹고 사는 것에 대해, 무엇을 먹을지 무엇을 마실지에 대해, 내 몸에 대해, 무엇을 입을지에 대해 걱정하지 않겠습니다. 몸이 옷보다 중요한 것 아닌가요?

저녁과 아침이, 그리고 일곱 번째 날이 있었다.

당신이 하느님 안에 살고 있다면, 특별히 애쓰지 않아도 당신이 눈을 뜨면 당신의 하루는 시작한다. 생명을 불어넣는 미풍이 반드시 당신에게 주어질 이유는 없지만 당신은 첫 숨을 들이쉰다. 어둠 속이거나 불빛 안이거나, 등 뒤에 돌 판이 있거나 깃털 이불이 있거나, 당신의 하루는 하느님이 당신을 받아주도록 놓아둘 때 시작된다. 당신이 하느님 안에 살고 있다면, 하느님이 당신을 찾아 주실 만큼 자신을 충분히 잃어 버렸을 때 당신의 하루는 시작된다. 하느님이 당신을 찾아 주셨다면, 찬양하며 다시 자신을 놓을 때 당신의 하루는 시작된다.

9

Physical Labor

물을 나르는 연습

힘든 하루, 다시 말하면 그가 어떤 일의 소재로 쓰였던
하루의 노동으로 모든 팔다리가 아프고 지친 사람은,
그의 육체에 가시 같은 우주의 현실을 견디어 낸다.
그에게 어려운 일은 직시하고 사랑하는 일이다.
그가 성공한다면, 그는 진실로 현실을 사랑하는 것이다.

시몬 베유 ◉

　　도시에 살 때, 정전이 되면 나는 우선 촛불을 켰다. 그
리고 저녁을 간단히 샌드위치로 때우고 평소보다 일찍 침대에 누워
퀼트 담요 몇 장을 덮어 쓰고 잤다. 도시에서의 정전은 그런 의미였
다. 그런데 시골로 이사를 하고 나니 상황이 달라졌다. 시골에서의 정
전은 힘든 노동을 의미했다.

　　그 일의 시작은 아름답게 내리는 눈이었다. 남편 에드와 나는 얼룩
덜룩한 땅이 그렇게 부드러운 흰색으로 덮이는 모습에 매료되어 바깥

◉ 프랑스의 사상가. 노동 운동에 깊은 관심을 갖고 노동자로 생활하기도 했다.

으로 나왔다. 우리가 키우는 강아지도 입을 벌리고 눈에 발자국을 찍으며 돌아다녔고, 말들은 아직 풀이 남아 있나 확인하려는지 땅바닥을 파고 있었다. 라마들은 네 살짜리 아이처럼 즐겁게 뛰어 놀고 있었다. 안데스에 살았던 그들의 조상을 떠올렸는지도 모른다. 라마는 더위를 견디지 못한다.

집에 돌아온 에드와 나는 불을 지폈다. 우리는 내일도 이렇게 눈이 많이 와서 집에 있을 수 있기를 바랐다. 읽을 책도 넉넉했고, 사랑을 나눌 수도, 휴식을 취할 수도 있었다. 눈이 내리는 날은 안식일과 비슷했고, 며칠 더 그래도 좋을 것 같았다. 그런데 저녁을 먹고 있을 때 갑자기 영화가 시작되는 것처럼 주위 불빛이 흐릿해지더니 집 안 모든 가전 기기들이 '펑' 소리를 내며 꺼졌다.

밤사이 눈은 얼음비로 바뀌었다. 아침에 나가 보니 들판에는 얼음 여왕이 나무사이로 얼음 썰매를 타다가 사고가 난 것처럼 나뭇가지들이 왕창 떨어져 있었다. 부러지지 않은 가지들은 바닥에 닿을 듯 휘어 있었다. 소나무가 가장 심했다. 가는 잎을 평생 지니고 있는 소나무에는 얼음이 내려앉을 자리가 더 많았기 때문이다. 나이 든 소나무들은 편안하게 늙어갈 수 있는 플로리다로 이주시켜 살게하면 어떨까?

부엌 뒷문 쪽에 우리가 만들어 놓은 발자국들은 다 지워지고, 발을 디딘 곳은 두껍게 얼어 있었다. 마당을 걸으려고 해도 암벽등반을 하는 마음가짐이 필요했다. 경사진 길 앞에서는 정말로 정신을 바짝 차려야 했다. 그러고 나서 고속도로와 연결되어 있는 흙길 쪽으로 갔다. 우리는 도랑에 빠진 이웃들의 차들과 부러진 나무의 쪼개진 밑둥을 지났다. 길을 가로지르면서 꽝꽝 얼은 바늘 같은 소나무 잎이 우리 몸에 꽂혔고 우리는 몸을 숙여 피해야 했다. 하지만 몸을 숙일 때마다 오리털 점퍼 목 부분으로 얼음 이쑤시개들이 떨어졌다. 공기는 소나무 수액 냄새로 가득했다. 크고 튼튼한 나무 여덟 그루가 길을 가로막고 쓰러져 있었고 전봇대의 전깃줄이 늘어져 얽혀 있었다.

우물에서 전기 펌프를 이용해 물을 길었기 때문에 전기가 나가면 난방, 조명, 냉장고와 함께 물도 쓸 수 없었다. 우리는 집으로 되돌아가면서 각자 계산을 하고 있었다. 전력 공급이 중단된 우리 집과 주 발전기를 잇는 전선 15킬로미터를 24시간으로 나누고, 여기에 쓰러진 나무 여덟 그루를 톱질하려면……. 전기가 다시 들어오는 데 얼마나 걸릴까? 그 주에 하려고 했던 일을 다 취소하고 우리는 단순 노동자가 되었다. 집으로 가면서 우리는 각자 일을 나눴다. 에드는 응접실 난로에 불이 꺼지지 않도록 불을 지피고, 바깥에 있는 개들을 위해 창고에 등유 난로를 설치하고, 아래쪽 헛간에 있는 얼지 않은 펌프에서 물을 끌어오기로 했다. 나는 문과 응접실 창문에 퀼트 담요를 달고, 촛불과 손전등을 충분히 확보하고, 우리 둘을 포함한 모든 동물들이 먹고 마실 수 있는 음식을 마련하기로 했다.

나는 그때까지 먼지가 뽀얗게 쌓인 Y2K 물품들을 조금 가지고 있었는데, 결국 그것들이 모두 쓸모가 있었다. 우리는 손전등에 AA건전지를 넣고, 수동식 태양열 라디오를 켰다. 라디오 일기예보에서는 며칠 더 바람이 많이 불고 혹한의 추위가 계속될 것이라고 했다. 저녁이 되어 우리는 콩 통조림을 먹은 후, 가스등 불빛 아래에서 책을 읽으려고 했지만 어지러웠다. 연료 캔에는 작은 글씨로 이렇게 적혀 있었다. "위험: 야외에서만 사용할 것. 이 연기가 암을 유발한다고 알려져 있음." 나는 책을 덮고 응접실 소파 침낭으로 들어갔다. 평생 침낭을 본 적이 없는 우리 강아지는 내가 침낭을 열자 갑자기 뛰어올라 안쪽으로 기어 들어왔다. 그리고 내 발 아래로 내려가 한숨을 쉬면서 몸을 웅크렸다.

아침에 보니 창 쪽에 둔 화분의 식물들이 얼어 있었다. 집 안보다 냉장고 안이 더 따뜻했고, 냉장고 안에 있는 음식이 지독한 냄새를 내기 시작했다. 장갑을 끼고 시리얼을 먹은 뒤, 말과 개들을 위해 물을 끓였다. 아침 9시에 물을 주면 정오가 되기 전에 얼어 버렸다. 얼음을 핥고 있는 말을 보며 적어도 하루에 두 번은 물통의 얼음을 깨야겠다고 생각했다. 닭들을 위한 물통은 더 작았기 때문에 더 자주 깨야 했다. 창고에 있던 개들은 무사했다. 왠만한 일에는 무심한 고양이들은 폭풍 속에서도 별다르지 않았다. 가만, 그런데 점심으로 먹을 게 있었던가?

이러한 육체적 연습을 통해 몸이 확장되는 것이 느껴졌다. 이런 게 어머니가 되는 느낌인가? 그날 나는 내 몸의 고통도 충분히 인식하지 못한 채 다른 존재의 고통도 느껴야 했다. 해가 저물 무렵 나는 생각하지 않아도 알 수 있었다. 개들에게 언제 따뜻한 물이 필요한지, 말들에게 언제 담요가 필요한지를. 필요가 우리를 하나로 묶어 주고 있었다. 말이 필요하지 않은 공통의 언어였다.

둘째 날이 되자 나는 해가 뜨는 것이 무서웠다. 더 추웠고, 일하기는 더 힘들었다. 나는 늘 손전등을 들고 다녔는데, 내 앞에는 작고 동그란 불빛 밖에 없었다. 사물을 똑바로 보지 않으면 그림자 속으로 희미해져 갔다. 뭔지 모르겠는 물건들에 걸려 넘어졌다. 주변이 잘 보이지 않으므로 스웨터를 만져서 구별할 수 있었다. 어디를 가건, 어둠이 내 무력함을 끄집어냈다. 영화를 볼 수도, 컴퓨터로 일을 할 수도, 빨래도, 목욕도 할 수 없었다. 심지어 정강이를 채이지 않고는 방을 가로질러 갈 수도 없었다.

셋째 날, 나는 정전이 좋은 영적 훈련이 될 수 있을 거라고 마음먹었다. 사순절에 고기나 술을 포기하는 것은 댈 것도 아니다. 진정한 금욕을 맛보기 위해서 잠시만 전력을 끊고 '하느님의 힘' 혹은 '예수님의 빛'과 같은 문구가 어떻게 다르게 들리는지 시험해 보면 된다. 더 좋은 방법은, 다른 사람이 전기 스위치를 내리고 전기선을 끊어서 당신이 다시 전력을 연결할 수 없도록 하는 것이다.

대부분의 사람들이 그렇듯 오직 살아남기 위해 살아 보라. 너무 추워 옷을 벗을 수 없어서 일주일 동안 같은 옷을 입어 보라. 다른 인간의 몸에서 나는 열을 고마워하면서 불 옆에 최대한 붙어 자 보라. 더 나은 교육, 에어로빅, 컴퓨터를 숙달하는 일, 자아 성취감 같은 것에 고개를 가로젓는 법을 배워 보라. 당신이 구할 수 없는 빛을 그리워해 보고, 매일 아침 해가 뜰 때 감사의 마음이 부풀어 오르는 것을 느껴 보라. 따뜻함을 귀하게 여겨 보라. 안식처를 소중하게 여겨 보라. 흐르는 물의 기적을 찬양해 보라.

네 번째 날 오후, 텅텅 빈 냉장고 청소가 끝날 무렵 '찰칵'하는 소리가 나더니 웅웅하고 엔진이 돌아가기 시작했다. 나는 벌떡 일어섰다. 들고 있던 노란색 수세미가 떨어졌다. "전기가 들어왔어!" 눈물이 솟구쳤다. 기도 책에 이런 상황에 대한 기도문이 있어야 한다.

> 떨기 가운데 이는 불꽃이신 하느님, 열과 빛이 되돌아오게 하신
> 당신을 찬양합니다.
> 들판의 물줄기이신 하느님, 흐르는 물을 선사해 주심을 감사합니다.

나는 다른 사람 누구도 겨울에 눈폭풍을 맞기를 바라지 않는다. 하지만 나는 그 특별한 폭풍에게 감사하고 있다. 전기가 끊김으로 인해, 나는 내가 얼마나 많은 일들을 해낼 수 있는지 깨달았다. 잠시 동안 나 자신을 넘어, 내 주변의 모든 살아 있는 생물을 염려하고 배려할 수 있게 되었다. 추위와 어둠, 어려움에 대한 평소의 생각이 바뀜으로써 대부분의 사람들이 어떻게 사는지 좀 더 관심을 갖게 되었다. 얼어붙은 땅이라는 폭력적인 조건에서 살아남아야 하는 상황에서 나는 일을 할 수 있었고 그 사실에 감사하게 되었다.

눈이 녹고 한참이 지났지만, 나는 그때 했던 육체노동 몇 가지를

계속하고 있다. 빨랫줄에 빨래를 널기 위해 몸을 굽혔다 펴고, 뒤쪽 현관에서 무릎을 꿇고 노란 꽃가루를 닦아 낸다. 또 향기 나는 짚더미를 계단 위 다락으로 끌어올리고, 닭장을 청소하고 달걀을 모은다. 이 일들은 내게 삶을 준다. 물론 이 일들은 내가 선택한 것이고 선택의 여지 없이 일을 해야 하는 다른 사람과는 다르다. 하지만 나는 그들과 함께 육체노동이 하급의 일로 취급되는 문화에 살고 있다.

사람들은 정원 일 정도는 세차나 헬스장에서 운동하는 것처럼 괜찮은 일이라고 받아들인다. 하지만 침대보를 갈고, 화장실을 청소하고, 잔디를 깎고, 농사를 짓는 일은 내가 아닌 다른 사람이 해야 하고, 그러기 위해서 돈을 많이 벌어야 한다고 생각한다. 통상적으로 이러한 일을 하는 사람들은 경제의 사다리에서 가장 밑에 있다. 미국이 카스트 제도를 인정한다면, 이 인력들이 수드라sudra 계급이 될 것이다.

이런 일을 하는 사람들도 노동을 절감하기 위해 진공청소기, 낙엽 청소기, 식기세척기, 잡초제거기와 같은 기계들을 사용하기도 한다. 많은 사람들은 맥주를 차게 유지하는 기능이 있는 잔디 깎는 기계에 앉아 잔디밭을 가로지른다. 귀에는 헤드폰을 쓰고 손에는 무지막지하게 시끄러운 낙엽 청소기를 들고 나온다. 그리고 곧 지나갈 차가 다시 뜰로 날릴 낙엽을 집 앞 도로에 쌓아 둔다. 요즘 아이들은 모아놓은 낙엽더미로 안 뛰어드나? 아이들이 통금 시간을 어겼을 때 아직도 그 벌로 잔디를 깎게 하나? 사실 잔디 깎는 기계를 타는 것이 벌

칙이라고 생각하지는 않지만, 그것이 육체노동이라는 사실만으로도 아이들의 하루를 망치기에는 충분할지도 모르겠다.

내게는 열한 살짜리 친구가 있다. 그 친구는 늘 컴퓨터를 끼고 살았다. 그 애는 세 살 때 차의 리모트 키를 작동시킬 줄 알았고, 여섯 살이 되자 비디오 게임기의 리모컨을 어찌나 빨리 조작했는지 어떤 어른도 그 애를 이길 수 없었다. 하지만 다른 일에는 몇 초 이상을 집중하지 못했다. 그 애가 부모와 함께 우리 집에 왔을 때 아이는 DVD 플레이어, 게임기, 전자 장난감으로 무장하고 있었다. 나도 처음에는 리모컨으로 움직이는 플라스틱 권투 선수로 같이 게임을 했다. 물론 내가 조정하는 플라스틱 권투 선수가 그 애의 플라스틱 권투 선수 발 아래 쓰러졌다. 내가 리모컨 버튼에 어떤 기능이 있는지 모두 알게 되었을 때 내 플라스틱 권투 선수는 머리를 땅에 박고 허공에서 팔을 휘젓고 있었다. 나의 어린 친구는 승리의 함성을 질렀다. 그가 또 이겼기 때문이다.

우리가 어쩌다 같이 감자를 캤는지는 정확히 기억이 나지 않지만, 아마 내가 배터리를 넣어야 하는 어떤 놀이도 하지 않겠다고 했던 것 같다. 그러자 그 애는 마지못해 헛간으로 따라왔고, 암탉이 낳은 달걀을 모으는 일을 구경했던 것 같다. 그러고 나서 우리는 닭에게 모이를 주고, 말에게 건초를 먹였다. 집 근처 텃밭에 가기 위해 우리는 장난감 자동차처럼 생긴 게이터에 올라탔고, 그 애 얼굴이 환해졌다. 자기가 몰고 싶어 했지만 나는 무서운 얼굴로 앞에 있는 경고문을 가리

켰다. 열여섯 살 이하의 운전자가 몰면 사망할 가능성이 아주 높다고 쓰여 있었다. 나는 차를 몰고 싶어 하는 그 애의 주의를 돌리기 위해 가능한 여기저기 부딪히며 차를 몰았다.

감자 잎이 갈색으로 변하면 감자를 캘 때이다. 내가 처음으로 감자를 캘 때 에드가 한 말이 아직도 생생하게 기억난다. 그때 나도 이 어린 친구처럼 마지못해 텃밭으로 끌려갔다. 손에 흙을 묻히기 싫었고 땀 흘리기도 싫었다. 나는 집에서 책을 읽거나 신문사에서 청탁받은 글을 쓰고 싶었지만 에드는 내가 감자를 캐면서 즐거워할 거라고 너무 들떠 있었다. 나는 그의 입을 다물게 하고 싶은 마음을 누르고 텃밭까지 투덜대면서 따라갔다.

에드는 호미를 들고 밭고랑의 흙을 파헤치더니 "거기 좀 파 봐"라고 말했다. 나는 어리둥절한 표정으로 그를 바라보았다. 하지만 그는 어서 해보라며 재촉했다. "뭐가 나올지 보라구." 나는 땅속에 손을 넣고 흙을 느꼈다. 축축하고 차가웠다. 신선하고 신비한 냄새가 났다. 나는 비스듬히 뻗은 소나무, 육중한 떡갈나무, 잘 뻗은 포플러나무, 비비 꼬인 말채나무들을 바라보았다. 나뭇가지 사이로 보이는 파란 하늘을 쳐다보면서, 손에 흙을 묻히고 일을 했다.

내 첫 감자는 구슬 만한, 빗자루의 털같은 뿌리로 아직 엄마에게 붙어 있는 아기 감자였다. "아직 어린 것 같은데? 다시 묻을까?" 나는 에드를 보며 말했다. 그는 고개를 저었다. "아니, 그건 끝났어. 당신이 캔 건 다 가질 수 있어." 그래서 나는 뿌리를 뜯고 감자를 자루에 담았다. 그리고 다시 흙 속으로 손을 집어넣었다. 내 첫 감자 옆에 작은 감자들이 옹기종기 모여 있었다. 나는 그것들을 캐서 흙을 털었다. 하나하나 모양이 모두 달랐다. 그 감자들을 자루에 넣었고, 감자는 우박 구름처럼 자루 바닥에 흩어졌다.

다시 흙 속으로 손을 넣었다. 에드가 파 놓은 구멍 속에 무언가 삐죽 나온 둥그런 것이 잡혔다. 지렁이들이 집을 짓고 있는 흙덩이였다. 나는 이 흙덩이들을 부수며 밭을 정리해 나갔다. 손톱은 다 망가졌고 어깨에는 경련이 일었다. 하지만 나는 내 팔뚝만 한 감자를 캘 때까지 파헤쳤다. 노란 껍질에 묻은 흙을 털면서 문득 감자를 왜 유콘 골드Yukon Gold라고 부르는지 이해가 되었다. 나는 음식이라고 하는 그 무언가가 그렇게 잘 생긴 것을 본 적이 없었다.

그리고 나는 멈출 수가 없었다. 감자를 캐는 일은 라스베이거스에서 슬롯머신을 하는 것과 같았다. 내가 무얼 딸지 아무도 모르는 일이었다. 가끔은 푼돈이었고 가끔은 크게 터뜨렸다. 이 일의 재미는 도박의 절반 정도였고 나머지 절반의 즐거움은 수고였다. 바로 어려움이었다. 땅에서 먹을 것을 캐는 육체노동. 그날 밤, 나와 에드는 통마늘과 감자를 구워 먹었다. 몸 여기저기 안 쑤신 데가 없어서 포크를 들고 있는 것도 힘들 지경이었다. 내가 직접 감자를 캐고 육체노동을 한 날, 나는 하루 종일 먹었다. 향기로운 흙, 파란 하늘, 금색 아가들. 내 평생 그렇게 영양가가 있는 것을 먹어 본 적이 없었다.

나의 어린 친구는 구운 감자보다 튀긴 감자를 더 좋아했지만, 그 애도 튀긴 감자의 원천을 찾아내는 데 매료되었다. 그 또래 다른 아이들과 마찬가지로 그 애도 자기가 먹는 것이 어디에서 오는지 몰랐다. 지금 먹고 있는 포도가 나무에서 자란다고 말해 주면 믿지 않았을 것이다. 하지만 일단 감자 캐는 법을 배우고 나자 그 아이는 집중해서 흙을 파고 감자를 캤다. 자신이 먹을 수 있는 진짜 먹을거리를 자기 힘으로 구했다는 사실에 정말로 기뻐했다. 이전에도 그 아이가 자신이 진정 쓸모 있는 존재임을 느낀 적이 있었는지 모르겠다. 나의 어린 친구는 다음에 우리 집에 올 때도 여전히 전자 장난감들을 가지고 왔다. 하지만 그 아이는 그 장난감들을 차에 두고 내리면서 물었다. "지금 감자 캐러 갈 수 있어요?"

흙을 대신 할 수 있는 것은 없다. 우리는 흙에서 왔고 흙으로 돌아갈 것이다. 그 사이에 우리는 흙을 만지면서 여러 해를 보낼 수 있고 이는 모든 존재들이 토양과의 관계를 회복시킬 수 있는 좋은 방법이다. 올라가는 것만큼 밑으로 내려가는 것도 하느님께 가는 좋은 방법이다. 당신이 어깨로 느낄 수만 있다면 말이다.

나는 학부에서 한 번, 석사 과정에서 한 번 모두 두 번 성서 히브리어를 배웠다. 하지만 동사의 활용까지 배우고 그만두었다. 명사는 내 기억 저장소에 경외심을 표하며 기억 저장소를 빈틈없이 가득 채웠다. 내가 처음으로 배웠던 명사는 '땅에 사는 사람/지구인earthling' 이었다. 나는 킹 제임스 판 성서와 함께 자랐기 때문에, 하느님께서 창세기 두 번째 장에서 '남자man'를 창조하신 것이 아니라는 사실에 굉장한 충격을 받았다. 하느님은 아담adam을 만드셨다. 하느님은 진흙에서 아기를 만들고 티끌에서 창조물을 만드셨다. 그리고 그 코에 숨을 불어넣으시고, 신성한 심폐소생술을 행하시고, 그리고 보라! 생명이 땅에서 일어났다.

다음으로 하느님이 땅에 정원을 만드셨다. 그리고 하느님은 보시기에 좋고 먹을거리를 생산할 수 있는 나무를 자라게 하셨다. 그리고 마지막으로 땅에 사는 사람에게 땅을 맡기셨다. 이것은 뱀과 문제가 생기기 전까지의 일이고, 땅에 사는 사람이 파트너를 갖기 전의 일들이었다. 하느님은 땅에 사는 사람이 혼자 지내는 것이 좋지 않다고 생각하시고 땅의 광물로 만들어진, 땅에 사는 사람의 뼈에서 반려자를 만드시고 그 사람에게 선사하셨다. 그 동료는 신성한 심폐소생술이 필요하지 않았다. 처음부터 살아 있었기 때문이다.

이 시점에 와서야 남자와 여자가 구분된다. 두 창조물을 구별하는 데 단어 하나로는 부족할 것이다. 하지만 땅에 사는 두 사람의 근원은 같다. 땅이라고 해도 좋고 하느님이라고 해도 좋다. 나중에 뱀과의 사건이 있은 뒤, 하느님은 이 둘을 정원에서 쫓아내셨다. 뱀과 인간 사이의 불화, 아이를 낳는 여성의 고통, 땀 흘리며 뼈 빠지게 일해야 하는 남성의 고통 등 저주가 내려졌다. 인간의 실수로 인해 땅도 저주를 받았다. 예전처럼 붉은 산딸기가 익고 보라색 꽃이 피었지만 가시 덤불과 엉겅퀴가 함께 자랐다. 인간이 에덴동산에서 보낸 시간은 슬프고 갑자기 종지부가 찍혔다.

그래서 이 이야기를 읽는 많은 사람들은 육체노동이 하느님의 저주라고 생각하게 되었다. 물론 분만은 여성에게, 들판에서의 노동은 남자에게 고통을 주지만, 노동과 형벌이 혼동되고 있다. 모든 노동이 형벌은 아니다. 땅 위 사람의 첫 번째 임무는 땅을 갈고 지키는 일이었다. 당신이 손바닥만 한 작은 밭이라도 갈아 본 적이 있다면 알 것이다. 에덴 동산을 갈고 지키는 것이 온몸이 뻐근해지지 않고는 할 수 없는, 얼마나 힘든 일인지 말이다. 땅을 지키는 것은 힘든 일이다. 일을 하면 손톱이 부러지고 바지에 구멍이 난다. 지칠 대로 지치게 된다.

하지만 그러면서 당신이 어디에서 왜 왔는지를 기억하게 된다. 당신의 뼈를 구성하고 있는 것을 만지고, 나무와 잎과 새, 그리고 떨어진 별똥별들의 분해물들을 만지면서 당신의 몸은 동류를 인식한다. 배짱이 좋은 편이라면, 분해된 당신의 모습도 미리 볼 수 있을 것이다. 이런 종류의 깨달음은 다른 일을 하면서 알게 되는 지식에 관점을 불어넣는다. 차가운 축축함이 느껴지는가? 땅 위의 사람이여, 땅으로 돌아온 것을 환영한다. 흙냄새가 나는가? 집으로 돌아온 것을 환영한다. 하느님께 사랑받는 흙으로 만든 창조물이여.

집안일이 이런 만족을 주지 못할 수도 있지만 삶의 근본으로 이르는 믿을 만한 길임은 틀림없다. 냉장고 청소와 화장실 청소는 인간이 먹은 음식이 이동하는 경로의 처음과 끝을 연결시키는 일이다. 침대 정리는 삶을 유지하는 일이 대단한 공간을 필요로 하지 않는다는 점을 알려준다. 빨랫줄에 빨래를 너는 일은 목욕 수건이나 속옷으로 가장한 기도문 깃발prayer flags을 날릴 수 있는 기회를 준다. 모든 생명이 신성하다면, 생명을 지탱하는 것은 모두 신성한 면을 가지고 있다. 창문을 닦는 일과 하느님 안에서 쉬는 것, 이 둘은 같은 일일 수도 있다. 당신이 지금 하고 있는 일은 당신의 영적인 연습이 된다. 유리창을 닦으면서 빛이 들어올 수 있도록 한다. 당신은 유리창에 세례를 주고, 그대의 죄를 참회한다. 어떤 일도 길이 되기 위한 수단으로서 하찮지 않다. 당신은 물론 다른 생명을 유지할 수 있는 일이라면 더욱 그렇다.

몇 년 전 노숙자들을 위한 보호소에서 자원봉사를 한 적이 있었다. 여름에는 그나마 빈자리가 있지만 겨울에는 송곳 꽂을 자리도 없다. 얼음이 어는 영하가 되는 순간, 보호소에 들어오려는 사람들은 한 블록을 빙 돌 정도로 긴 줄을 선다. 정기적인 자원봉사자들은 그곳이 잘 돌아갈 수 있도록 온갖 일을 한다. 잠잘 사람들을 들여보내고, 음식을 하고 서빙하며, 밤에 다른 사고가 없도록 지키고, 아침에는 청소를 한다. 나는 정기적인 자원봉사자가 아니었지만, 주관 교회의 목회자로서 서너 달에 한 번은 가야 한다고 생각했다.

거기에서 나는 불침번을 서는 사람들과 함께 밤새도록 카드놀이를 하기도 하고, 이것저것 모든 일을 조금씩은 다 했던 것 같다. 나는 의

자에 앉아 잠깐 눈을 붙였고, 아침 여섯 시가 되었다. 사람들을 내보
내 보호소를 비우고, 자원봉사자들은 원래 직업으로 돌아가야 하는
시간이었다. 사람들이 나가고 나면 매트리스를 쌓아 올리는 일에서부
터 마룻바닥 청소까지 해야 할 일이 정말 많았다. 그런데 어쩌다 내
가 화장실 청소를 맡게 되었는지는 확실하지 않다. 특유의 목회자 정
신으로? 아니면 나는 아주 가끔 가는 사람이니까?

이유가 뭐였든, 화장실 세 칸이 다 내 차지였다. 화장실 문을 열자
마자 토사물 냄새가 진동했다. 화장실 안은 설사가 튀어 있고, 소변
으로 번들거렸다. 이보다 더 나쁜 상황은 상상할 수 없었다. 그래서
이 일은 내게 딱 맞는 일이었다. 나는 첫 번째 변기를 닦으면서 성 프
란시스가 나병 환자에게 했던 키스를 생각했다. 두 번째 칸에서는 마
더 테레사가 캘커타에서 죽어 가는 사람들을 목욕시킨 일을 생각했
다. 세 번째 변기를 닦으면서, 나는 이 영적 백일몽에서 깨어났다. 그
리고 나도 매일 화장실을 쓰고, 이렇게 지저분하게 사용하기도 한다
고 생각할 수 있는 여유가 생겼다. 나도 다른 인간과 똑같이 만들어
졌다. 내게서 나온 것은 좋은 냄새가 나고, 다른 사람 몸에서 나온 것
은 나쁜 냄새가 나는 것이 아니다. 땅으로 온 것을 환영한다, 땅 위에
사는 사람이여. 집으로 온 것을 환영한다, 하느님께 사랑받는 진흙으
로 만들어진 사람이여.

기억할 만한 아침이었다. 삶은 육체노동을 할 수 있는 기회를 많으
면 많았지, 적게 주지 않는다. 때로 육체노동은 겨울의 눈 폭풍과 함

께 오고, 그래서 얼어 죽지 않으려면 움직일 수밖에 없다. 다른 때는 싫어하는 그 일이, 영적인 일로 승화될 만한 고역으로 당신에게 갈 수도 있다. 어떻게 일을 하게 되건, 그 일은 당신 몸에 박힌 가시를 뽑고 약을 바르는 것처럼, 우주의 현실을 견뎌내도록 하는 기회를 줄 것이다. 이야기를 시작할 때 인용한 시몬 베유의 말이 도움이 될 것 같다. "어려운 그 일을 사랑으로 바라보라. 만약 당신이 진실로 그 일을 사랑한다고 확신할 수 있다면, 당신을 그다음 단계로 인도하는 것은 그 힘든 일을 더 많이 바라는 당신의 심장이다."

10
Breakthrough

고통을 느끼는 연습

모든 것이 끝났다고 여겨질 때가 있을 것이다. 그것이 새로운 시작이다.

루이스 라모르●

오랫동안 세계 종교를 가르치면서 나는 얼마나 많은 종교가 고통에서 씨앗을 틔웠는지 깨닫게 되었다. 불교는 태어날 때부터 고생이라고는 모르고 특권만을 가졌던 싯다르타 왕자가 어느 날 궁을 떠나 병든 사람, 늙은 사람, 죽은 사람을 처음 보았을 때 시작되었다. 이 광경에 큰 충격을 받은 그는 모든 이들의 고통을 지우기 위해 남은 삶을 바치기로 결심했다.

유대교의 중심 이야기는 출애굽기이다. 하느님은 이집트에서 강제

● 미국의 베스트셀러 작가. 첫 책을 출판하기 전에 350번이나 거절 당했다.

노동, 구타, 영아 살해에 시달리던 이주노동자들의 울음소리를 들으시고 모세라는 왕족 출신 망명자를 불러들이신다. 하느님은 모세를 통해 그들을 불과 구름 기둥으로 이끌고 광야에서의 고생을 토대로 새로운 민족, 새로운 미래, 새로운 땅에서 일어나게 하셨다.

그리스도교는 광야에서 예수가 겪었던 일들에서 시작되었다. 예수는 로마 제국의 억압뿐만 아니라 자신들이 하느님에게서 버림받았다며 두려워하는 사람들을 이끌기 위해 광야에 발을 내디뎠다. 그는 굶주린 자들을 먹이고, 악마에게 사로잡힌 자들을 해방시키며, 그들의 두려움을 덜어 주었다. 다른 이의 고통을 보살피다 자신에게 엄청난 고통이 오더라도 개의치 않았다. 로마 제국의 십자가에서 죽어간 그의 죽음은 인간의 고통을 대변한다. 또한 하느님께 선택받은 이라도 모든 사람을 사랑의 길로 인도할 수 없다는 것을 보여 주는 증거가 되었다.

이슬람교는 사막의 도시 메카에서 떨어진 곳에 있는 동굴에서 시작되었다. 그곳에서 예언자 모하마드는 자신의 민족을 해체시키는 부족 간의 전쟁을 해결하기 위해 하느님께 기도했다. 가브리엘 천사가 나타나 그에게 코란 첫 구절을 암송하게 했던 밤에 예언자는 하느님으로부터 처음 답변을 얻었다. 몇 년 뒤, 죽음의 위협과 냉혹한 박해로 그가 태어난 도시를 떠날 수밖에 없었을 때, 그는 야스립Yathrib 북쪽으로 적은 수의 신자들만을 이끌고 갔다. 그리고 그곳에서 최초의 무슬림들은 마침내 평화와 환대를 발견했다.

이것 말고도 더 이야기할 수 있지만, 내가 무슨 말을 하려는지 이해했으리라 생각한다. 고통은 싸움을 걸어온다. 고통은 사람들을 벼랑 끝까지 밀어붙이고 사람들로 하여금 "왜 이런 일이 일어나는가? 어떻게 하면 이걸 고칠 수 있을까?"하는 근본적인 질문을 하게 만든다. 고통은 사람들에게서 가장 나쁜 면과 가장 좋은 면을 끌어내고, 변화를 요구한다. 또한 현상을 유지하기 위해 필요한 모든 환상을 걷어 간다. 고통에 사로잡힌 사람이 끝내 해결책을 찾지 못하면, 결국은 천국을 바라보게 된다.

고통은 인간의 뜻대로 되는 것이 아닌데 어떻게 타협이 불가능한 고통을 느끼는 일이 영적인 연습이 될 수 있는가? 간단히 설명하자면 이렇다. 지금까지 설명한 대로 인간은 몸이 있고, 다른 사람과 함께 살고, 노동을 하면서 휴식을 취해야 한다. 마찬가지로 고통도 인간의 한 부분이고 인간은 여러 가지 방법으로 고통에 대처할 수 있다. 고통을 피해보려 할 수도 있고 부정할 수도 있다. 마비시킬 수도 있고 맞서 싸울 수도 있다. 혹은 내게 온 고통과 함께하기로 하고, 내 모든 정신을 집중해서 진정한 현실이 무엇인지, 내가 알아야 할 것이 무엇인지를 생각해 볼 수 있다.

당신은 인생의 그래프를 만들어 본 적이 있는가? 만약 없다면 지금 해보자. 당신 인생을 일직선으로 보고 가장 왼쪽에는 태어난 날, 가장 오른쪽에는 오늘 날짜를 적어 놓고, 그 사이에 중요한 사건을 채우는 것이다. 다 채워진 후에 당신은 스스로 부쩍 성장했던 때와 고통스러웠던 뾰족한 때가 연관이 있음을 알게 될 것이다. 그때는 가족이 5년 동안 네 번이나 이사를 했고, 새 학교에 간 당신이 새 친구를 만들기 전까지 한 달 정도 혼자서 지내는 법을 배웠던 때이다. 당신의 동반자가 당신 곁을 떠나서 앞으로 무엇을 해야 할지, 어떻게 해야 할지조차 모르던 그때이다. 의사에게서 당신 폐에 생긴 반점에 대한 설명을 듣고, 여동생과 화해하는 그때이다. 대단한 무언가가 되기 위해 스스로 선택한 방법은 아니지만 그 방법들은 효과를 거두었다.

고통은 바닥을 치기 전 사용하고 있던 쿠션들을 태워 버리고 당신의 클러치를 뽑아 다음 기어로 내던진다. 고통은 당신을 침대에 눕히고, 전에는 오직 앞만 보고 달렸던 일들에 대해 생각할 시간을 준다.

고통은 우리 모두를 신학자로 만든다. 당신이 극심한 육체적인 고통으로 밤을 지새운 적이 있다면 알 것이다. 고통이 인생을 헤쳐 나갈 수 있다는 스스로에 대한 믿음을 준다는 사실과 하느님을 믿는 데 있어 큰 역할을 한다는 사실을 말이다.

어느 날 오후, 나는 정원의 나무를 가지치기하다가 실수로 소나무 가지에 오른쪽 눈을 찔렀다. 너무 아파서 가위를 내던져 버리고 비틀거리며 집에 들어가 눈에 들어간 소나무 껍데기를 빼려고 안간힘을 다했다. 한 시간쯤 지났지만 눈은 계속 아팠고, 남편은 나를 병원에 데리고 갔다. 나를 치료해 주던 응급실 인턴은 오렌지색 마취약을 눈에 바르면서 괜찮을 거라고 말했다. 한 시간 뒤 마취가 풀렸고, 아스피린 한 줌을 먹은 뒤 침대에 누우면서 다음 날에는 이 고통에서 해방되기를 바랐다.

　그러나 새벽에 잠깐 눈을 떴을 때, 오른쪽 눈에 전기 충격 같은 고통이 지나갔다. 아플 때마다 큰 소리로 울었고, 아스피린을 먹고 잠들었다. 잠깐 눈을 뜰 때마다 전기 충격이 전해졌다. 오른쪽 눈에는 여전히 큰 소나무 껍데기가 있는 것 같았고, 고통은 점점 더 심해졌다. 괘종시계가 울릴 때마다 나는 기도했다. 믿지도 않으면서 하느님과 흥정했고, 효과가 없다 싶으면 하느님의 명예를 의심했다. 하느님께 무언가 해 달라고 간청했고, 무언가 해 달라고 맞서기도 했다. 그렇게 밤새 기도를 하며 아침을 맞았다. 나는 고통을 없애 주는 하느님에게서 마음을 돌려 내가 뭐라건 고통을 느끼는 내내 나와 함께 했던 하느님과 함께 섰다. 아침에 안과 의사가 각막이 찢어졌다고 말해 주었을 때, 밤새도록 벌인 나의 레슬링 경기는 끝나 있었다. 고통으로 인해 나는 기도하는 방식을 바꾸었다. 또한 내가 기도를 드리는 그분에 대한 생각도 바뀌었다.

　고통은 신성함과 조우하는 가장 빠른 길이지만, 우리들 대부분은 있는 힘을 다해 고통을 피하려고 한다. 진통제를 흡입하고, 치과에 가서 덜 고통스럽게 해 주는 아산화질소를 요구한다. 또 술에 슬픔을 빠뜨린다. 우리는 마취제 없이 출산하는 여성들, 자해하는 청소년들, 자신에게 채찍질을 가하는 종교적 광신자들처럼 기꺼이 고통을 선택하는 사람들을 보면서 그들에게 관심을 갖지만 동시에 간담이 서늘해진다. 나도 이런 사람들을 몇몇 알고 있지만, 그들의 고통에 대해 무언가를 쓸 만큼은 아니다.[28] 내가 아는 유일한 고통은, 내 바구니를 채워 주는 정원에 관련된 일들뿐이다.

나는 고등학생 때 바늘을 무척 무서워했다. 그래서 만약 결혼하는 데 피검사를 해야 한다면 결혼하지 않겠노라 다짐했었다. 그러던 어느 날 바늘에 대한 공포가 왜 생겼는지 생각해 보게 되었다. 네 살 때 맞은 예방접종이 기억났다. 나는 도망치려 했고, 내게 주사를 놓으려는 간호사는 모두에게 들릴 정도로 큰 소리로 욕을 하며 나를 쫓아왔다. 또래보다 컸던 내가 거세게 저항하자 주사 바늘이 부러졌고 나는 수술대 위에 엎어졌다. 간호사는 빈 주사기를 들고 나를 보고 있었고, 나는 곧 하얀 가운을 입은 힘 좋은 간호사들에게 이끌려 주사 맞을 자리로 돌아왔다. 어머니도 그들 중 한 명이었겠지만 나는 내 기억에서 어머니를 지웠다. 그래서 주사 맞는 장면에 어머니의 얼굴은 없다. 어쨌거나 나는 결국 주사를 맞았다. 끔찍한 냄새가 나는 알코올이 내 팔에 닿았고 나는 소리 낼 기운도 없이 축 쳐져서 주사를 맞았다.

그때의 충격이 어찌나 컸던지 나는 나이가 들어 치과에 가서도 마취제를 거부했다. 심한 겁쟁이인 내가 마취제를 거부하다니, 나도 어이가 없다. 하지만 나는 드릴보다 바늘이 더 무서웠다. 내가 의사를 얼마나 믿느냐는 다른 문제였다. 고통은 따가웠지만 참을 만했다. 벌에 길게 쏘이고, 누군가 아래턱을 작은 망치로 가볍게 치는 느낌이었다. 고통은 계속되었고 나는 아무 생각도 나지 않았다. 드디어 진료가 끝나고 내가 의사에게 감사하다고 말했을 때, 그는 나보다 더 힘들어 보였다.

그 일이 있고 나서 한참 뒤에 나는 사랑니를 빼야 했다. 그때는 선택의 여지가 없었다. 두 손을 들고 항복했다. 치과 의사가 아주 작은 주사 바늘을 내 손목에 있는 정맥으로 집어넣을 때 나는 눈을 감고 속으로 열을 셌다. 그리고 기억나는 것은 쇠 냄새가 나는 솜이 내 입으로 다가오고 있다는 것 뿐이었다. 그 뒤로 나는 마취의 팬이 되었다. 나는 "느끼지 않아도 될 고통을 왜 느끼십니까?"라며 기회가 있을 때마다 사람들에게 물었다. 바늘은 당신이 지불해야 할 대가이다. 나는 결혼도 했고 피검사를 위해 깨어 있어야 했다.

살아 보니 내가 직접 고통을 겪는 것보다 고통스러워하는 사람 곁에 있는 것이 더 힘들다는 사실을 깨달았다. 1980년대에 나는 에이즈로 죽어가는 많은 사람들과 함께했다. 그때는 에이즈에 대항할 수 있는 무기가 아무것도 없었다. 초기 에이즈 환자에게도 에이즈는 외로움과 소외를 가져오는 공포의 대상이었다. 환자를 보기 위해서는 그의 병실 앞에서 가운과 수술복을 입고 고무장갑도 껴야 했다. 이 절차는 내가 아닌 그를 보호하기 위한 것이지만 그렇게 느껴지지 않았다. 마치 그에게서 나를 지키기 위한 것이라는 느낌이 들었다. 그가 내 육신을 만지지 못하도록 하는 방법. 이것이 우리 둘에게는 간절히 필요했던 것이다.

자원봉사자들 중 많은 젊은이들은 병원에 계속 머물렀다. 집으로 돌아간 이들도 꽤 자주 병원으로 찾아왔다. 나는 환자들의 집으로 찾아가 가운과 마스크를 벗고 이야기를 나눴다. 그 2년 동안 나는 고통에 대해 두 가지를 배울 수 있었다. 하나는 시간이 지나면 고통에 대해 편하게 이야기할 수 있다는 것이었다. 고통이 공기처럼 움직이는 것이라면 왜 신경 쓰는가? 그저 고통이 이끄는 대로 따라가라. 사랑과 실연, 공포와 감사가 있는 진짜 바닥을 내려다보라. 남모르는 공간에서의 자아성찰은 선정적인 연예 기사와 쇼핑에서 당신을 자유롭게 해 줄 것이다. 두 번째는 고통과 괴로움은 다르다는 것이다. 최근까지 나는 이 둘이 같다고 생각했다. 미국의학협회에 따르면 고통은 '세포 조직으로 인한 기분 나쁜 마음'이다. 이 정의는 내가 생각하는 고통의 상황을 묘사하기에는 스케일이 너무 작다. 그러나 과학적으로는 맞다. 고통은 육체에서 비롯된다. 부어오른 관절에서, 복수로 가득 찬 폐에서, 다친 신경에서, 퍼지는 종양에서 고통은 시작된다. 당신은 고통 위에 자주 손을 얹을 수 있고 아픈 부위를 찾아 누를 수 있다. 고통스러운 사람에게 신음하라고 하거나 그들의 푸념을 들을 수 있다. 고통은 육체에서 기인한다. 반대로 괴로움은 마음에서 온다. 마음은 고통이 어떤 의미를 갖는지, 고통이 가치가 있는지 없는지를 판단한다. 마음은 그때가 얼마나 좋았는지 그리고 지금이 예전과 얼마나 다른지 알려 준다. 또 마음은 판단을 내리고 손해를 따지며 잘잘못을 가리고 죄책감을 씌운다. 에이즈에 걸린 친구들은 그들을 인정해 주지 않는 애인의 부모님, 그들의 집 계약을 연장해 주지 않는 집

주인, 그들의 직업을 안정적으로 지켜 주지 않는 고용인들, 그들의 생존에 대해 신경 쓰지 않는 보험 회사 때문에 괴롭다. 그들을 죽인 것은 에이즈이지만, 그들의 괴로움은 육신의 고통보다 심했을 것이다.

선악의 제재를 공평하게 내리시는 하느님의 신적인 정의에 대해 심각한 질문을 던지지 않고서는 고통을 참아 내기도, 그들 곁에 있기도 힘들다. 만약 하느님이 전지전능하고 선한 분이라면, 왜 선한 사람들에게 그렇게 고통스러운 일이 일어나는가? 왜 생일 케익에 꽂힌 초 6개를 불어 보지도 못한 아이가 죽는가? 에이즈나 지진 해일로 인한 엄청난 사망자 수를 보고도 하느님의 말씀은 어떻게 살아남을 수 있는가?

성경의 욥기는 하느님에게서 답을 얻어 내지 않고 질문과 씨름하는 것으로 유명하다. 이야기가 진행되면서 고통에 대한 대부분의 진실과 함께, 전통적인 종교적 답의 부족함이 드러난다. 이러한 내용이 성경에 있는 것 자체가 바로 그 증거이다. 욥기를 성경에 넣기로 결정한 이들은 인간의 고통과 괴로움의 깊이를 여과 없이 설명하는 것이 어떤 올바른 교리적 대답보다 더 가치 있다고 생각한 것이리라.

시작을 보면 욥이 선하다는 건 의심의 여지가 없다. 그는 흠잡을 데 없이 올바른 사람이고, 하느님을 두려워하고 악에게서 돌아선 사람이다. 하느님도 그렇게 생각하셨고 그래서 사탄이 믿음을 시험하는 대상으로 욥을 선택했다. 사탄이 말한다. '당연히 욥이 당신을 두려워 할 밖에요. 당신께서 친히 그와 그의 집과 그의 소유물을 울타리로 감싸 주시지 않았습니까? 그가 하는 모든 일에 복을 내려 주셨고, 그의 가축을 번성하게 해 주시지 않았습니까? 당신이 욥을 위대한 사람으로, 동방에서 으뜸가는 사람으로 만드셨습니다. 욥이 당신을 사랑한다면, 그 사랑은 조건 없는 사랑이라고 보기는 어렵습니다.' 그리고 사탄은 제안한다. '그에게 고통을 주십시오, 그에게 심한 고통을 주십시오, 그러면 그는 당신의 얼굴에 대고 당신을 저주할 것입니다.'

이 사탄은 인기 있는 종교적 상상력에 의한 악마가 아니다. 욥기에서 신은 둘이 아니라 하나이다. 여기에서 사탄은 고발자이자 하느님의 검찰관으로, 하느님의 신성한 의회에서 천상의 존재들과 함께 직무를 수행한다. 그는 혼자 독립적으로 일할 능력이 없으며 하느님이 허락한 일들만 할 수 있다. 그러므로 그는 신의 면허를 가지고 욥에게 고통을 준 것이다. 처음에 그는 욥에게서 가축들을 앗아가고, 그의 자식들 위로 집이 무너져 내리게 하고, 욥의 머리끝부터 발끝까지 심한 부스럼이 나게 했다. 하느님은 욥을 죽게 하지 않으셨고, 사람들은 죽음보다 더한 고통과 괴로움에 대해 하느님께 질문했다. 어쨌거나 욥은 이 모든 시험에서 하느님께 등을 돌리지 않는다.

그러나 그는 미사여구를 모두 동원해 많은 말을 한다. 욥은 그가 태어난 날을 저주하고 자신의 입장에서 정의를 옹호한다. 그는 하느님과 상대가 될 만한 자를 고르라고 간절히 부탁한다. "끝내 나에게서 눈을 떼시지 않으시렵니까?", "침 삼킬 동안도 눈을 떼시지 않으시렵니까?"[39] 욥은 분노한다. 만일 전능한 자에 대항해 유창하게 불평하려는데 말이 막힌다면, 성경을 보라. 훌륭한 대본이 거기에 있다. 욥은 고통에 대한 웅변술이 뛰어난 시인 중 하나이다.

고통을 묘사하기란 쉽지 않다. 이를 감안하면, 욥기는 경이에 가깝다. 당신의 고통을 의사에게 설명해 본 적이 있다면, 이 말 뜻을 알 것이다. 흉골 바로 밑에 뜨겁게 타오르는 숯불을 집어넣은 것 같은 느낌이다, 철도에 박는 쇠못이 머리에 박히는 느낌이다. 피부가 타고 눈에 소나무 껍데기가 박혀 있는 것 같다. 척추가 전기선이 되어 움직일 때마다 합선이 되는 것 같은 느낌이다. 그리고 결국 말로는 설명이 부족한 고통으로 인해 당신이 합선된다.

고통은 직접적으로 묘사할 수 있는 말이 부족하므로 그저 비유를 할 수 있을 뿐이다. 돌이나 깨진 유리는 진짜지만 고통에 대한 표현은 진짜가 아니다. 의사는 1부터 10사이에서 얼마나 아픈지 매겨 보라고 하지만 바로 앞 환자의 10과 당신의 10이 어떻게 다른지 의사는 알 수 없다. 고통은 어림짐작으로 소통될 수밖에 없고, 고통에 대한 모든 묘사가 상상력을 요구한다.

욥에 따르면, 그의 고통은 독화살이 몸을 뚫는 것 같고[40], 몸이 사나운 폭풍을 만나 부서진 것 같고[41], 덜미를 잡혀 산산조각 나는 것과 같다.[42] 하느님은 그의 창자를 터뜨리고 쓸개를 땅에 쏟아 내셨다.[43] 욥의 살갗은 까맣게 타서 벗겨졌고 뼈는 열로 타오른다.[44] 그러나 이 모든 것은 그의 고통을 어림짐작하는 묘사일 뿐이다. 무슨 일이 일어났는지 하느님께 물었지만 대답을 듣지 못한 욥의 마음의 고통은 육체적 고통을 능가한다.

"왜 접니까?" 이것이 욥이 알고 싶은 전부이다. 그의 육체적 고통, 그가 잃은 것에 대한 상심은 말로 할 수 없다. 그러나 욥은 입을 다물지 않는다. 더 이상 할 수 있는 일도, 더 이상 지킬 것도 없을 때, 그는 하느님의 문을 두드리기 위해 이유를 묻는 것은 물론 눈물, 오만, 빈정거림, 비하, 분노 등 방법을 가리지 않는다. 그에게 일어난 일들이 너무나도 공격적이어서 그는 더 이상 자신이 누구인지 확신할 수 없다. 욥은 어떤 의미도 생각할 수가 없었고, 하느님에게 그 의미를 만들어 달라고 할 수도 없게 되었다.

여기에 고통의 다른 일면, 마음의 고통이 있다. 가장 아픈 고통을 겪으면 이전에 고통이라고 생각했던 것들을 잊어버린다. 만성적인 고통에 시달리는 사람들은 이 점을 잘 알고 있다. 매일매일 고통과 함께 사는 것은 지불할 것이 많은 관계에 있는 것과 같다. 고통과의 평화로운 공존은 고통에 맞서 싸우는 것만큼이나 많은 에너지를 요구한다. 아침에 일어나 옷 입고 밥 먹고 걷는 일들이, 예전에는 생각할 필요도 없이 했던 일들이 이제는 대가를 지불해야 하는 일이 된다. 간단한 일조차 제대로 할 수 없는 이 사람은 누구란 말인가? 아무도, 자기 자신도 도울 수 없는 이 사람은 누구인가?

자신이 강하고 용감하고 인내심 있고 믿음이 굳다는 착각을 버리는 데는 하룻밤의 생생한 육체적 고통이면 충분하다. 찢어진 각막 통증이 발뒤꿈치까지 내려갈 거라고 누가 생각이나 했겠는가? 심한 식중독이 하느님의 자비를 의심하게 만들 거라고 누가 상상이나 할 수 있었겠는가? 고통과 진실 사이의 직접적인 연관을 깨닫는 네 고문 기술자까지도 필요 없다. 고통은 너무나 생생하므로, 당신이 무얼 하려 했는지 같은 덜 생생한 것들은 뜨거운 난로에 떨어진 물 한 방울처럼 사라져 버릴 수 있다. 당신의 미덕은 대수학처럼 추상적인 것이 되고, 당신의 믿음들은 구멍이 많은 구름처럼 되어 버린다.

욥은 하느님을 안다고 믿었다. 그는 자신이 선한 사람이고, 흠잡을 데 없이 올바르다고 믿었다. 그가 오만했던 것이 아니라 그는 하인들과 동물들을 돌보았고 아내에게 좋은 남편이었다. 자녀들을 위해 규칙적으로 기도했으며, 다른 사람들이 죄를 저지르고 씻는 방법을 잊었을 때, 그들의 죄를 씻는 희생 제사를 드렸다. 그는 이 모든 것들이 하느님을 기쁘게 할 거라고 믿었고, 그가 가진 좋은 것은 다 하느님께서 주신 축복이라고 믿었다.

이 모든 것이 무너지기 시작하면서 그는 지금까지 자신이 생각했던 욥이 아니었다. 세상은 그의 생각대로 움직이지 않았다. 그의 가족은 안전하지 않았고, 그의 건강도 위험했다. 욥이 생각했던 하느님이 아닌가? 완전히 공중 분해되는 욥의 믿음을 구할 수 있는 것은 하느님의 설명뿐이었다. "왜입니까?" 그는 계속 물었지만 헛기침 소리조차 듣지 못했다.

욥은 하느님의 침묵으로 인해 더 고통스러웠다. 이 고통은 부스럼이나 가난, 심지어 자녀들의 죽음보다 그를 더 아프게 했다. 대답을 듣지 않고는 그의 인생은 무의미했다. 이런 무의미함은 어떤 느낌일까? 그것은 산소마스크 없이 우주 공간을 떠돌아다니는 것과 같다. 수천 개의 거미줄로 침대에 묶여 꼼짝 못하는 것과 같다. 수천 명의 사람이 북적대는 쇼핑몰에서 아무와도 부딪히지 않고 걷거나, 혹은 아무도 자신을 건드리지 않고 걷는 것과 같다.

욥에게는 그를 구해 줄 친구가 셋 있었다. 그들은 고통과 괴로움에 대한 전통적인 설명을 늘어 놓았다. 첫 번째 친구 엘리바즈는 분명 그가 무언가 잘못했을 것이라고 말한다. 하느님은 언제나 옳다고, 두 번째 친구 빌리다드가 덧붙인다. 세 번째 친구 조파르는 욥이 무엇을 잘못했는지 모른다고 하더라도 하느님은 아시며, 욥은 그저 자기 잘못을 인정하고 하느님이 그 죄를 용서해 주시기를 간구해야 한다고 말한다.

이러한 논쟁들은 신학적이며 실존적이다. 아무리 어린아이라도 테이블에 제 머리를 부딪히면 울면서 엄마에게 달려 갈 것이다. 고통은 아픈 것이므로 분명 무언가가 잘못된 일일 것이다. 만약 이 아기가 아픈 이유를 안다면 고통은 끝나겠지만 그렇지 않다면 아기는 자신보다 더 힘이 센 누군가에게 의지하려 할 것이다. 만약 미안하다는 말을 해서 힘 센 누군가가 고통을 줄여줄 수 있다면 아기는 그렇게 할 것이다.

　이 이야기에 숨겨진 슬픈 진실은 고통을 조정할 수 있다는 환상이다. 사람들은 자신이 고통을 조정할 수 없다면 더 강한 누군가에 의해서라도 조정될 수 있다고 생각한다. 하지만 아픈 자식 곁을 밤새도록 지킨 부모들은 이 이야기가 틀렸음을 알 것이다. 아무 이유 없는 고통이 있듯 치료법이 없는 고통도 있다. 욥의 경우, 독자들은 하느님과 사탄 사이에 욥이 있다는 사실을 알지만 욥은 모른다. 욥이 아는 유일한 사실은 하느님이 침묵하시면 고통과 괴로움은 계속된다는 것이다.

　욥은 친구들을 멀리하려 한다. 친구들은 욥이 아니라 하느님을 보호하려 한다. 욥은 하느님을 저주한 뒤 죽으라는 아내의 조언을 무시했던 것처럼 그들의 위선적인 조언을 무시했다. 하느님이 대답을 주시지 않는다면 그는 분노로 가득 찬 시들로 주변을 채웠을 것이다. 하지만 그는 하느님의 침묵에 대하여 계속해서 '왜'냐고 물었고 이는 믿음의 한 단면이다.

　하느님을 향한 수천 개의 사랑의 시 중에 밤새도록 하느님을 찾아 울부짖다가 결국 찬양하게 된다는, 신비주의 시인 루미가 쓴 시가 있다. 어느 날, 한 비판가가 루미의 집을 찾아와 신의 음성을 들은 적이 있냐고 물었다. 그러나 답이 없자 기도를 멈추고 잠이 들었다. 영혼의 수호신인 키드라가 그의 꿈에 찾아와 왜 기도를 멈췄는지 물어보았고, 남자는 아무것도 듣지 못했기 때문이라고 대답했다. '이 그리움이

신에게서 온 대답이다'라고 키드라는 말했다.

> 당신의 울부짖는 슬픔은
> 그 무엇과의 결합을 향해 나아간다.
> 도움을 원하는 당신의 순수한 슬픔은
> 비밀의 잔이다.
> 주인을 향해 외치는 개의
> 부르짖음을 들어라.
> 이 흐느낌은 그 무엇과의 연결이다.
> 그들의 이름은 아무도 모르지만
> 당신이 사랑하는 개가 당신 옆에 있다.
> 당신의 생명을 주어
> 그들 중의 하나가 되게 하라.[45]

욥은 하느님의 사랑을 받던 숨을 헐떡이는 강아지였다. 욥기의 37 장은 욥이 자신을 둘러싼 세상을 슬픔으로 채우며 할머니가 들었으면 기절할만한 이야기를 하느님 앞에 늘어놓은 것이다.

> 제가 침묵을 지키게 해 주십시오. 그러면 말하겠습니다.
> 그리고 올 것은 빨리 오게 해 주십시오.
> 제 육신을 제 이빨로 없애 버리고

제 인생을 제 손 위에 놓겠습니다.

보이십니까? 그는 저를 죽이려고 합니다.

그리고 저는 아무 희망이 없습니다.

그러나 저는 그의 눈앞에서 저를 지키겠습니다.[46]

슬픔은 욥을 휘감았고 극악무도한 고통은 욥이 스스로를 크게 느끼도록 만들었다. 그래서 욥은 하느님의 침묵 때문에 느끼는 고통 말고도 큰 고통 속에 찾아오는 이기심 때문에 고통스러웠다. 왜 많은 노인들이 자신을 고통스럽게 하는 목록을 작성하겠는가? 이 모든 고통이 그들의 동반자이기 때문이다. 고통은 많은 공간을 뺏고, 주의를 요구한다. 그래서 고통을 뚫고 나와 자신만의 자리를 마련하기가 어렵다. 욥의 고통은 크지만, 그의 자아도취는 예외이다. 한 사람에게 계속해서 상처를 주는 고통은 그 자신이 우주의 중심에 서 있다고 착각하게 만든다.

욥의 한탄이 더 이상 들리지 않자 하느님은 마침내 말씀하셨다. 하지만 욥이 물었던 질문에 대한 답은 아니었다. '어느 누가 나의 충고를 지식 없는 단어로써 어둡게 하느냐'[47] 라는 질문으로 시작해서 '까다로운 사람이 하느님과 감히 대적하겠느냐'[48]로 끝나는 마흔네 개의 질문이었다.

이 질문들은 대답하기 어려웠다. 하느님이 대지를 펼쳐 놓으셨을 때 욥은 존재하지 않았다. 욥은 바닷속 깊이 가 보지 않았고 해안선

우묵한 곳을 걸어 보지도 않았다. 욥은 번개를 보낼 수도, 구름을 셀 수도, 천국의 물을 담는 가죽 부대를 흔들 수도 없다. 또한 어린 사자나 어린 까마귀의 입에 맞는 먹이를 줄 수도 없다. 욥은 할 수 없고, 가질 수 없고, 알 수 없었다.

하느님이 잠시 멈추자, 욥은 일생 처음으로 말을 아끼고 입을 다물었다. 그리고 잠시 후 욥은 하느님을 향해 말했다. '저는 작은 존재에 불과합니다. 제가 어떠한 답을 드려야 합니까?' 욥은 계속 묻는다. 그러다가 '저는 한 번 말했으므로 더 이상 답하지 않겠습니다'고 말했다. 그러나 욥은 참지 못하고 고백한다. '두 번 말했으나 더 이상 말하지 못하겠습니다'.[49]

하느님은 욥을 시험하면서 질문 스무 개를 더 하셨다. 그러나 하느님께서 하려는 말씀은 이미 분명해졌다. 욥은 하느님이 아니다. 그의 고통으로 그가 특별해지지는 않는다. 그러나 만약 특별한 것이 있다면 이 고통으로 인해 욥은 다른 피조물들과 더 많이 소통할 수 있게 될 것이다. 하느님께서는 욥을 극진히 아끼시기에 어떠한 인간도 볼 수 없었던 것을 보게 해 주셨다. 그렇다고 하느님이 만드신 우주 중심에 욥이 있게 하지는 못한다. 하느님은 다른 중요한 일이 있고, 욥은 조용히만 하면 그 일들을 볼 수 있다.

몇몇 질문에 욥은 애매한 태도를 취했지만 그래도 만족스러웠다. 그는 자신의 자리로 돌아온 것을 다행이라 여기고 하느님의 위엄 있는 답변들을 반복했다 '나는 당신에 대해 귀로 듣기만 했습니다.' 그리고 욥은 결론을 말한다. '그러나 저는 제 눈으로 당신을 뵈었습니다. 그래서 제 스스로를 부끄럽게 여기며 먼지와 재를 뒤집어쓰고 회개하려 합니다.'[50]

이 마지막 대목에서 몇몇 독자들은 미칠지도 모른다. 이 대목에서 피해자인 욥을 괴롭히는 피의자 하느님을 볼 수도 있다. 그러나 내가 보기에 욥은 당하기만 한 것은 아닌 것 같다. 그는 자신에 대한 것, 인생에 대한 것, 하느님에 대한 것, 자신이 알고 있던 이 모든 것이 무너지는 경험을 하고 새로운 도약을 준비할 수 있는 사람이다. 그러나 욥은 자신을 경멸하며 쏟아져 나오는 엄청난 진실을 견뎌냈고, 이것은 자아 도취에 빠졌던 그를 조금이나마 작게 만들었다. 먼지와 재는 그의 지나간 삶을 덮었고 이 삶은 하느님의 얼굴에 비친 더 큰 삶으로의 도약을 의미했다.

욥의 이야기는 내가 다른 선구자들에게서 들었던 바와 같다. 그 선구자들도 선한 사람들에게 '왜' 나쁜 일이 일어나는지 묻는 것을 포기했다. 그들은 '언제'라고 묻는 것이 진정한 질문임을 알고 있다.

육체적 고통과 그 동반자인 마음의 고통이 당신 앞에 나타나면 어떻게 할 것인가? 쇠락이 어떻게 돌파구가 될 수 있는가? 애완견이 주인을 향해 어떻게 한탄하는가?

이 지점에서 조심하지 않으면, 지금 내가 하는 말은 욥의 신앙심 깊은 친구들이 하는 말처럼 들릴 수 있다. 고통을 겪고 있는 사람에게 고통 중에 있지 않은 사람의 충고는 허락되지 않는다. 고통에 대해 믿을 만한 지혜는 몇 달 째 고통을 겪고 있는 사람들에게서 나오고, 우리는 그 말에 귀를 기울인다. 이런 방식으로 고통의 차례가 돌아왔을 때 우리는 준비할 수 있다. 최소한 어느 정도 고통에 대해 인식하거나, 먼저 간 사람들이 말해 준 것들을 통해 다음에 올 것들을 대비하게 될 것이다.

나는 임종의 순간 그 옆에 있어 보았고, 그들의 말을 주의 깊게 들었다. 그 방에서 어떤 일이 일어나는지 보았고, 그로 인해 마음이 혼란해지는 것도 겪었다. 고통은 당사자와 그 주변 사람들의 희망을 모두 꺼내 비틀어 짜서 너덜너덜한 누더기로 만든다. 또한 고통 중에 있는 사람들은 특별한 모든 것, 별 볼일 없는 모든 것, 사소한 모든 것과 고귀하지 않은 모든 것을 태워 빛을 내고 투명하게 속내를 비춰 보인다. 위 두 가지가 어떻게 다른지 설명하면 좋겠지만, 어떤 예를 제시하는 것은 그와 연관된 개인에게 무례한 일이 될 것이다.

고통 속에 있다면 관대함이 고통을 이기는 데 도움이 될 것이다. 내 친구 마틸다는 루게릭 병으로 목소리를 잃었을 때 수채화를 그리기 시작했다. 곧 그녀의 부엌 벽면은 미국의 여류 화가 조지아 오키프가 보았다면 분명 탐냈을 만한 살집이 풍만하고 현란한 꽃들로 뒤덮였다. 방문자들은 붓을 들지 않으면 마틸다의 집에 들어갈 수 없었다. 찾아오는 사람들이 그림을 그리고 싶은지 아닌지는 그녀에게 중요하지 않았다. 색채는 그녀의 언어가 되었다. 마틸다와 소통하고 싶다면 보라색 수령초, 연한 자주빛 등으로 이야기해야 했다. 당신이 간신히

삼색 오랑캐꽃을 그리면, 그녀는 손뼉을 치며 큰고니처럼 경적소리를 냈을 것이다.

더 이상 자신의 침대에서 일어날 수 없게 된 팻은 보석 상자를 옆에 두고 싶다고 했다. 만약 당신이 그녀를 찾아갔고, 당신이 좋아할 만한 것이 보석 상자에 없다면, 그녀는 옷장에서 스웨터나 블라우스를 고르라고 했을 것이다. 그녀는 떠나기 전에 물건을 다 나누어 주려고 했지만 사람들은 그녀가 처리한 물건을 대신할 만한 것들을 계속해서 가지고 왔다. 누군가 구멍이 뚫린 잘 닦인 원석을 목에 걸라고 가져왔을 때, 그녀는 "이게 뭐지?"라며 그 원석을 이리저리 뚫어져라 쳐다보다 한숨을 쉬었다. 그리고 한 쪽 눈으로 그 원석을 가까이에서 보다가 중심에 둥글게 꿰뚫린 부분을 발견했다. "아, 이제 알겠다. 이건 통과하는 길이야."

의식도 도움이 되는 것 같다. 너무 어린 나이에 세상을 떠난 루시를 위해 저녁이 되면 교인들은 그녀의 집 앞마당에 모여 그녀가 들을 수 있도록 크게 찬송가를 불렀다. 그리고 그녀의 집을 기도로 가득 채웠다. 마치 빛나는 실크 낙하산처럼 기도가 지붕 위로 떠가는 것처럼 보일 정도였다. 찬송가가 루시를 도왔는지는 알 수 없지만, 찬송을 부른 사람들이 가족들을 도왔음은 분명하다.

두 번째 암 수술을 하게 된 얼은 무엇을 준비해야 할지 몰랐다. 미션 스쿨에서 고통스러운 어린 시절을 보내며 하느님에 대한 믿음을 버린 그는 교회에 다니지 않았다. 월든 호숫가에서 혼자 살았던 소로

처럼 혼자 산에 가는 것을 좋아했지만 병 때문에 그럴 수 없었다. 얼은 자신의 사무실에서 햇살이 비치는 자리에 앉아, 자신이 없는 동안 사람들이 쉽게 찾을 수 있도록 서류들을 정리했다. 두 자녀들이 수술 전날 사무실에 있는 그를 발견하고, 그의 머리에 손을 얹어도 되는지 물어보았다. 얼은 당황스러웠지만 허락했고, 두 아이 중 하나가 그의 뜨겁고 둥근 머리에 두 손을 얹었다. 다른 한 명은 사랑의 무게가 얼마나 무거운지 알 수 있을 만큼 세게 그의 두 어깨를 눌렀다. 얼은 가만히 있었다. 셋은 그렇게 오랜 시간 혹은 찰나의 순간 동안 그렇게 있었다. 그 자세에서 말을 하기란 어려웠다. 그 뒤에 일어난 일도 말로 표현하기 힘들다. 일 년 뒤 얼은 그때를 떠올리며 이렇게 말했다. "햇빛 속에서 나를 만졌던 그날을 기억하니? 나는 아직도 기억한단다."

고통에 주의를 기울이는 것 또한 도움이 된다. 고통은 너무나 아프기 때문에 이유를 알려 달라고 빌게 하고, 모든 죄의식을 끌어 모은다. 이때 주위를 잘 둘러보아야 한다. 고통만큼 시야를 명료하게 하고 주위를 잘 보게 하는 것은 없다.

플라톤의 말처럼 고통은 영혼의 질서를 회복해 낸다. 시인 루미는 고통이 무관심의 가지들을 털어 낸다고 말한다. "찌르는 가시들이 / 당신을 어떤 사유보다도 / 더 멀리 데려갈 것이다."[51] 다른 무엇보다 고통은 출생, 오르가슴, 사랑, 죽음과 같은 인생사의 경험을 제공한다. 고통은 너무나 생생해 비현실적인 상황에 대한 중화제 역할을 한다. 당신이 직접 고른 중화제는 아니더라도, 아주 효과적일 것이다. 다음에 당신이 진정한 고통 속에 있게 될 때, 텔레비전 쇼나, 새로운 가전제품, 깨끗한 집, 혹은 당신의 이력서에 대해 당신이 어떻게 느끼는지 살펴보라. 그것들 중 당신을 도울 수 있는 것은 하나도 없다. 당신을 도울 수 있는 것은 당신을 보살피기 위해 모든 일을 포기한 누군가가 가져다 준 차가운 물 한 잔이다. 담요 몇 장, 마른 베개도 도움이 될 것이고, 당신이 울면 집안에 있는 누군가가 들을 거라는 사실도 도움이 된다.

언젠가 일주일 내내 침대에 누워 있어야 했던 적이 있다. 그때 나는 나무 블라인드 틈으로 비추는 햇살이 내 침실의 하얀 벽으로 움직이는 것을 몇 시간이고 지켜보았다. 처음에 햇살은 부드러운 모서리의 벌집 모양을 만들었다. 아침 10시쯤에는 자로 잰듯한 반듯한 빛이 줄무늬를 그렸다. 정오가 되자 줄무늬는 창문 밖 느릅나무 잎사귀 무늬가 찍힌 사다리가 되었다. 오후 2시, 해는 우리 집 지붕 위로 넘어가고 정원에 깊은 그늘을 드리우면서 줄무늬들은 점차 사라졌다.

지루한 하루처럼 들릴지 모르지만 나에게는 그렇지 않았다. 아름다웠고 내게 위안을 주었다. 그 무늬들은 나를 나 밖으로 나갈 수 있도록 해 주었다. 나는 빛을 바꾸기 위해 아무것도 하지 않아도 되었다. 내가 그것들을 지켜보든 말든 그 빛은 자기들의 방식을 가지고 움직였다. 그 순간 보고 있는 무늬가 마음에 들지 않더라도, 무늬가 바뀌는 속도를 조절할 수 없더라도, 나는 그것이 곧 바뀔 것임을 알고 있었다. 너무 미화시킨다고 생각할지 몰라도, 그 빛은 내 삶 같았다. 그 빛에 주의를 기울이면서, 나는 빛을 조정하겠다는 생각을 버리고 인내하게 되었다. 그대로 놓아 두면서, 나는 회복되었다.

　모든 종류의 육체적 고통과 정신적 고통에서 도망가는 사람의 수만큼, 그들을 고통 없이 잠자는 상태로 이끌 것을 약속하는 종교들은 늘 있다. 하지만 깨어 있기를 원하는 사람들에게 고통은 이 세상의 믿음직한 제단이며, 아픔으로 가득한 삶은 그만큼의 의미로 가득하다는 것을 깨닫게 할 것이다. 우리 모두가 함께 통과하는 길을 발견할 때까지 아픔과 의미는 함께 걸을 것이다.

11
prayer

하느님께 바치는 연습

기도 생활을 준비하는 최선의 방법은 더 열심히 인간이 되는 것이다.
케네스 리치●

이 책을 쓰면서 기도에 관한 이야기를 하고 있지만 사실 두렵다. 내 책장은 기도서와 기도에 관한 책으로 가득 차 있고 내 서랍에는 그동안 가르친 과목이나 기도에 대해 적어 놓은 메모들로 가득하다. 나에게는 두 번밖에 사용하지 않은 명상용 의자가 있고, 일주일 동안 읊조릴 수 있는 기도용 만트라가 있고, 페이지마다 기도가 필요한 사람들의 이름을 적어 놓은 노트도 여러 권 있다. 잠깐, 그 사람들의 이름을 적는 것으로 충분한가? 그리고 시편에 나오는 성경

● 영국 성공회 신부.

의 현악기도 갖고 있다. 그 악기는 말로 하는 기도보다 노래로 하는 것이 더 쉽다고 생각했던 시절에 구입한 것이다. 나는 성상, 양초, 수도원의 향, 석탄과 향 피우는 기계 등에 약간의 돈을 투자했다.

사실 나는 기도를 드리는 사람으로서는 실패했다. 사람들이 나의 기도 생활에 관해 물어보면, 거식증 환자가 가장 좋아하는 음식에 관한 질문을 받았을 때 느낄 법한 그런 기분이 든다. 그래서 나는 나의 문제를 감추기 위한 여러 가지 방법을 생각하기 시작했다. 신앙심이 두터운 사람처럼 보이기 위해 다른 일에 관해 말하기 시작했다. 내가 기도를 얼마나 중요시하는지 사람들이 의심하지 않도록 기도에 관한 놀라운 이야기들을 말하기 시작했다. 그리고 내가 이야기 주제를 바꿨다는 사실을 다른 사람들이 알아차리지 못하기를 기대하면서 다른 사람들의 기도 생활에 대해 묻는다. 나는 내가 기도에 약한 사람이라고 고백하느니 차라리 내가 타락한 대모이고, 몸무게와 씨름 중이며, 봄베이 사파이어 진 칵테일을 지나치게 좋아한다는 사실을 고백하고자 한다. 하느님을 사랑하지만 기도는 많이 하지 않는다는 것은 마치 삶은 사랑하지만 숨을 많이 쉬지 않는다는 것과 같다. 이런 부끄러움을 이겨내기 위해 찾은 유일한 방법은, 기도는 내가 기도에 관해 생각하는 것 이상이며, 내가 실제로 하는 다른 일들로 진정한 기도를 이룰 수 있음을 밝히는 것이다.

이것을 알아내는 데 수사 두 명이 큰 도움을 주었다. 첫 번째 수사는 내가 젖먹이일 때 뉴욕에서 수사가 된 오스트리아 베네딕트회 수사인 데이비드 슈타인들 래스트이다. 훗날 그는 《감사함이 기도의 핵심이다Gratefulness, the heart of prayer》라는 책을 썼는데, 가톨릭 사제이자 교수인 헨리 나우웬은 이 책을 예일 신학교의 자기 과목에서 필수 교재로 사용한다. 내가 신학교에서 읽은 다른 책들과 달리 이 책은 복잡하지 않다. 데이비드 수사조차 한마디로 요약할 수 있다고 말한다. 깨어나라! 시인 카비르의 말을 빌어서 그는 다음과 같이 설명한다.

당신은 육체가 있나요? 현관에 앉지 마세요!

나가서 빗속을 거닐어요!

사랑에 빠지면,

왜 잠이 올까요?

깨어나세요, 깨어나세요!

당신은 수 백 년 동안 잠을 잤답니다.

왜 오늘 아침 깨어나지 않나요?[52]

기도는 충분히 존경하고, 충분히 집중하고, 충분히 헌신적이며 신학적으로 충분히 옳은 방식으로 하느님께 말씀을 전하기 위해 공개적이거나 사적으로 무릎을 꿇는 것 이상이라는 사실을 데이비드는 처음으로 어렴풋이 알아차렸다. 그 당시 나는 기도에는 숭배, 찬양, 감사, 회개, 봉헌, 간구, 탄원 등 일곱 가지가 있다는 사실을 발견하고 기도서의 뒤에 있는 교리 문답집을 공부하고 있었다. 그때는 그것들을 정확하게 이해할 수 없었다. 내가 사랑하는 아픈 이들을 위해 기도할 때, 그것은 간구인가 탄원인가? 이 세상의 아름다움을 위해 하느님께 기도할 때, 그것은 찬양인가 감사인가?

설교 대회에 나갔던 때가 생각났다. 나는 나의 설교가 어떤 범주에 속하는지 궁금했고 수상 범주에 대한 설명서를 여러 번 읽었다. 시사적인 설교인가, 해설적인 설교인가? 전원적인 설교인가, 예언적인 설교인가? 하나의 상자에 내 설교를 담을 수 없듯이 내 설교가 어디에 속하는지 알 수 없었다.

범주를 나누기는 어렵지만, 나는 기도가 대회에서 우열을 가릴 수 있는 게 아니라는 사실을 깨달았다. 기도서에 있는 범주는 나의 의도를 전하는 것이지 하느님의 관심을 끌기 위한 것이 아니다. 그렇다면 어떻게 기도해야 하는가? 내가 아는 사람이 곤란을 겪고 있어 애를 태우면, 배고픈 개가 주인을 따라다니듯 걱정은 종일 나를 따라다닌다. 그것이 기도인가? 모두 잠든 뒤 밖으로 나와 마음속에 있는 것을 표현할 정확한 단어가 떠오르지 않아 달을 보고 슬퍼하면, 그것이 기도인가?

데이비드 수사는 기도와 기도하는 사람이 똑같지 않음을 처음 말해 준 사람이다. 그는 기도를 드리는 사람이 중요하다고 했다. 아침에 찬송가를 부르는 것은 기도를 드리는 사람답게 하루를 시작하는 좋은 방법이다. 교회에 가는 일도 마찬가지이다. 그곳에서 오래된 아름다운 운율로 하느님의 귀에 간청하기 위한 신도들의 목소리에 나의 목소리를 보낼 수 있다. 하지만 기도는 정해진 시간에 정해진 기도문을 외는 것 이상이다. 데이비드 수사에 따르면 기도는 내가 어디에 있건, 무엇을 하건 하느님의 현존에 의해 깨어나는 것이다. 내 앞에 있는 무엇이 옳고 그른지 완전히 알 때, 살아 있다는 것이 얼마나 큰 선물인지를 알 때, 내가 속한 바로 그 순간에 나 스스로를 완전히 바칠 수 있을 때, 바로 그때 나는 기도를 드리고 있는 것이다. 기도는 우연히 일어나는 일이다. 그리고 그것은 반드시 내가 하고 있는 일이 아니다. 그리고 내가 그 한가운데 있음을 안다면 나는 운이 몹시 좋은 것이다.

데이비드 수사는 토마토를 썰어 먹는 것도 기도가 될 수 있다고 하면서 나에게 토마토를 주었다. 집에서 기른 토마토로 만든 샌드위치의 성찬용 가치를 깨달은 사람이면 누구나 나의 영적인 안내자가 될 수 있다. 그는 또 다른 수사인 니콜라스 허만을 소개해 주었다. 허만은 군대에 복무했고, 프랑스 국왕의 재무부에서 근무하기도 했다. 그리고 그의 나이 서른여덟 살에 무언가가 그를 파리의 맨발의 카르멜회 수도회 부엌으로 인도했다. 카르멜회는 허만을 받아들였고, 그는 평수사로 일생 동안 하느님의 '하인들의 하인'이 되어 일했다. 로렌스 수사로 더 잘 알려진 그는 은밀한 노트와 편지를 남겼는데, 수도원장 조셉 뷰포트는 그것이 훗날 로렌스 수사를 당혹하게 만들 것이라고 생각했다.

로렌스는 자신에게 조언을 구하는 편지를 보낸 어느 수녀에게 "당신이 오직 혼자 보겠다고 약속했으므로 이 편지를 씁니다"라고 시작하는 비밀 편지를 보냈다. "만일 당신이 이 편지를 다른 사람에게 보여 준다면, 당신의 완벽함에 대해 내가 가졌던 모든 갈망이 사라질 것입니다."[53] 로렌스는 계속 편지를 썼다.

수도원장은 그의 사후에 《신의 현존의 수행The practice of the Presence of God》이라는 제목으로 책을 출판하였다. 그리고 그 책은 영적인 고전이 되었다. 영적인 삶에 관한 책은 신을 혼돈스럽게 만들 뿐이라고 이야기했던 로렌스 신부에게 이것은 매우 아이러니한 일이 아닐 수 없다. 그는 정해진 기도에 능숙하지 않았다. 수사들에게 필수적이었던 하루 세 시간의 기도와 명상을 의무적으로 수행했지만, 기도의 내용이 무엇이었는지 관해서는 말하지 않았다.

그의 노트를 보면 그는 매우 헌신적인 여인을 만났다. 그 여인은 영적인 삶에 대해 "추종의 두려움으로 시작하는 은총의 삶이며, 영원한 삶에 대한 희망과 순수한 사랑에 의해 완성되는 것"이라고 말했다. 또한 사람들은 저마다 행복한 완성의 마지막에 도달하는 각기 다른 방법을 가지고 있다고 주장했다.

로렌스 수사는 "나는 이러한 방법 중 어떤 것도 따르지 않았다. 처음에는 그 방법들이 두려웠다. 대신 무엇을 하든 하느님께 자신을 완전히 바치기로 결심했다. 그리고 하느님에 대한 사랑으로 하느님이 아닌 모든 것을 거부하기로 결심했다."[54]고 적고 있다.

다행스럽게도 이 거부가 사람들이 그들을 위해 만든 팬케이크와 그들에게 가져간 와인, 그들을 위해 만든 신발을 뿌리치겠다는 뜻은 아니었다. 사랑하는 마음으로 하느님에게만 모든 것을 집중하기로 결심한 로렌스 수사는 기쁨을 발견했다. "그 기쁨을 드러내지 않기 위해서, 나는 미친 척 유치한 행동을 할 수밖에 없었다."[55] 그가 직접 말하지는 않았지만 굳이 표현하자면, 하느님이 돌보아 주시는 기쁨쯤 될 것이다. 하느님의 품에서 경험하는 감미로움은 말로 표현할 수가 없기 때문이다.

물론 그는 이 기쁨을 느끼기 위해 좌골신경통, 통풍, 늑막염 등 아픔과 고통을 경험했다. 데이비드 수사도 마찬가지였다. 그는 하느님의 즐거운 신비로움을 아는 만큼 슬픔의 신비로움에 대해서도 알고 있었다. 데이비드 수사는 "고통은 자기 기만에서 자유롭기 위해 우리가 지불하는 작은 대가"[56]라고 말했고, 로렌스 수사는 그 의미를 이해했을 것이다.

내가 이 두 수사와 가까워질 수 있었던 건 그들이 나에게 수사가 되라고 요구하지 않았기 때문이다. 그들은 내가 학교에서 아이들을 가르치건, 식료품 가게에 가건, 고양이 밥그릇을 씻건, 세탁을 하건 개의치 않았다. 그들은 내가 아는 영적인 방법보다 훨씬 더 많은 방법들을 알고 있었지만, 내가 진실되지 않게 하느님의 기도를 이야기해도 신경쓰지 않았다. 나는 기도에 관한 실패자이기는 하지만, 하느님의 품에 안겨서 그 달콤한 우유 냄새가 나의 매일 아침을 감싸는 한 그들은 개의치 않았다.

마당에 있는 개에게 먹이를 주다가 문득 고개를 들었을 때, 앙상한 나무 사이에 환한 보름달이 떠 있었고, 달빛은 나의 급한 마음으로 들어왔다. 달빛으로 가득 채워진 나는 기도 중이다. 친구들을 초대해 함께 저녁을 먹기 위해 오후 내내 양파를 자르고, 토마토 스튜를 만들고, 내가 아끼는 은식기로 테이블을 준비할 때, 나는 기도 중이다. 감기 몸살이 너무 심해 약봉지와 물이 다 떨어진 가습기를 어딘가에 던져 놓고 침대에 쓰러져 내가 사랑한 사람과 행복했던 한때를 기억하며 시간을 보낼 때, 나는 기도 중이다.

이렇게 기도에 관해 확장된 인식도 기도에 관한 어려운 질문에 대해 대답을 주지는 않는다. 기도가 효과가 있는가, 없는가? 일단 '효과'라는 말에 얼마나 많은 다른 의미가 있는지는 잠시만 잊자. 하느님만이 옳은 것을 알고 있다면 하느님께 특별한 결과를 요청하면 된다. 하느님이 아니라 내가 예리하게 듣는 것이 기도의 핵심 아닌가? 그럼 무슨 말이 필요한가? 나의 모든 생각을 마음에서 비우는 것이 더 확실하게 하느님께 가는 길이 아닌가? 이러한 질문에 대답하는 유일한 방법은 오랜 습관처럼 기도하는 것이고, 이 연습의 미덕은 연습이 계속되면 질문이 변한다는 것이다. 그리고 똑같은 길로 여행하는 사람들은 없다.

길을 가는 데 예상되는 위기는 여전히 존재한다. 예를 들어 나는 하느님이 반응하지 않는 방에서 오랫동안 조용히 기도하는 사람을 알지 못한다. 물론 이 세상에는 결과에 상관없이 기도하는 신앙심 깊은 사람도 있다. 하지만 내 주변에는 없다. 내가 아는 모든 사람은 그들의 기도를 하느님이 듣는다는 증거에 굶주려 있다. 그들 중 많은 사람들은 확실하기만 하다면 하느님의 "아니오"라는 대답에 만족할 것이다. 나머지 사람들은 하느님이 빵을 원하는 사람에게 돌을 주지 않듯이, 물고기를 원한 사람에게 뱀을 주지는 않을 것이라는 성서적인 약속에 매달릴 것이다.

"당신이 나의 이름으로 무엇이든 부탁한다면, 나는 그것을 하리라." 요한복음에서 예수가 말했다. 우리는 '나의 이름으로'가 과연 무엇인지 궁금하고, 그것을 이해하지 못한다.

지금은 나의 친구인 어떤 큰 대학의 선생은 몇 년 전에, 죽어가는 연인의 고통을 누그러뜨리기 위해 온 힘을 바쳤다. 이것은 나의 이야기가 아니라 그의 이야기이다. 그리고 내가 하려는 말은 그의 사랑 이야기가 아니라, 어느 늦은 오후에 듣게 된 너무 노골적인 그의 기도이다. 그는 연인의 목숨을 살리는 기적을 행해 달라고 간청하였다. 나는 적당한 때를 보아 그에게 그 기도에 대해 물었다.

내 말을 들은 그는 물었다. "당신은 내가 진짜로 하느님이 그렇게 해 줄거라고 믿는지 궁금한 거죠?" 그 말은 이렇게 들렸다. "당신은 내가 진짜 그렇게 순진무구한 사람이라고 생각하나요?" 그리고는 내가 한때 알았지만 오랫동안 잊고 있었던 무언가를 말해 주었다. 이제 그의 덕분에 다시는 잊지 않을 것이다. "솔직히 그렇게 깊이 생각하고 한 기도는 아니에요. 적어도 지금은요. 나는 하느님께 내가 원하는 걸 말했을 뿐이에요. 그것 말고 다른 걸 생각할 만큼 영리하지도 않고 시간도 없어요. 나는 내가 원하는 것을 말한 것뿐이고, 하느님이 그것을 해결해 줄 것이라고 믿어요." 그의 대답이었다. 아마 이것이 하느님께는 어린이처럼 다가가라고 예수가 한 말의 의미일 것이다. 기도에서 박사 학위는 선택 사항이다.

나는 응답을 얻은 기도에 대해 이야기하는 방법은 알지 못한다. 어떤 사람이 나에게 하느님이 기도에 어떻게 대답했는지 말한다면, 그는 둘 중 하나일 것이다. 나에게 무언가를 팔려고 하는 사람이거나, 정신이 온전하지 못한 사람. 내 생각에 문제는 기도에 대한 하느님의 대답이 구경꾼이 보기에는 매우 아름답다는 것이다. 어떤 사람에게 대답으로 보이는 것이 다른 사람에게는 침묵으로 들린다. 어떤 사람이 잡은 큰 물고기는 대단한 행운이지만, 다른 사람에게는 눈먼 행운에 불과하다. 인생에서 우리가 어떤 것에 큰 의미를 부여하든 그것은 우리 자유이다. 하느님이 당신에게 대답했는지 아닌지 말할 수 있는 사람은 오직 당신이다. 당신이 지각이 있는 사람이라면 당신보다 경험이 많은 사람에게 그 대답의 의미가 무엇인지 물어볼 것이다. 그러나 그때도 선택은 당신 몫이다. 하느님이 대답하기를 기다리는가, 아니면 평범한 눈에는 보이지 않는 대답, 바로 당신의 인생을 택하겠는가?

기다림은 확실히 기도이다. 탁 트인 공간에서 당신이 울부짖고 있을 때 특히 그렇다. 의사가 수술을 해야 한다며 나쁜 소식을 알려 주고 나서부터 수술을 하기 직전, 그 시간 동안 우리는 이전과는 전혀 다른 방식으로 우리의 인생을 사랑할 수 있다. 나는 집 주변을 산책하고 창문 밖을 내다보는 것이 가치 있는 일이라고는 생각도 못했었다. 이전에는 내가 일하는 건물의 벽돌이 아름답다고 생각하지 않았고, 바깥에서 웃는 사람들의 소리가 나를 환영하는 신호라고 생각하지 않았다. 이전에는 목욕이 아니라 빨리 끝낼 수 있는 샤워를 했다. 나는 따뜻한 물이 얼마나 오래 따뜻한지 전혀 궁금하지 않았다.

기다리는 동안 나는, 그렇게 탁 트인 공간에서 함께 사는 다른 것들과 말없는 친밀함을 느낀다. 그동안 나는 이들과는 완전히 다른 세상에서 살았다. 우리는 15분 동안 장미를 바라보며 아름다움을 찬양하고, 1시간 동안 천천히 음식을 즐기며 식사를 할 수 있다. 비록 나의 건강이 좋아지지 않더라도, 이러한 순수한 즐거움이 나를 위로할 것이라고 생각하고 싶다. 이러한 즐거움을 느낄 수 있는 인생이 내가 원한 것보다 짧더라도 더 많은 삶을 위한 나의 기도에 대한 대답이 된다.

당신의 아이가 집으로 돌아올지, 당신의 결혼생활이 지속될지, 전쟁이 끝날지, 시장 경제가 회복될지, 그 답을 기다릴 때도 똑같다. 이러한 불확실성이 사람들을 기도하게 만들지만 실제로는 우리가 그 불확실성 때문에 동요하지 않는다. 우리의 삶은 다른 사람들의 삶과 아주 복잡하게 얽혀 있다. 너무나 많은 것이 우리 손을 벗어난 곳에 있다. 베이징에서 나비의 날갯짓은 뉴욕의 날씨를 예측 불가능하게 만든다.

우리는 연극을 연출하는 사람이 아니라 배우이다. 중요한 것들은 우리가 태어나기 전에 이미 결정되었다. 당신은 스스로 미국에서 태어나기로 결정했는가? 여자로 태어난 것이 당신의 첫 번째 결정인가? 당신은 부모 두 명에, 남자 형제 없이 자라겠다고 계획을 세웠는가? 우리가 한 결정도 애초에 가려던 곳으로 데려가지 않는다. 나는 한 사람과 평생 부부로 살 계획이다. 그리고 남부를 떠날 계획이다. 또 나의 날카로운 가장자리가 모두 닳아 없어질 때까지 하느님을 위해 봉사하는 데 나 자신을 바칠 생각이다.

그러나 이렇게 계획한 일들은 이루어지지 않고 엉뚱한 일들이 벌어진다. 그중 대부분이 나의 의지와 상관없이 일어난다. 어떤 것들은 내 계획보다 더 좋고, 어떤 것들은 손쓸 수 없이 나쁘다. 그것이 내 권한 안에 있는 일이더라도, 내가 일어나지 않게 막을 수는 없다. 지뢰, 질병, 빈곤, 내전 등 인간에게 있을 수 있는 가장 끔찍한 일들을 보고, 매일 기도하면서, 나는 나에게 일어난 끔찍한 일에 감사한다. 그 일들은 내게 진정한 현실을 보여 주었고, 나로 하여금 진실을 말하게 만들었다. 그것들은 내 인생이 있는 그대로의 완전한 선물임을 깨닫게 해 주었다.

똑같은 방식으로 나는 남편을 하느님의 선물로 기꺼이, 감사히 받아들인다. 왜냐하면 나는 그에 대해 알고, 나에 대한 그의 사랑을 신뢰한다. 남편은 내 생일에 재난 대비용 망치를 선물했지만, 우리는 함께 살아 있을 것임을 믿는다. 내 인생이 앞으로 어떻게 될지 모르지만 나의 인생에 대해 하느님께 감사할 것이다. 내가 필요한 물건을 살수 있고, 다른 사람의 도움 없이 혼자 걸을 수 있고, 다른 사람이 내게 같이 극장에 가자고 말하는 것, 이것은 멋진 이야기이다. 나는 나에게 일어나는 모든 일을 긍정하면서 감사하다고 말하기를 희망한다. 그러면 나중에 원치 않은 일들이 일어날 때에도 나는 습관처럼 감사하다고 말할 수 있을 것이다. 그 계획은 긍정을 감사함으로 바꾸는 일이다. 내가 존재하는 것이 하느님이 지속적으로 주는 대답임을 받아들이는 일이다.

이렇게 넓어진 기도의 틀에서 나는 기도를 드리는 모든 다른 방식들에 호기심이 생긴다. 문득 그러한 특별한 것들이 기도의 누비이불을 만드는 한 땀, 한 땀 바느질 같다는 생각이 들었다. 세계의 종교를 가르치고, 학생들과 다양한 현장 학습을 다니는 나는 집과 같은 편안한 분위기에서 다양한 사람들과 기도할 기회가 많다.

학생들과 내가 주중 저녁 기도를 위해 베단타Vedanta 센터를 방문했을 때, 우리는 사원의 법사와 함께 짧은 시를 함께 읊고 하느님의 말씀을 듣는 데 모든 주의를 집중하면서 한 시간 정도 조용히 앉아 있었다. 학생들 중 몇몇에게는 이 시간이 그들의 인생에서 의식적으로 침묵을 지킨 가장 긴 시간이었고, 또 몇몇에게는 처음으로 내부에 있는 드넓은 광야로 가는 입구를 발견한 시간이었다. 아이툰스, 스페인어 숙제, 문자메시지 보내기, 연극 연습, 부모님의 잔소리, 기타히어로, 크로스컨트리, 기말 고사, 이메일, 데이트 생각, CSI, 성가대, 토론팀, 제2의 인생, 야구, 불법적인 물건 조달 등이 머리에 가득 찬 젊은 이들이 처음으로 자기 자신의 심장박동 소리를 들었다는 것은 놀라운 일이다. 그들도 자기 안에 그렇게 넓은 공간이 있는 줄 몰랐을 것이다. 그들 내부에서 사슴같이 수줍은 영혼이 걸어 나와 목소리를 가다듬으며 이야기를 할 수 있을 만큼 고요하게 침묵하는 법을 누구도 가르쳐 주지 않았다.

일요일 아침 예배에 참석하기 위해 그리스 정교회 성당을 방문했을 때, 우리는 거의 두 시간 가까이 서 있었다. 아침 햇살이 반짝이는 금빛 성상, 바닥에서 천장까지 장식된 모자이크, 높은 제단으로 가는 문을 바라보면서 우리는 마음으로 정교회 예배를 따랐다. 높은 제단 위에서 신부는 성스러운 빵과 포도주를 들고 나지막한 목소리로 찬양을 하고 있었다. 우리는 그 말을 들을 생각이 없었고, 우리 주위에 있던 사람들도 우리에게 관심을 갖지 않았다. 그러나 학생 중 하나는 누군가 우리를 쳐다보고 있다는 느낌을 강하게 받았다. 천장의 멋진 돔에서 내려온 우주의 빛이 우리 머리를 비추었고, 누군가가 고개를 들어 그리스도의 거대한 눈을 보았고, 학생들은 서로를 팔꿈치로 밀쳤다. 성당 안의 벤치형 좌석에 앉아 있었던 우리는 한참동안 고개를 들어 그리스도의 눈을 보다가 고개를 숙였다. 그리스도의 머리는 거대했다. 우리가 그 위로 올라갈 수만 있다면, 우리 12명 모두 그 속으로 들어갈 수 있을 것 같았다.

그때 우리가 예배의 언어를 몰랐던 것은 어떤 면에서 축복이기도 했다. 단어 걱정 없이 음식을 먹을 수 있었고, 기도의 내용을 분석하지 않고도 기도가 우리를 씻겨 줄 수 있었다. 신부가 하는 말을 이해할 수 없었기 때문에 그의 행동을 지켜보아야 했다. 정확한 의미는 몰랐지만 우리 주위에서 계속되는 신을 경배하는 동작들을 지켜보았다. 드디어 긴 예배가 끝나고 우리는 제단으로 초대되어 성스러운 빵을 받았다. 신부는 우리가 그리스 정교회 신자가 아니라는 것을 알았지만, 오라고 계속 손짓했다. 앞 사람과 달리 우리는 신부의 반지에 키스하지 않았다. 그렇지만 신부는 우리에게도 똑같은 미소를 지어 주었다. 손에 든 빵은 하얗고 약간 딱딱했다. 나는 자리로 돌아오면서 계속 그 빵을 씹었다.

안식일 아침 기도 예배를 드리러 유대교 사원에 갔을 때던 어느 날, 그날은 유대교 성경을 읽지 않는 매우 드문 토요일이었다. 그 말은 사원에 신도들이 우리보다 더 적었다는 뜻이며, 그들은 앞자리에 앉으면서 우리에게 작게 고개를 숙이고 미소를 지었다. 우리는 사원 전체를 볼 수 있는 뒷자리에 앉았다. 기도문 독창자를 따라 랍비 두 명이 들어왔다. 두 사람 모두 검은 머리에 환한 미소를 짓는 여자로, 우아한 옷을 입고 그 위에 기도용 숄을 걸치고 있었다. 기도문 독창자가 노래를 시작하자 신도들도 따라서 노래를 불렀다. 우리는 기도서에 있는 단어들은 찾았지만 노래는 찾지 못했다. 우리를 제외한 모든 사람들은 노래를 외우고 있었다. 그 덕에 우리는 기도를 드리는 사람들 바깥에 있으면서 기도를 드리는 사람들 안쪽에서 무슨 일이 있는지를 충분히 볼 수 있었다. 사람들은 자신의 기도에 집중했고 다른 사람은 신경 쓰지 않았다. 어떤 이들은 눈을 감고 노래를 불렀고, 어떤 이들은 아이들에게 헤브라이 문자를 손가락으로 가리키고 있었다.

랍비는 그날 읽을 유대교 율법서를 준비하면서 우리 쪽을 쳐다보더니 "내가 읽는 동안 함께 서 있어요"라고 말했다. 나는 우리 뒤에 있는 사람에게 하는 말이라고 생각하고 뒤를 돌아보았지만 아무도 없었다. 그녀는 율법서를 읽는 데 우리를 초대한 것이다. 이럴 땐 어떻게 해야 하는 건지 당황스러웠지만, 그것이 거절할 수 없는 초대임을 본능적으로 알 수 있었다. 그래서 우리는 랍비와 함께 하느님의 신성한 말씀을 읽기 위해 앞으로 나갔다. 우리 모두는 복장도 제대로 갖추지 않았고 더구나 우리 중 한 명은 커다란 모조 다이아몬드 십자가 목걸이까지 하고 있었다.

우리는 일단 앞으로 나갔고 소풍을 가면 그랬던 것처럼 손을 앞으로 모으고 랍비 주변에 서 있었다. 그리고 우리보다 숫자가 적은 신도들에게 어색하게 웃어 보였다. 기도문 독창자가 책에 있는 헤브라이 글자를 가리키자 랍비가 암송하기 시작했다. 내가 랍비보다 10센티미터 정도 더 컸기 때문에 어깨 너머로 그녀의 모습이 보였다. 그녀의 반짝이는 검은 머리카락에서는 샴푸 냄새가 났고, 그녀의 허스키한 목소리는 공간을 울렸다. 그녀가 무슨 말을 하는지 알아들을 수는 없었지만 그 말들은 곧 내 가슴으로 다가왔다. 어쨌든 나는 매우 감동을 받았고, 이것이 나 혼자만의 느낌은 아니라는 생각이 들었다. 돌아오는 길에 학생 중 한 명이 말했다. "집처럼 편했어요. 이상할 것 같았는데 그렇지 않았어요. 정말 마음이 편했어요."

이슬람 사원에서는 편안해지기까지 시간이 좀 걸렸다. 그동안 이슬람에 대해 들은 나쁜 이야기들 때문이었다. 영화에서 아랍 사람들은 악당 역할만 한다. 기독교 복음주의자들은 모하메드를 테러리스트이며 악당이라고 불러왔다. 이슬람교에서 기도 드린다는 말을 들은 유일한 시간은 최근 중동 지역에서 있었던 폭발물 뉴스 보도에서 였다.

흑인 신도들의 기도 모임은 한때 슈퍼마켓이었던 곳에서 열렸다. 남자와 여자들이 같은 방에서 기도를 했는데, 그것이 내가 그곳에 간 이유이다. 우리가 이전에 갔던 이슬람 사원에서는 여자들이 축축한 바닥에 앉아 스피커에서 나오는 소리를 듣고 있었다. 하지만 여기에서 여자들은 가리개나 커튼 없이 뒤편에 앉아 있었는데 나는 뒤에 앉는 것이 왠지 불편했다. 하지만 막상 뒤쪽에 앉아 보니 내 생각이 잘못됐음을 알았다. 내 뒤로는 할머니들이 접는 의자에 앉아 있었고, 아이들이 어머니의 무릎에 누워 있었다. 아름다운 스카프를 두른 여인들이 체온을 느낄 수 있을 정도로 가까이 있었다. 내가 그곳에 앉자 나더러 자리를 옮기라고 말하는 사람도 없었다. 나는 그곳에서 가장 좋은 자리에 앉았다.

바닥에 앉아 보니 좋은 점이 너무 많았다. 그곳에서는 모든 것이 평등해졌다. 모두의 방석이 네모났고, 바닥에 앉아 있는 사람 모두가 똑같아 보였다. 그곳에서는 신발을 벗게 된다. 당신이 양말을 신었건 스타킹을 신었건 맨발이건 간에 신발을 벗으면 긴장을 푸는 데 도움이 된다. 그리고 당신이 신성한 바닥에 있다고 느끼게 된다. 당신이 어디에 앉아 있건, 누군가가 고개를 숙이고 기도를 하는 그 바닥에 당신이 앉아 있다. 모든 세상사가 마찬가지이지만 기도를 드리는 장소에서야 비로소 이 사실을 알게 된다. 그곳에서 당신은 가장 편한 자세로 앉을 수 있다. 주위 사람들에게 방해만 되지 않으면 똑바로 앉을 필요도 없고, 발을 쭉 뻗어도 되고, 가부좌를 틀어도 상관없다. 하지만 옆에 앉아 있는 사람이 당신의 집중을 방해할 수도 있다. 그 사람의 기도가 내적인 현상이 아니라 머리끝에서 분홍색 발바닥까지 몸 전체로 하는 기도이기 때문이다. 이는 반대가 될 수도 있다.

열두어 명 정도의 여자들이 기도하는 모습을 보면, 기도의 순서를 알 수 있다. 두 팔을 귀 뒤로 모으고 메카 쪽을 보며 선다. 그다음 양손을 몸 가운데로 모으고 이마가 바닥에 닿을 때까지 허리를 숙인 다음 무릎을 꿇어 절을 한다. 발뒤꿈치로 중심을 잡고 양 손을 무릎에 댄 다음 허리를 펴고 일어난다. 이 순서대로 동작을 반복한다.

나는 어떤 무슬림 여인이 처음에는 이 동작이 힘들었다고 하는 말을 들었다. 몸이 불편해서가 아니라 다른 사람 앞에서 절을 하는 것이 힘들었다고 한다. 심지어 하느님 앞에서 절하는 것도 힘들었다고 했다. 무릎을 꿇으면서 발을 몸 밑에 완전히 넣는 데도, 절을 하고 스스로 일어나는 데도 오랜 시간이 걸렸다고 했다. 하느님 앞에 엎드려 절하는 것은 자신이 열심히 노력해서 얻게 된 무언가를 양보한다는 뜻이다. 무슬림들은 그러한 기도를 하루에 한두 번이 아니라 다섯 번을 한다.

그녀의 이야기를 들으면서 나도 한 번 해보기로 했다. 동작을 하면서 말까지 하는 건 시도도 하지 않았다. 내 코를 침실의 카펫에 박고 엉덩이를 하늘로 치커드는 동작만 해보았다. 하느님께 드리는 말이 어떤 것이든 이 지점에서는 선택 사항이다. 나의 자세가 모든 것을 말해 준다. 나의 마음이 하느님 앞에서 절을 하고, 나의 머리가 하느님 앞에서 숙여진다. 나의 창자와 허파가 하느님 앞에서 절을 한다. 내 눈 앞에 있는 것은 오직 카펫이고, 나는 다만 무릎 관절이 아플 뿐이다. 나의 거친 숨소리가 들린다. 나는 기도를 하는 것이 아니라, 내 전부를 하느님께 바치는 행동에 완전히 몰입하는 기도 중이다.

그리고 다시 이슬람 사원에 갔을 때, 기도를 드리는 시간이 되자 나는 옆으로 비켜섰다. 전체 신도들이 똑바로 줄을 맞추어 절을 하고 있었다. 나는 완벽하게 절을 할 수 없다는 생각과 동시에 내가 절을 하면 학생들이 어떻게 생각할지 몰라 한쪽으로 비켜선 것이다. 그러나 그 방에 모인 600명의 사람들이 완벽하게 조화를 이루어 하느님 앞에 절을 하고, 내 얼굴에 붙은 머리카락이 바람에 날렸을 때, 나는 내 몸 안에서 기도를 느꼈다. 근육을 움직이지 않고, 전능하신 하느님 앞에 내 뼈가 숙여짐을 느꼈다.

몸과 마음으로 나를 하느님께 바치는 데 내가 진정으로 할 수 있는 일이 무엇인지 느끼기 위해 나는 이렇게 여러 곳을 다녔다. 하느님이 반드시 나타나는 것은 아니지만 만약 하느님이 나타난다면, 나는 기꺼이 준비되어 있을 것이다. 동시에 기도는 내가 하는 어떤 것 이상임을 안다. 기도를 오래 연습할수록, 그리고 주파수를 맞추었건 안 맞추었건, 기도는 공기 속에서 음악을 나르는 전파처럼 항상 일어나고 더 많이 생각하게 한다. 이것은 말로 하기 어렵다. 그래서 기도는 토론의 주제가 아니라 수행이고 연습이다. 내가 할 수 있는 최선은 기도가 나에게 어떻게 작용했는가를 말하는 것이다.

나는 기도를 드리는 데 실패한 사람이기 때문에 방에 제단을 만들었다. 제단은 타원형 거울 주위에 멋진 소용돌이 장식이 있고, 양쪽에 작은 서랍이 달려 있는 아주 오래된 물건이다. 아무리 오래되고 나빠도, 나는 이것이 기도 대신 신에게 바치는 가구라고 생각한다. 또 사용하건 안하건 그것은 열려 있는 입구라고 생각한다. 나는 그 위에 몇 개의 성상과 많은 초를 올려놓았다. 사람들이 기도해 달라고 부탁하면 그들의 이름을 종이에 적어 예수와 성모의 그림 앞에 있는 작은 놋쇠 상자에 넣는다. 성모 마리아가 당신 아들을 사랑스럽게 바라보며 자기 자리에 있다. 나는 그것이 좋다.

예수보다 성모 마리아가 나와 더 비슷하다. 그녀의 양친은 모두 인간이었고 그녀는 보통 사람처럼 태어나고 죽었다. 그녀의 신빙성에 관한 문제와는 별개다. 그녀는 어떤 삶이 닥치건 피하지 않았다. 그녀는 아이를 낳기 위해 어려운 수태도 견뎠고, 파란만장한 일생을 산 아들을 사랑했다. 아들이 죽었을 때, 그녀는 그곳에 있었다. 아들의 시신을 수습할 때, 그녀는 그곳에 있었다. 아들이 무덤에서 사라졌을 때, 그녀는 그곳에 있었다. 나는 마리아의 신빙성을 전제로 이야기하는 것이 싫다. 내가 놋쇠 상자에 넣은 사람들의 이름을 다 잊어버리더라도 그녀는 기억할 것이다.

그 제단은 그림과, 양초, 내가 적어 놓은 이름을 간직한 채 매일 밤 그곳에 있다. 그것은 많은 도움이 필요하고, 매우 두렵고, 매우 감사하고, 매우 궁핍한 밤이 되었다. 내가 그럴 수도 있고, 내가 사랑하는 누군가가 그럴 수도 있다. 그때 나는 제단에 놓인 모든 양초에 불을 붙인다. 어떤 양초는 가늘며 길고, 어떤 것은 두껍고 짧다. 바닐라 향이 나는 것도 있고, 발삼 향이 나는 것도 있다. 선물로 받은 초도 있고, 내가 산 초도 있다. 모든 양초에 불을 붙이려면 적어도 성냥개비 열 개가 필요하다. 마지막 양초에 불을 붙일 때는 내 손이 타버릴 지경이다. 모든 초에 불을 붙이고 나면, 나는 발뒤꿈치를 붙이고 바닥에 앉는다. 뒤에 있는 거울이 양초의 불빛을 두 배로 만든다. 성상이 불빛을 받아 그 빛을 여기저기로 비춘다. 거울이 너무 오래되어 비추는 부분이 낡아 내 모습이 희미하게 비친다. 거기에서 기도가 나를 사로잡는다. 나는 성스러운 존재에 완전히 압도 당한다. 내가 그 아름다움을 볼 수 있다면, 나는 바닥으로 머리를 숙일 것이다. 내가 숨을 쉬고 있는지조차 확실하지 않다. 제단은 내가 요청하는 것 이상의 생명을 준다. 나는 이제 더 이상 필요함, 두려움, 감사함, 궁핍함의 차이를 구별할 수 없다. 그리고 이 모든 것이 하나의 반짝거림에서 나온 부분이라는 사실을 안다. 이 모든 것이 같은 사랑의 여러 얼굴임도 안다. 나의 기도에 대한 이 대답이 내가 행하는 것보다 훨씬 너머에 있기 때문에 나는 내 스스로 해야 할 맹세의 말을 찾지 못한다.

내가 한 모든 일은 촛불을 켜는 것.

하느님이 나를 찾았나, 내가 하느님을 찾았나?

쉬-잇.

말로 할 시간이 지나가 버렸네.

12
Benediction

축복을 드리는 연습

축복 없이 이 세상의 즐거움을 맛보면 안 된다.

탈무드

어떤 사람들은 결혼식에서, 장례식에서, 세례식에서, 축복식에서, 부엌에서, 여우 사냥에서, 그 밖에 수없이 많은 주일 예배에서 돈을 받고 축복의 말을 한다. 그러나 특정한 사람들만 축복을 할 수 있다는 환상은 큰 착각이다. 물론 모든 사람이 이런 환상에 빠지는 것은 아니다. 많은 사람들이 하느님의 풍요로움이 내리신 음식에 대해 하느님의 축복을 바라면서 자기 집에서 식사를 하고, 은혜의 말씀을 드린다. 더 많은 사람들은 하느님이 밤새 아이들을 안전하게 보호해 주기를 바라면서 잠자리에 드는 아이들을 축복한다. 내가 사는 곳에서는 만약 당신이 우체국에서 줄을 서 있다가 재채기를 하면 모르는 많은 사람들에게서 여러 번의 축복bless을 받게 될 것이다.

공식적인 축복의 말씀을 요청하면 많은 사람들이 자신은 자격이 없다고, 말을 잘하지 못한다고 스스로 사양한다. 많은 사람들 앞에서 성스러운 무언가를 말하느니 차라리 다이빙 보드에서 뛰어내리겠다고 한다. 내 생각에는 사람들이 사적인 것을 축복해 달라고 부탁해도 그들은 머뭇거릴 것이다. 즉 축복의 말씀을 하는 두려움과 대중 앞에서 말하는 두려움을 분리시켜도 똑같다는 말이다. 만약 당신이 이런 사람이라면 당신은 그 이유를 안다. 그리고 내가 당신에게 해 줄 수 있는 말은 다시 생각해 보라는 것 뿐이다.

만약 당신이 돈을 받고 축복의 말을 해야 한다면, 당신은 그것을 왜 해야 하는지, 무엇에 관해 축복해야 할 지 생각할 것이다. 당신은 어떻게 그것을 할 수 있게 되었는가? 당신은 성스러움을 주는 직업을 가지고 있는가? 성스러움을 깨우치는 직업을 가지고 있는가? 어떤 것을 축복하고 어떤 것은 축복하기를 거부하는가? 그것이 무엇인지를 판단하는 당신의 근거는 무엇인가?

이러한 질문에 대해 전통이 다른 종교들은 각자의 대답을 내놓는다. 어떤 종교는 하느님만이 축복할 수 있다고 하고, 또 어떤 종교는 인간의 축복만이 세상에 존재하는 유일한 축복이라고 한다. 이 책은 연습과 실천에 관한 책이지 사상에 관한 책이 아니므로, 나는 사상에 관해서는 최대한 조금만 이야기하려고 한다. 하지만 당신은 실천

그 자체를 통해 당신이 알아야 할 모든 일을 알게 될 것이다.

우선 당신이 좋아하는 것을 시작해라. 땅바닥에 있는 막대기도 좋다. 가장 먼저 할 일은 그것에 집중하는 것이다. 그 막대기를 당신이 만들었는가? 아니다. 그 막대기는 자기의 이야기를 가지고 있다. 그 막대기가 무슨 나무인지 알아낼 수 있다면, 그것이 그 나무에 약간의 존중을 보여 주는 시작이다. 당신이 '한갓 인간'이듯 그것은 '한갓 막대기'이다. 막대기와 당신 사이에는 더 많은 것이 있다. 그 막대기는 어떤 불행을 겪고 땅바닥에 있는가? 땅바닥에 있은 지 오래되었는가, 아니면 금방 놓인 것인가? 나이테가 보일 정도로 두꺼운 막대기인가?

막대기를 충분히 오래 들여다보면, 당신은 자신의 이야기 속에 막대기를 등장인물로 만들기 시작한다. 막대기는 당신이 아는 누군가를 생각나게 하거나, 언젠가 공예품 가게에서 본 적이 있는 가구를 떠올리게 만든다. 이러한 연상에는 잘못된 것이 없다. 무언가를 축복하기 위해서는 있는 그대로 보는 일이 중요하다. 이 막대기는 어떻게 사용되었던 것일까? 이 막대기에 새가 내려앉았을까? 뜨거운 여름 햇살을 피할 그늘진 쉼터를 제공할 만큼 나뭇잎이 무성한 나무였을까?

우선 이 막대기는 잎에 물을 공급하기 위해 중력의 법칙을 무시하고, 깊은 땅에서 물을 끌어올린 무한한 신비로움에 참여했었다. 막대기가 어떻게, 게다가 이만한 막대기가? 막대기의 냄새를 맡아 보아라. 아직 수액 냄새가 나는가? 당신이 손에 잡고 있는 것은 나무의 동맥이다. 이 막대기의 조직은 태양과 흙에서 온 것이다. 당신이 그 막대기를 원래 있던 자리에 두면, 그것은 다시 흙으로 돌아갈 것이다. 먼지에서 먼지로, 재에서 재로 돌아간다. 당신은 축복을 말할 것인가? 아무도 당신 이야기를 들을 수 없다. 그래서 당신은 원하는 것은 무엇이든지 말할 수 있다.

"축복한다, 막대기여, 그대가 그대이기에."

"축복받아라, 오 막대기여, 먼지와 태양이 나무로 만들었기에."

"하느님께 축복이 있으리, 이 막대기를 사용해 나를 그 자리에 멈추게 하셨기에."

나는 대학원생들에게 웬들 베리의 《나무로 된 노래》라는 시집을 읽게 한 적이 있다. 이 시집에 실린 시들은 시인이 매주 일요일 아침에 숲길을 걸은 20년을 기록한 것이다. 그는 이 시들을 '안식의 시'이라고 불렀다. 이 시들은 어떤 예배보다 더 많은 경건함을 담고 있으므로 그렇게 불리는 것이 옳다. 나무, 들판, 지저귀는 새, 빛 등 시인은 자신이 본 모든 사물에 관심을 기울였다. 그렇게 하면 하나의 사물은 슬픔, 사랑, 놀라움, 축복 등 다른 것들을 인도하는 문이 된다.

그의 시를 읽으면 무언가를 축복하는 것은 당신의 축복을 향해 무언가가 다가오고 있음을 느끼게 되는 것임을 알게 된다. 무언가를 축복한다는 것은 그것들의 축복을 받는다는 뜻이다. 이때 마술 같은 언어는 필요 없다. 나무의 시각으로 세상을 보는 것만으로도 충분하다.

> 하늘에서 일어난 파괴에 대해
>
> 저 큰 나무는 무엇을 말하는가,
>
> 큰 나무는 한숨짓는다.
>
> 공기가 움직이고, 나무는 흔들린다.
>
> 언덕 위의 바람이
>
> 잔잔할 때, 나무는 가만히 서 있다.
>
> 나무는 기다린다.
>
> 나무는 두려움이 없다. 그들의 운명은
>
> 신앙이다. 새들의 노래는
>
> 나무가 원하는 모든 것이다, 모두 기다린다.[57]

내가 이 시를 읽게 한 학생들은 신학대학 학생이었기 때문에, 그들 중 몇몇은 왜 이 시를 읽게 했는지 궁금했을 것이다. 나는 시 제목을 '안식'이라고 지은 시인에게 고마워했다. 수업을 시작할 때 나는 자기가 가장 좋아하는 시를 다른 학생들에게 소리 내서 읽어 줄 학생을 찾았고, 다행히 반응은 좋았다. 학생들은 경청했다. 어떤 학생들은 눈을 감고, 어떤 학생들은 입에 온도계를 문 것처럼 움직이지 않고 쳐다보았다.

나는 학생들 중 최소한 절반이 산문 수업을 들을 것이라고 생각했다. 학생들은 많은 돈을 등록금으로 냈고, 시간을 내기도 쉽지 않았다. 그래서 학생들은 가능한 빨리, 그리고 무언가 많이 받아 적을 수 있는 수업을 원했다. 그래서 나는 원래 계획보다 빨리 시 읽기를 끝내고 쉬는 시간에 학생 모두에게 밖으로 나가 나무에게 시를 한 편씩 읽어 주라고 이야기했다. 내가 서른 살일 때 이런 일은 상상도 하지 못했지만, 쉰여섯 살이 된 나는 기꺼이 이런 위험을 감수한다. 어떤 학생들은 다른 수업으로 바꾸기에 너무 늦지 않았나 고민하는 듯한 얼굴로 나를 쳐다보았다. 그러나 대부분의 학생들은 베리의 시집을 들고 밖으로 나갔다. 쉬는 시간이 끝나고, 나는 작은 변화를 느꼈다.

"이 수업을 듣기 전에 이 시를 읽은 적이 있어요. 괜찮은 시였지만 그뿐이었어요. 그런데 선생님 말씀대로 시를 나무에게 읽어 주자, 다른 느낌이 들었어요. 시에는 안과 밖이 있는 것 같은데, 그동안 저는 시의 바깥만 읽었어요. 나무에게 읽어 주면서 저는 시의 안을 들었어요. 시가 너무 아름다워 울 뻔했어요." 한 학생이 말했다.

"뜰 가운데 서서 나무에게 시를 읽어 주면서 처음에는 바보같다는 생각이 들었어요. 그런데 몇 줄 읽으면서 나무가 정말 그 시를 좋아한다는 생각이 들었어요. 다음에는 새에게 시를 읽어 주려고요." 다른 학생이 말했다. 학생들이 감상을 말하고 나서 우리는 다른 학생들에게 이 경험을 말하지 않기로 했다.

내 말의 요점은 우리에게 영향을 미치는 일을 말하고 행하는 일은 매우 당혹스럽다는 것이다. 그 이유는 아마도 그런 당혹감에 대해 우리가 스스로를 방어할 수 없기 때문일 것이다. 아니면 서로를 당혹스럽게 하지 않겠다는 암묵적 약속을 했는지도 모른다. 비록 그 당혹감이 우리에게 가장 중요한 일에는 깊이 개입하지 않는다고 해도 그렇다.

만일 당신이 아무것도 없는 상태에서 축복하고 싶지 않다면, 유대교 전통의 브라코트brakoth에 대해 배우는 것도 좋다. 헤브라이어로 축복 기도는 브라카brakha이다. 브라코트는 반드시 필요한 복수형이다. 왜냐하면 독실한 유대인이라면 하루에 적어도 100번은 축복 기도를 해야 한다. 아침에 일어날 때, 여행을 떠나기 전에, 유성을 볼 때, 새 옷을 입을 때 드리는 기도가 따로 있다. 밀가루 음식, 과일, 야채, 포도주에 대한 기도도 각각 따로 있다.[58] 신학교에서 이것에 관해 처음 들었을 때 나는 너무 매혹되어서 빵에 대한 축복 기도인 하-모치 Ha-Motzi를 배웠다. 그것은 내가 헤브라이어로 할 수 있는 유일한 기도이다.

"우주의 왕이신 하느님 당신께 축복 있으시길,

당신은 지상으로부터 빵을 가져오셨나니."

많은 브라카가 있지만, 모두 "우주의 왕이신 하느님 당신께 축복 있으시길"로 시작된다. 좋은 소식을 들으면 독실한 유대인은 "우주의 왕이신 하느님 당신께 축복 있으시길, 당신은 선하고 자비로우시니"라고 말한다. 나쁜 소식을 들을 때의 브라카는 "우주의 왕이신 하느님 당신께 축복 있으시길, 진리의 판관이시니"이다.

나는 유대인이 아니므로 유대인의 신앙이 무엇을 의미하는지 상세히 설명하지 않는다. 내 자신의 신앙을 시도하고 행동하는 것으로 족하다. 내 신앙의 축복 기도에 관한 전통도 유대교의 날개 밑에 있다. 이러한 축복은 교회에서 내내 일어난다. 우리는 빵, 물, 기름, 아기, 부부, 선생님, 청소년, 노인, 아픈 자, 죽어서 이 세상을 떠나는 자 모두를 축복한다. 성공회는 축복하는 것을 너무 좋아한다. 우리는 교회 가구, 수놓은 깔개, 종교적인 보석과 은제품조차 축복한다.

내가 교구 담임 사제였을 때, 가정의 축복 기도를 해 달라는 부탁을 많이 받았는데, 나는 그 부탁을 기꺼이 들어 주었다. 나는 기도서와 호주머니에 들어가는 성유를 담는 유리병만 들고 갔다. 그 집 주인이 양초, 성찬식을 위한 컵과 접시, 빵, 물, 포도주 등을 알아서 준비했다. 어떤 사람들은 너무 긴장해서 자신들이 정확하게 준비했는지 확인하는 전화를 하기도 했다. 어떤 포도주를 사야 하는가? 어떤 빵을 준비해야 하는가? 나는 편안하게 준비하라고 대답했다. "당신이 아침마다 먹는 빵이면 됩니다. 포도주도 당신이 마시는 걸로 준비하면 되요. 포도주를 마시지 않으면, 포도 주스도 괜찮아요." 그들은 친구를 초대했는데 그중에는 하느님을 믿는 사람도 있고 믿지 않는 사람도 있었다. 축복 기도를 하려면 반드시 하느님을 믿어야 하는지에 대해서는 나도 확신이 없다. 사물을 있는 그대로 보고 그것이 좋다고 말하는 것으로 충분할 수도 있다. 우리들 대부분은 그것이 우리가 하느님께 가장 가까이 가는 길임을 안다. 가정의 축복 기도에 참여하기 위해 당신이 할 일은 그 집에 사는 사람을 배려하는 것이다. 당신이 가는 것만으로도 축복이 된다.

사람들이 다 모이면, 나는 출입문 위쪽에 서서 성유로 십자가를 그리면서 기도 예배를 시작한다. 이 집에 무언가 나쁜 일이 있었다면 하느님께 불결한 정신을 몰아내 달라고 기도하고, 사람들이 돌아가면서 성경을 몇 구절씩 읽는다. 그러고 나서 그 집에 사는 사람이 촛불을 밝히고, 우리는 그 사람을 따라다니며 각 방에 놓인 촛불을 밝힌다. 그리고 그 방에서 있었던 일을 축복하는 기도를 드린다. 부엌에서는 일용할 양식에 대해 감사한 마음을 가지게 해 달라고 하느님께 기도하고 그곳에서 일하는 사람을 축복한다. 침실에서는 휴식의 시간을 축복하고 그곳에서 잠자는 사람의 원기 회복을 축복한다. 일터에서는 그곳에서의 노동을 축복하고, 노동을 하는 사람이 창조의 기쁨을 나누기를 축복한다.

내가 가장 좋아하는 기도는 욕실에서 드리는 기도이다. 모든 사람을 욕실로 모으는 일은 촛불을 놓아둘 장소를 찾는 것만큼이나 어렵다. 만일 욕실에 세면대가 두 개이고, 환상적으로 넓은 화장실이 아니라면, 대부분 욕실 축복은 변기에서 끝을 맺는다. 당신도 알다시피 욕실에서는 많은 일이 일어난다. 그리고 모든 사람이 편안하게 기도를 드리지 못한다. 특히 많은 친구와 사제가 옷을 차려 입고 있는 상태에서 공식적인 기도는 더더욱 어렵다.

많은 사람들이 모르고 있지만, 마틴 루터와 노리치의 줄리안은 화장실에 관한 멋진 생각을 가지고 있었다. 욕실의 축복 기도는 진리와 재치 사이의 완벽한 타협으로 나에게는 충격적이었다.

오 성스러운 하느님, 당신의 아들로 육화하여 우리의 육신을 당신 자신의 계시로 만들었습니다. 우리의 육신에 대한 존중과 경건함을 주소서. 육신을 항상 깨끗하고 아름답게 유지하고, 완전하고 건전하게 지키게 하소서. 우리 육신에 있는 당신을 영광되게 하면서 우리는 자신 있게 영적인 육신 위에 옷을 입힐 수 있습니다. 그러므로 생명에 의해 우리의 육신은 바뀌는 것입니다. 예수 이름으로 기도합니다. 아멘.[59]

모든 방에 축복을 드린 다음 우리는 거실에서 주인이 성찬을 위해 준비한 테이블에 모여 축복을 끝낸다. 욕실 축복 다음으로 내가 좋아하는 부분이다. 나는 가정의 성찬 테이블에 모인 사람들을 보는 것이 좋다. 우리는 교회에서 풀을 먹여 빳빳한 흰색 린넨 테이블보에 익숙해져 뜨개질을 한 오래된 테이블보를 잘못된 것으로 여긴다. 하지만 오래된 테이블보는 열서너 번의 추수감사절 행사를 거치면서 여러 군데 얼룩이 생겼고, 뜨거운 팬이나 숙련되지 못한 다림질로 인해 동그랗게 탄 흔적이 만들어졌다. 이 테이블보는 성찬을 하기에 너무 가정적이지만 그것이 테이블보의 잘못은 아니라고 생각한다. 일상적인 물건을 축복하는 데 서투르고, 나무로 된 테이블, 얼룩진 테이블보, 3달러짜리 빵에서 성스러움을 보지 못하는 것은 모두 우리의 잘못이다.

　부엌과 욕실에서 이러한 생명의 기술을 연습하고, 우리는 계속 거실에 있다. 테이블에는 우리 대부분이 가정에서 먹는 것과 똑같은 음식이 차려져 있다. 우리는 흔들리는 촛불이 어른거리는 서로의 얼굴을 본다. 그리고 일상적인 빵과 포도주를 축복하고, 이를 일상적인 사람들의 손으로 돌려가며 일상적인 입으로 가져간다. 이렇게 우리는 하느님에 의해, 서로에 의해 음식을 먹는다. 하느님의 손은 없고 우리의 손이 있을 뿐이다. 하느님의 빵은 없고 우리가 구운 빵이 있을 따름이다. 우리가 드리는 기도가 전부이다. 기독교인들이 육화의 신비로움에 대해 이야기할 때 그 의미는 바로 이렇다. 누구도 이해할 수 없지만 하느님께서는 육신으로 알리고자 하셨다. 그것은 하느님에게 중요한 문제이다. 가장 일상적인 것이 신성한 가능성 속에 흠뻑 젖어 있다. 이러한 것들을 축복하는 일이 우리가 할 수 있는 최소한의 일이다.

　앞에서 이야기했듯이, 실천 자체가 당신이 알아야 할 모든 것을 가르쳐 줄 것이다. 주변을 축복하면 당신은 이전에 알지 못했던 모든 것들을 깨닫게 될 것이다. 당신은 축복 받은 모기의 다리에 흰색과 검은색 털이 있다는 사실을 알았는가? 당신은 저 축복 받은 이끼에 작은 보라색 꽃이 핀 것을 본 적이 있는가? 문에 축복을 드리면 문지

방을 밟고 넘어 가기가 어려워진다. 사물에 생명이 있음을 알고 나면, 그것과 당신의 친밀함이 당신을 느리게 만들 것이다.

다른 사람에 대해서도 마찬가지이다. 공항에 가게 되면 출국장에 함께 있는 사람들을 축복해 보아라. 그들은 모두 어떤 중요한 일을 하고 있다. 큰 소리로 우는 두 살배기 어린애를 달래는 엄마가 보이는가? 얼굴에는 곰보 자국이 있고 배가 볼록한 소년이 보이는가? 그들에게 무슨 일이 있었는지는 모르지만, 당신은 그들을 배려할 수 있다. 그들은 당신과 마찬가지로 어디론가 그들의 길을 간다. 그들 역시 두 장소 사이에 있다. 목적지에서 무슨 일이 일어날지 당신처럼 모르고 있다. 침묵의 축복을 드리고 당신과 모든 다른 사람 사이에서 일어나는 일에 집중하라.

어떤 사람의 영적인 실천도 다른 누구의 영적인 실천과 똑같지 않다. 인생은 우리 이름이 적힌 문으로 우리를 인도하며 만나야 할 장소에서 우리를 만나게 한다. 우리는 인간이기 때문에 이전에 아무도 지나지 않은 길은 가지 않으려 한다. 집 근처 숲속을 거닐었던 적이 있다. 전날 비가 와서 발아래 산책로가 부드러웠다. 공기는 젖은 나무껍질과 썩은 잎 냄새로 향기로웠다. 나는 오솔길에 난 작은 여울에 왔을 때 홀로 있음을 찬양했다. 그곳에는 어제 내린 비로 흙이 쌓여 있었다. 아래를 보면서 그곳이 사슴과 칠면조, 너구리와 달팽이 지나간 자국 등으로 서명된 진정한 방명록이라고 생각했다. 나는 결코 혼자가 아니었다. 나는 행렬의 중간에 있었다. 내 앞에 많은 생명이 지나갔고, 내 뒤에도 자신의 흔적을 남길 더 많은 생명이 올 것이다.

수세기 동안 축복 기도를 실천한 사람들은 어떤 공통의 지혜에 도달했다. 그리고 그들은 자기 뒤에 따라온 우리에게 그 지혜를 남겨 주었다. 첫 번째 지혜는 축복이 성스러움을 주지 않는다는 것이다. 성스러움은 사물의 주어짐 그 자체에 이미 구현되어 있다. 모기는 성스러워지는 데 당신의 도움을 필요로 하지 않는다. 공항에서 본 뚱뚱한 소년은 하느님에게 가는 데 당신의 도움이 필요 없다. 그 소년은 공항에 있는 동안 몸무게가 조금 줄지도 모른다. 하느님이 이런 존재들을 만들었기 때문에 당신과 관계없이 그들은 하느님의 성스러움을 공유한다.

이러한 생각은 논쟁을 불러일으킨다. 성형 수술을 하고, 집을 고치고, 육체를 가꾸는 것, 프로테스탄트 노동 윤리가 지배적인 문화에서는 특히 그렇다. 무언가가 최선이 되기 전까지 축복을 유보하는 것이 더 사리에 맞지 않는가? 어떤 것들은 역겹고, 가치 없거나 파괴적이다. 그러니 반대를 축복하는 것이 낫지 않을까? 그것을 알아내려면 시도해 보는 수밖에 없다. 그것이 당신 주위에 있다는 이유만으로 그것을 축복하는지, 그 축복에 당신의 마음이 무슨 작용을 하는지 알아보아라.

당신이 하는 일에 대해 당신 내부에서 무엇을 말하는지 알아보라. 저 쓰레기 더미를 축복 받은 것이라고 말할 권리를 누가 주었는가? 당신은 누구라고 생각하는가? 얼마나 많은 자비 뒤에 얼마나 많은 겸손함이 요구되는가를 찾아보라. 저 쓰레기에서 성스러움을 볼 수 있는 눈은 어디에서 얻었나? 누가 그것을 가르쳐 주었는가? 축복받을 가치가 없고 심지어 축복을 거부하는 무언가에 대해 당신이 축복할 때 당신 내부에서 무슨 일이 일어나는지 알아보라. 당신이 냄새나는 쓰레기를 축복할 수 있다면, 당신은 분명히 누군가를 축복할 수 있을 것이다. 유대교 전통에서 모든 축복 기도는 하느님을 축복하는 것으로 시작한다.

"우주의 왕이신 하느님 당신께 축복 있으시길, 당신의 말씀으로 만물이 존재하게 되었나니."

"우주의 왕이신 하느님 당신께 축복 있으시길, 당신께서 창조의 작품을 만드셨나니."

"우주의 왕이신 하느님 당신께 축복 있으시길, 살아있는 만물을 먹이시니."

이러한 기도는 하느님께 드리는 것이다. 하느님의 비는 정의로운 사람, 정의롭지 못한 사람 모두에게 내리고, 하느님의 해는 선과 악 모두에게 떠오른다. 이 복잡한 세상에서, 새끼 방울뱀은 어린 아이들처럼 아침을 먹는다. 어린 히틀러도 어린 본 회퍼와 어린 쉰들러와 같이 자라난다. 축복 기도는 그러한 복잡성을 간과하지 않고, 그것이 수반할 고통과 괴로움도 무시하지 않는다. 단지 그것에 대한 판결을 거부할 뿐이다. 옳건 그르건, 축복과 저주 사이에 선택을 한다면, 축복이 공기를 더 맑게 할 것이다. 변화가 필요 없더라도 축복은 사람들을 변화시키는 데 더 많은 힘이 될 것이다. 이러한 생각 뒤에 감동적인 논리는 없다. 유일한 논리는 모든 생명은 하느님으로부터 오고, 단지 그 이유 때문에 우리는 다른 모든 것을 하느님께 맡기며 그것을 축복 받았다고 말하는 것이다.

축복을 드리는 것에 관한 두 번째 지혜는 첫 번째 지혜와 직접 연관된다. 즉 축복의 실천은 당신에게 좋은 것과 나쁜 것 사이의 경계선을 완화시키라고 요구한다. 그렇게 되면, 당신은 선과 악을 구분할 수 있을 만큼 똑똑하다는 생각을 포기하게 된다. 창세기를 보라. 당신은 선악과를 포기한다. 당신의 뼈가 부러져도 복권이 당첨되었을 때와 똑같은 방식으로 축복한다. 이 둘은 당신이 아는 것보다 더 비슷하다. 이 둘 중 하나와 오랫동안 살아보면, 그중 어느 것도 처음에 생각한 것만큼 나쁘거나, 좋지 않다는 사실을 알게 될 것이다. 축복은 당신의 무지를 덮어 주고, 동시에 당신의 호기심을 일깨워 줄 것이다. 이것이 바로 인생이 당신에게 가져다 준 것이다! 이것이 사물을 어떻게 변화시키는가? 당신은 이것으로부터 무엇을 만들 수 있는가?

내 친구 하나는 악몽 때문에 지난 몇 년 동안 잠을 이루지 못했다. 매일 밤 악몽을 꾸지는 않지만, 잠들기 전에 늘 악몽을 꿀까 봐 두려워한다. 그것은 악마가 무언가를 요구하면서 그녀의 집 앞에 나타나는 악몽이다. 그 악마가 문을 세게 때려 판자가 푹 들어갔고 친구는 악마를 죽일 수 있는 무기를 찾아 악마를 죽였지만 악마는 점점 더 커진다. 그가 악마를 세게 때리면 악마의 일부가 떨어져 나와 그에게 붙는다고 했다. 그에게 붙은 악마의 일부가 멈출 수 없는 사나운 전염병처럼 그를 차지한다. 악마를 죽이면 악마는 그의 일부가 되고, 아침에 깨어나면 침대 시트는 젖어 있으며, 그 시트는 마치 붕대처럼 그를 둘둘 말고 있다.

어느 날 친구는 꿈속에서 악마가 바라는 것이 축복임을 알게 되었다. 그것이 악마의 고뇌를 끝낼 수 있는 유일한 방법이었다. 그래서 그는 용기를 내어 문을 열고 악마의 얼굴을 쓰다듬었다. "당신을 축복하노라. 그리고 하느님은 그대가 가기를 원하는 곳으로 가길 원하노라." 이 말은 한 번으로는 부족했다. 그는 가능한 다양한 방법으로 반복해야 했다. 왜냐하면 꿈에서 있었던 일이 고작 한 시간 동안 있었던 일인 것 같았기 때문이다. 악마에게는 그 시간이 충분치 않았다. 이전에 그 누구에게도 축복을 받아 보지 못했던 것 같았다. "예수의 이름으로 그대를 축복하노라. 자 이제 평화롭게 가시오." 친구가 백번째 말하자 고양이 같은 소리를 내면서 돌아선 악마는 다신 돌아오지 않았다고 한다.

축복이 주는 마지막 지혜는 축복 기도를 드리는 데 능숙한 사람들에게만 해당될지 모른다. 그러나 그들 대다수는 축복하는 일이 당신을 최대한 하느님 가까이 가게 한다고 말한다. 그 방법은 존재하는 모든 것을 열정으로 바라보고, 외부의 끔찍한 악마를 지나 내부의 큰 소리로 외치는 마음을 보고, 가까이 가는 데 아무리 오래 걸리더라도 타인에게 다가가는 첫 번째 발걸음을 내딛고, 기다리고 있는 것에 팔을 벌려 주고, 당신 자신의 이유에 대한 정당성을 포기하고, 사랑을 위해 당신 자신의 안전을 포기하는 것이다. 그리고 이것이 바로 하느님의 품에 안기는 방법이다.

무언가를 축복하는 것은 하느님의 관점으로 보는 것이다. 축복의 말씀을 하는 것은 하느님의 사업에 참여하는 것이다. 축복을 드리는 것은 하느님 자신의 대담함을 나누는 것이다. 이것이 축복 기도가 어떤 사람들을 불편하게 하는 이유일 수도 있다. 독실한 기독교인인 어떤 여인은 이렇게 말한다. "나는 그렇게 중요하게 되고 싶지 않아요." 그러나 그녀는 사제인 내게 의존해서 내가 축복해 주기를 바라고 있다. 그녀는 축복이 필요하다는 사실을 알고 있다. 그녀에게는 음식이나 물처럼 하느님의 축복을 들려주는 인간의 목소리가 필요하다. 그렇지 않으면 자신이 중요하지 않다는 생각에 굴복할지도 모른다. 그녀와 자신이 사랑하는 사람을 포함한 이 세상 모두가 아무 의미 없다는 생각에 굴복할지 모른다.

그녀는 내가 손을 뻗어 정기적으로 자신을 축복해 주길 바란다. 그녀는 나 같은 사람을 기꺼이 먹여 살리는 전체 신도회에 속해 있다. 우리는 어린 아이나, 아픈 사람, 빵이나 기도가 필요하다고 생각되는 신도를 축복한다. 축복의 의미를 말할 필요도 없다. 축복 기도를 하면 마치 따뜻한 기름을 그들 이마의 왕관에 부은 것처럼 평온을 느낀다.

나의 아버지는 크리스마스 2주 전에 갑자기 암이 진전되어 돌아가셨다. 아버지가 쓰러지자 엄마와 나는 아버지를 구급차에 태워 병원으로 갔고, 나머지 식구들도 구급차를 따라갔다. 응급실의 작은 침대는 딸과 사위, 손자들로 붐볐다. 우리는 복도에 있는 하얀 벤치에 앉아 있었다. 의사와 간호사가 아버지의 동공을 체크하고, 피를 뽑고, 아버지에게 환자복을 입혔다. 그들은 서둘지 않았다. 간호사 한 명 말고는 아무도 아버지에게 말을 걸지 않았다. 그 간호사는 들것이 젖었다고 아버지를 나무랐다.

그들에게 우리 아버지는 응급 상황이 아니었다. 이들은 나이든 사람들이 죽는 것을 많이 보았고, 이번도 예외는 아니었다. 그들을 보면서, 우리는 아버지도 죽어가고 있다는 사실을 깨달았다. 병원은 환자로 넘쳐났다. 병원에서 죽음을 기다리는 사람들을 모아 놓은 그 층은 특히 더 그랬다. 게스트 하우스에 방이 없었기 때문에 병원 관계자들은 우리를 오랫동안 내버려 두었고 우리는 일어나 아버지에게 갔다. 우리 중 한 사람이 아버지의 이마에 키스했다. 다른 사람은 아버지의 입술을 축여 주었다. 아버지는 의식이 없었지만, 우리가 누군지는 알고 있었다.

어머니와 나는 구급차를 부른 것을 후회했다. 우리는 아버지를 집에 모셔야 했다고 낮은 목소리로 말했다. 하지만 우리에게는 아버지가 쓰러진 것이 긴급 상황이었다. 아버지의 몸이 거실 소파에서 굳어가는 것을 보면서, 우리는 아버지가 다시 회복되지 못할 거라는 사실을 잊었다. 이런 상황이 되면 우리는 배운 대로 행동하게 된다. 병원에서도 아버지의 죽음을 막을 수 없는데, 우리는 구급차를 불렀다. 우리 자매들도 모두 후회했고, 그들의 남편과 손자들도 우리를 안고 부드럽게 등을 두드렸다.

우리가 그러는 동안, 남편이 아버지에게로 가서 자세를 낮추고 무언가 속삭였다. 그들은 오랫동안 서로 사랑하는 사이였다. 몇 년 전, 그들은 충동적인 아버지가 소심하게 계획하고, 준비하고, 주도하고, 결정한 카누 여행을 떠났다. 모든 것이 아버지의 계획대로 이루어졌다. 여행 내내 남편은 그답지 않게 불만이 많았다. 그러고 나서 안전하게 목적지로 돌아와 여행이 끝날 무렵, 남편은 카누를 뒤집어 아버지를 강물에 빠뜨렸다.

"이건 사고에요." 흠뻑 젖은 아버지와 아버지의 장비가 물 위에 솟아오르자 남편이 한 말이다. 아버지가 이 일을 떠올리며 웃음을 터뜨리는 것은 내 남편을 사랑했다는 증거이다. 그 남편이 병원 바닥에 무릎을 꿇고 아버지 옆에서 뼈만 앙상한 아버지의 손을 꼭 잡고 있었다. 그리고 아버지의 머리 밑으로 손을 넣어 아버지를 일으켰다. 그가 손을 꼭 잡고 있을 때 아버지는 입술을 움직였다. 그리고 남편은 또 아버지 귀에 대고 무슨 말을 했다.

"무슨 얘길 했어요?" 그가 내 옆으로 왔을 때 물었다.

"나에게 축복을 주시라고 부탁했어요. 나에게 아버지의 축복을 달라고." 남편이 말했다.

이러한 기도를 축복 기도benediction라고 한다. 사람들이 그들 자신의 길로 떠날 때 마지막으로 하는 기도이다. 누가 축복을 할 권한을 부여했건 아니건, 누구든지 요청할 수 있고 누구든지 축복할 수 있다. 내가 하고자 하는 모든 말은 이 세상은 당신이 그것을 하기를 원한다는 것이다. 자신이 있는 곳에서 기꺼이 무릎을 꿇는 사람, 때로는 억세지만 간혹 부드럽고, 생명을 주는 손의 성스러움을 깨달을 수 있는 사람이 정말로 부족하다. 우리가 서로 축복할 수 있다는 것이, 비록 언제 축복을 해야 하는지는 기억하지 못하더라도 바로 우리가 축복 받았다는 증거이다. 우리가 서로를 축복할 수 있다는 것은 별들조차 놀라게 하는 기적이다.

나는 내가 시작한 영혼과 육신의 결혼에서 살아 있는 사람과 죽은 사람에 대한 존경을 실천하면서 끝을 맺는다. 나는 당신이 내가 이 책에서 남겨 놓은 여러 이야기들을 다시 한번 생각해주길 바란다. 나는 당신이 적어도 당신의 사제직을 축하할 당신 자신의 인생의 제단에서 수행한 더 많은 방법들을 생각할 수 있기를 바란다. 사랑의 시인은 우리에게 두 가지를 기억하게 한다.

다른 날과 마찬가지로 우리는 텅 빈 채, 두려워하며

깨어난다. 서재로 가는 문을 열고 독서를

시작하지 말라. 악기를 잡아라.

우리가 사랑하는 아름다움이 우리가 하는 바가 되게 하라.

무릎을 꿇고 이 땅에 키스할 수 있는 수 백 가지 방법이 있다.[60]

* 주

1. 창세기 28:16-17.

2. 사무엘 하 7:5-6.

3. Paul Woodruff, *Reverence: Renewing a Forgotten Virtue*(New York: Oxford University Press, 2001), 4.

4. Woodruff, *Reverence*, 46.

5. Diane Ackerman, *A Natural History of the Senses*(New York: Random House, 1990), 270.

6. 출애굽기 3:3.

7. 출애굽기 3:5.

8. Simone Weil, *Waiting for God*, tr. Emma Craufurd(New York: Harper&Row, 1951), 166.

9. Julian of Norwich, *Showings*, tr. Edmund Colledge, O.S.A., and James Walsh, S.J.(New York: Paulist Press, 1978), 342.

10. Cited by Dorothee Soelle in *The Silent Cry: Mysticism and Resistance*(Minneapolis: Fortress Press, 2001), 117.

11. Stanley Hauerwas, "The Sanctified Body", in *Embodied Holiness*, ed. Samuel M. Powell and Michael E. Lodahl(Downers Grove, IL:InterVarsity Press, 1999), 22.

12. Samuel M. Powell, "Introduction", op.cit.,9.

13. Powell, "Introduction", 194.

14. "The Labyrinth: Embodied Prayer And Healing", Trisha Lyons Senterfitt(unpublished Doctor of Ministry Project Report for Columbia Theological Seminary, 2006), 28-29.

15. 출애굽기 3:5.

16. *Lesser Feasts and Fasts*(New York: Church, 2003), 127.

17. Thomas Merton, *The Wisdom of the Desert*(New York: New Directions, 1970), 47. Merton is my source for the stories in this chapter; his small book contains the best introduction to the sayings of the Fathers that I know.

18. Merton, *Wisdom of the Desert*, 49.

19. Merton, *Wisdom of the Desert*, 54.

20. Merton, *Wisdom of the Desert*, 42.

21. Jonathan Sacks, *The Dignity of Difference*(New York : Continuum, 2002), 58.

22. Sacks, *The Dignity of Difference*, 46.

23. Miroslav Volf, *Exclusion & Embrace*(Nashvill: Abingdon Press, 1996), 20.

24. A phrase borrowed from John Courtenay Murray, as cited in *Religion in American Public*

Life, ed. Martin Marty(New York : Norton, 2001), 129.

25. Jonathan Sacks, *The Dignity of Difference*, 60.

26. Merton, *Wisdom of the Desert*, 60.

27. Merton, *Wisdom of the Desert*, 59.

28. Gustaf Wingren, *Luther on Vocation* (Philadelphia: Fortress Press, 1957), 72.

29. Cited by Matthew Fox in *The Reinvention of Work* (San Francisco: HarperOne, 1994), 14.

30. *The Song of God*, trans. Swami Prabhavananda and Christopher Isherwood(New York :Mentor, 1972), 40.

31. Abraham Heschel, *The Sabbath* (Boston: Shambhala, 2003), 3.

32. Alexis de Tocqueville, *Democracy in America*, rev. ed., vol. 2(new York: The Colonial Press, 1899), 355.

33. Craig Harline, *Sundays: A History of the First Day from Babylonia to the Superbowl* (New York : Doubleday, 2007).

34. Mollie Ziegler Hemingway, :"The Decline of the Sabbath", *The Wall Street Journal*, June 15, 2007.

35. 마태복음 6:26-29.

36. *Gates of Prayer*, ed. Chaim Stern(New York : Central Conference of American can Rabbis, 1975), 245.

37. Judith Shulevitz, "Bring Back the Sabbath", *New York Times*, March 2, 2003.

38. For a fascinating study by someone who is, see Ariel Glucklich's *Sacred Pain : Hurting the Body for the Sake of the Soul* (New York: oxford University Press, 2001). Glucklich's insights guided my own throughout the writing of this chapter.

39. 욥기 7:19.

40. 욥기 6:4.

41. 욥기 9:17.

42. 욥기 16:12.

43. 욥기 16:13.

44. 욥기 30:30.

45. "Love Dogs", *The Essential Rumi*, tr. Coleman Barks with John Moyne(San Francisco: HarperOne, 1995), 155.

46. 욥기 13:13-15.

47. 욥기 38:2.

48. 욥기 40:2.

49. 욥기 40:4-5.

50. 욥기 42:5-6.

51. Barks, *The Essential Rumi*, 152.

52. Robert Bly, *The Kabir Book* (Beacon Press, 1977), as quoted *in Gratefulness, the Heart of prayer* (New York: Paulist Press, 1984), 7.

53. Brother Lawrence, *The Practice of the Presence of God*, tr. Rober J. Edmonson, ed. Hal M. Helms(Orleans. MA: Paraclete Press, 1985), 109.

54. Brother Lawrence, *The Practice of the Presence of God*, 91.

55. Brother Lawrence, *The Practice of the Presence of God*, 94-95.

56. *Gratefulness*, 22.

57. Wendell Berry, *A Timbered choir* (Washington, DC: Counterpoint, 1998), 134.

58. Rabbi Joseph Telushkin, *Jewish Literacy* (New York : Willima Morrow, 1991/2001), 736-738.

59. *The Book of Occasional Services*, 2nd ed. (New York : The church Hymnal Corporation, 1998), 147.

60. *The Essential Rumi*, tr. Coleman Barks with John Moyne(San Francisco: HarperOne, 1995), 36.

옮긴이의 말

미국 성공회 여성 사제이며 신학자이자 뛰어난 저술가인 바바라 브라운 테일러의 글을 선보일 수 있게 되어서 무척이나 기쁘다. 바바라 브라운 테일러는 미국에서는 수 백 만의 독자를 가지고 있는 영향력 있는 영성 신학자이자 저술가이지만 한국에서는 낯선 이름이다. 그러나 이 책을 통해 바바라 브라운 테일러가 한국 교회와 신앙생활의 혁신을 원하는 수많은 사람들에게 아주 특별한 사람이 되리라는 것을 확신한다. 이 책에서 바바라는 우리가 무심코 따라하는 신앙생활, 변할 수 없을 것이라고 생각하는 교회의 전통과 관습에 대해 다시 생각할 것을 주문한다. 머리가 아니라 온 몸으로. 생각이 아니라 아주 작은 것부터 연습하고 실천하는 것으로.

그래서 이 책은 때로 위험하기도 하다. 전통과 관습, 머리로 하는 신앙, 교회 '안'에만 구원이 있다는 신학, 일상적으로 부딪히는 세상의 일들에 대해서는 아무런 대답을 주지 않고 함께 살아가는 이웃을 배제 시키며 끼리끼리 모이는 교회공동체에 대해 통렬하지만 부드럽고 친절하게, 풍부한 영적 성찰과 경험, 지식을 통해 새로운 길을 제시하고 있기 때문이다.

바바라는 온 몸으로 하느님을 만나기를 원하고 어떻게 그것이 가능한지 우리에게 제시한다. 그 방법은 굳이 어려운 신학과 많은 생각을 동원하지 않아도 된다. 특별한 훈련도 필요 없다. 다만 '연습'이 필요할 뿐이다. 그 '연습'은 우리가 살기 위해 걷고 먹고 마시고 만나고 일하는 작은 일상적인 행위들로부터 시작할 수 있고 그 자체가 거룩한 성사이며 기도이고 예배라는 것을 깨닫게 해 준다.

이 책은 영성에 관한 논문도 아니고 요즘 유행하는 영성 훈련에 관한 책은 더더욱 아니다. 하찮게 생각해 왔던 발밑의 세상이 실은 거룩함과 신성함의 보고이며 그것을 함께 찾는 연습을 해 보자고 제안할 뿐이다. 그러나 이 책을 읽다 보면 그리스도교 영성이란 무엇인지, 영성은 어디에서 어떻게 얻어지고 훈련될 수 있는지 절로 알 수 있다. 이런 면에서 바바라는 훌륭한 영성 안내자라고 할 수 있다. 무엇보다 그리스도교 영성은 이웃을, 종교와 인종과 계급이 다른 '타자'를 내 몸처럼 사랑하는 것에서 시작되고 완성된다는 그녀의 주장을 통해 우리는 개인적인 차원에 머무르는 영성, 배타적이고 때로는 패거리주의를 연상시키는 우리 교회, 그리고 신앙 행태를 되돌아보게 한다. 타자의 존재에서 하느님의 형상을 발견하고 그 안에 있는 또 다른 나를 찾아내는 것, 그것이 그리스도교의 사랑이라고 바바라는 말한다.

이 책과의 만남은 계시와 같았다. 7년 가까운 영국 생활을 마치고 한국으로 돌아오기 전, 교회가 가진 배타성과 폐쇄성을 극복하기 위한 방법으로, 물신주의에 빠진 교회 문화에 휩쓸리지 않으려고, 무엇보다 당신 스스로가 약자의 모습으로 약한 사람들을 향해 일생을 걸으셨던 예수님처럼 걷고 싶어서 걷는교회를 해야겠다고 기도하고 결심한 순간 이 책을 만났기 때문이다. 영국에서 목회를 하시고 은퇴하신 선배 사제, 이근홍 신부님의 책상 위에 있던 이 책을 펼쳐보는 순간 바로 '어쩌면 이렇게 나와 생각이 같을까, 이 책을 걷는교회에 동참해 줄 분들과 나누어 읽으면 좋겠다!'고 생각했다. 이 신부님께서 걷는교회에 대한 나의 계획을 들으시고 부러 이 책을 내가 볼 수 있도록 책상에 놓아 두셨던 것으로 믿고 있다. 이 책을 만날 수 있게 해 주신 이 신부님께 감사의 인사를 드린다. 이 책을 통해 걷는교회의 개념을 정립하고 옳은 방향이라는 확신을 갖게 되었으니 어찌 감사를 드리지 않을 수 있으랴.

바쁜 가운데서도 번역하는 데 많은 도움을 준 영화학도이자 신실한 신앙의 벗 장윤주 감독과 성실한 신앙으로 언제나 나를 되돌아보게 하는 아들 송재걸 군에게도 마음으로부터 깊은 감사를 전한다. 그리고 무엇보다 바쁘다는 핑계로 번역 작업과 수정 작업을 끝내지 못하고 차일피일 미루고 있던 차에 나머지 부분을 번역한 존경하는 친구, 진영종 교수에게도 감사를 전한다. 이렇듯 여러 사람의 도움이 있었지만 잘못된 부분에 대한 최종 책임은 본인의 것임을 분명히 밝혀

둔다.

바바라 브라운 테일러가 말하듯이 내 발밑에서 일어나는 작은 일부터 존중하고 감사하는 삶이 되기를, 깨달음은 교리나 생각에서 오는 것이 아니라 온몸으로 실천하는 것으로부터 온다는 사실을, 세상 모든 것과 세상 모든 곳이 우리를 깨달음의 길로 안내하는 거룩하고 신성한 제단임을, 그 깨달음을 얻기 위해서는 세상을 향해 한 걸음을 내딛는 것으로부터 시작된다는 사실을, 온전한 영성과 온전한 인간에 대한 열망은 이웃을 내 몸처럼 사랑하는 것에서 드러나고 완성된다는 사실을 이 책을 통해 나눌 수 있게 되기를 바란다.

또한 이 책에서 권하는 것처럼 제도나 관습에 기대는 신앙보다는 우리 모두가 사제직을 부여받은 사람들이라는 사실을 깨닫고 그 사제직을 잘 수행하기 위해 부단히, 온몸으로 '연습'할 수 있게 되기를 바란다.

끝으로 오랜 시간 기다려주고 훌륭하게 마무리 해 준 '함께읽는책'의 양소연 대표, 진숙현 선생님과 관계자 여러분에게 미안함과 감사의 인사를 드린다.

걷는교회 송경용 신부

세상의 모든기도

초판 1쇄 발행 2011년 10월 10일
초판 2쇄 발행 2011년 11월 1일

지은이 | 바바라 브라운 테일러
옮긴이 | 송경용, 진영종
펴낸이 | 양소연

기획편집 | 함소연, 진숙현
마케팅 | 이광택
관리 | 유승호, 김성은
디자인 | 이지선, 김윤희
웹서비스 | 이지은, 이동민
웹마케팅 | 양채연

펴낸곳 | 함께읽는책
등록번호 | 제25100-2001-000043호
등록일자 | 2001년 11월 14일

서울시 금천구 가산동 60-3 대륭포스트타워 5차 1104호
대표전화 | 02-2103-2480 팩스 | 02-2624-4240
홈페이지 | www.cobook.co.kr

ISBN : 978-89-90369-92-5

함께읽는책은 도서출판 **나눔의집**의 임프린트입니다.